COURS DE GREC
DU NOUVEAU TESTAMENT

COURS DE GREC DU NOUVEAU TESTAMENT

Deuxième édition avec corrigé des exercices

Erwin Ochsenmeier

Éditions Excelsis

Composition et mise en page par l'auteur
Couverture : Jacques Maré — IOTA Création

ISBN : 978-2-7550-0055-9

Éditions Excelsis – Quartier Le Clot – 26450 Charols – France
Adresse postale : B.P. 11 – 26450 Cléon d'Andran – France
Site internet : www.XL6.com

Cet ouvrage a été composé sur Adobe Framemaker 7.1 sur PC avec les polices Adobe Myriad Pro pour les titres et Adobe Caslon Pro pour le texte.
La police grecque SymbolGreekIIP utilisée dans cet ouvrage est disponible chez Linguist's Sofware, Inc., PO Box 580, Edmonds, WA 98020-0580 USA, tél. : (425) 775-1130, www.linguistsoftware.com

À Linda, Allison et Éric

Abréviations utilisées

Écrits bibliques

A.T.	Ancien Testament
N.T.	Nouveau Testament
Mt	Évangile selon Matthieu
Mc	Évangile selon Marc
Lc	Évangile selon Luc
Jn	Évangile selon Jean
Ac	Actes des Apôtres
Rm	Épitre de Paul aux Romains
1Co	Première épître de Paul aux Corinthiens
2Co	Deuxième épître de Paul aux Corinthiens
Ga	Épitre de Paul aux Galates
Ép	Épitre de Paul aux Éphésiens
Ph	Épitre de Paul aux Philippiens
Col	Épitre de Paul aux Colossiens
1Th	Première épître de Paul aux Thessaloniciens
2Th	Deuxième épître de Paul aux Thessaloniciens
1Tm	Première épître de Paul à Timothée
2Tm	Deuxième épître de Paul à Timothée
Tt	Épître de Paul à Tite
Phm	Épître de Paul à Philémon
Hé	Épître aux Hébreux
Ja	Épître de Jacques
1P	Première épître de Pierre
2P	Deuxième épître de Pierre
1Jn	Première épître de Jean
2Jn	Deuxième épître de Jean
3Jn	Troisième épître de Jean
Jd	Épître de Jude
Ap	Apocalypse de Jean

Abréviations grammaticales

Cas

A	Accusatif
D	Datif
G	Génitif
N	Nominatif
V	Vocatif

Voix

A	Actif(ve)
M	Moyen(ne)
P	Passif(ve)

Autres

dés.	désinence
F	Féminin
litt.	littéralement
M	Masculin
N	Neutre
Pl	Pluriel
Sg	Singulier
vt	voyelle thématique

AVANT-PROPOS DE LA DEUXIÈME ÉDITION

Pour cette deuxième édition nous avons corrigé les coquilles et erreurs de la première édition. Nous avons également revu les exercices, les leçons et nombre d'exemples, ajouté un index thématique et inséré le corrigé des exercices autrefois disponible uniquement en ligne.

Nous tenons à remercier Alain Fauconnier, professeur de grec à l'Institut Biblique Belge, et les utilisateurs de la première édition de cet ouvrage pour leurs remarques et commentaires visant à en améliorer tant la forme que le fond et l'équipe des Éditions Excelsis, pour son travail minutieux de correction.

Erwin Ochsenmeier
Bruxelles, juin 2007

AVANT-PROPOS DE LA PREMIÈRE ÉDITION

Ce cours est une introduction au grec du Nouveau Testament. Il résulte d'une double préoccupation : disposer d'une méthode de grec du Nouveau Testament qui tienne compte de travaux récents et utiliser le plus tôt possible le texte grec du Nouveau Testament. Il vise la maîtrise des bases du grec néotestamentaire, premiers pas nécessaires vers l'exégèse et l'utilisation du grec dans l'étude et l'enseignement des Écritures.

Les chapitres sont, pour l'essentiel, organisés selon la fréquence des verbes et des modes dans le Nouveau Testament. Ceci explique, par exemple, des différences d'agencement importantes par rapport à d'autres méthodes. Nous avons aussi tenté de limiter la mémorisation inutile et pris le parti de donner une vision globale du système nominal et verbal grec. Nous avons aussi accordé la priorité à la lecture du texte grec plutôt qu'à sa reconstitution à partir du français. De très nombreux exemples illustrent le contenu des leçons.

Depuis plusieurs années déjà, ce cours est utilisé dans le cadre de la formation donnée à l'Institut Biblique Belge. Il a donc bénéficié des remarques et suggestions des étudiants et professeurs qui l'ont utilisé. Qu'ils et elles en soient remerciés. Nos remerciements vont aussi aux différentes personnes qui ont relu ce cours et nous ont offert maintes suggestions pour l'améliorer : les professeurs Reimund Bieringer, de la Katholieke Universiteit Leuven, et Axel Van de Sande, doctorant à l'Université Catholique de Louvain-la-Neuve et professeur à l'Institut Biblique Belge. Merci aussi à Alain Lambot et Irène Maurer-Dafos pour leur corrections et remarques attentives.

Erwin Ochsenmeier
Bruxelles, juin 2004

COMMENT UTILISER CE COURS

Chacun apprend à sa façon. Nulle méthode, et celle-ci n'échappe pas à la règle, ne parvient à tout expliquer en accord avec le style d'apprentissage de chacun. N'hésitez pas, lorsque certains éléments vous semblent difficiles, à consulter d'autres ouvrages. Il suffit parfois de voir les choses expliquées différemment pour que l'on comprenne ce qui semblait insurmontable. Nous vous en conseillerons quelques-uns en fin de ce cours.

Les exercices « C'est en forgeant que l'on devient forgeron » dit le dicton. C'est, entre autres, en faisant des exercices de grec que l'on apprend bien le grec. Faites les exercices proposés, après avoir appris le contenu de la leçon. Refaites-les par la suite. Les exercices comprennent en général de la grammaire, un thème (français vers le grec), en tout cas dans la première partie du cours, et une version (grec vers le français). Si le temps vous manque, concentrez-vous sur les versions. Dès le début, les exercices sont tirés le plus possible du Nouveau Testament.

Pour tirer bénéfice des versions, il est important de ne pas se contenter d'en traduire les phrases. Il faut prendre l'habitude de systématiquement en analyser chaque mot et d'essayer d'en distinguer la fonction.

Dans une certaine mesure les exercices ne sont donnés qu'à titre indicatif. Selon les circonstances d'enseignement, l'arrière-plan des étudiants, le nombre d'heures consacrées à chaque étape, il appartiendra aux professeurs de créer d'autres exercices, d'utiliser d'autres textes. Personnellement, nous délaissons les exercices vers la leçon 25 pour nous consacrer à la traduction de textes du N.T. tout en continuant d'étudier le contenu grammatical des leçons.

Le vocabulaire L'acquisition d'une certaine quantité de vocabulaire est essentielle à l'apprentissage de toute langue. Elle permet d'éviter le recours incessant au dictionnaire et facilite la lecture active. Fort heureusement, le Nouveau Testament étant fixe et d'un nombre de pages restreint, la quantité de vocabulaire nécessaire à une lecture active est limitée. Nous apprendrons au cours de cette méthode le vocabulaire de base du Nouveau Testament. Toutefois, dès les premières leçons, les exercices introduiront du vocabulaire qui n'est pas fourni dans les leçons. C'est à dessein. Le but est de vous apprendre à utiliser le dictionnaire et le texte grec dès le début.

Outils nécessaires Ne vous précipitez pas pour acheter grammaires, dictionnaires et autres ouvrages. Petit à petit votre professeur ou toute autre personne plus expérimentée vous renseignera sur les outils à acheter. Dès le début vous aurez toutefois besoin de deux ouvrages : le texte grec du Nouveau Testament, nous conseillons le *Novum Testamentum Græce* de Nestle-Aland, 27e édition révisée, publié par la Deutsche Bibelgesellschaft. C'est l'édition de poche de référence en exégèse. L'introduction du Nestle-Aland est rédigée en allemand et en anglais. Il en existe, toutefois, une traduction française disponible en fascicule séparé. Exigez-la lors de votre achat. Il vous faudra également un petit dictionnaire grec-français. Pour un prix modique, on peut se procurer le *Dictionnaire grec-français* de Ingelaere, Maraval et Prigent publié par l'Alliance Biblique Universelle. D'autres ressources pour l'étude du grec seront présentées en appendice.

Limites du cours Ce cours est une initiation au grec du Nouveau Testament. Il ne remplace pas une grammaire. Nombre de difficultés, d'exceptions, de matières plus techniques ou pointues ne sont pas traitées dans cet ouvrage. De plus, ce livre suppose l'étude ultérieure de la syntaxe, de notions plus avancées de grammaire et de morphologie nécessaires à l'exégèse. Il faut bien se garder de penser qu'une fois ce cours terminé vous serez un(e) exégète averti(e). Arrivé au bout de ce cours, vous aurez acquis les bases nécessaires à le lecture du texte grec du N.T. C'est par la pratique du texte, l'étude de la syntaxe et des méthodes impliquées dans l'exégèse que vous acquerrez une connaissance plus affinée et plus sûre du Nouveau Testament.

1 Le grec du Nouveau Testament

1.1 Petite histoire du grec

Le grec, comme nombre d'autres langues européennes, est issu de l'indo-européen. Comme toute autre langue, il a évolué au cours des siècles, tant quant à sa forme écrite que quant à sa grammaire, syntaxe, etc.

En 338 av. J.-C., Philippe II de Macédoine domine la Grèce et en réalise l'unité. Son fils, Alexandre le Grand, qui règne de 336 à 323 av. J.-C., conquiert un immense empire et promeut activement l'organisation de la société selon le modèle grec. Petit à petit le grec est parlé dans tout l'empire, il en devient la langue commune et dépend plus particulièrement du grec attique, le dialecte d'Athènes. Ce grec commun aux différentes parties de l'empire sera appelé grec hellénistique ou *koinê* (*koinê dialektos*, *langue commune*).

Lorsque Rome conquiert son empire, le latin ne supplante pas le grec, qui continue d'être utilisé dans tous les recoins du territoire romain, surtout dans l'est du bassin méditerranéen et donc aussi en Palestine. Il faudra attendre les troisième et quatrième siècles de notre ère pour que le latin supplante le grec en Occident. Il y tombe alors progressivement en désuétude au point que le texte grec du N.T. n'y sera pour ainsi dire plus reproduit jusqu'au début du seizième siècle. Il survivra pourtant dans l'Empire Romain d'Orient, c'est-à-dire le monde byzantin. Ceci explique que la majorité des manuscrits grecs du N.T. soient byzantins.

1.2 Le grec du Nouveau Testament

On a longtemps affirmé que le grec du N.T. était un grec bien particulier, sans parallèle dans la littérature classique. On l'appelait « grec hébraïque », « langue du Saint-Esprit » même. Rares étaient, en effet, les textes anciens connus qui utilisaient un grec semblable à celui du N.T. Celui-ci présentait en effet nombre de tournures et de mots que l'on ne retrouvait pas ailleurs. Tout cela change à la fin du dix-neuvième siècle après la découverte et la publication de nombreux papyri grecs découverts en Égypte. On se rend alors à l'évidence que la langue du N.T. est bien celle utilisée dans la vie courante à l'époque des apôtres. La *koinê* n'est donc que le grec commun de son époque. Cela s'entend toutefois en sachant que le grec du N.T. présente certains traits qui lui sont spécifiques de par les thèmes traités et l'arrière-plan de ses auteurs et que certains mots connus dans l'Antiquité ont pris une signification ou une coloration particulière par leur usage dans le christianisme.

Une dernière remarque s'impose en introduction à ce cours. Nous l'avons dit, le grec, comme toute autre langue, a évolué au cours des siècles, notamment quant à la façon de l'écrire. La comparaison de votre édition du N.T. grec et des manuscrits des premiers siècles fait apparaître des différences frappantes. De fait, durant les premiers siècles de notre ère, le grec s'écrit entièrement en majuscules et, pour l'essentiel, sans séparation entre les lettres, sans ponctuation, sans accents, éléments graphiques qui ne seront inventés et ne se généraliseront progressivement que bien plus tard. Tout cela est facile à constater. Il vous suffit de chercher les images de manuscrits des premiers siècles tels que p^{52} et p^{66}, le Vaticanus ou le Sinaïticus, à partir d'un moteur de recherche sur l'Internet. Si le grec que vous vous apprêtez à découvrir est bien celui du premier siècle quant à sa grammaire et son vocabulaire, sa graphie, elle, est donc fort différente de celle à laquelle étaient habitués les premiers lecteurs du N.T.

2 ÉCRITURE ET PRONONCIATION

Si ce cours est votre premier contact avec le grec, cette leçon vous semblera un peu longue et fastidieuse. C'est normal. Il s'agit ici de présenter l'écriture et la prononciation du grec. À la fin de ce chapitre, vous serez capable de lire le texte grec tel qu'il est imprimé aujourd'hui.

Cette leçon fait aussi appel à des données de grammaire et de phonétique communes à l'étude de toute langue que nous n'aborderons que brièvement. Si certaines présentent des difficultés, nous vous conseillons la consultation d'une grammaire française de base.

2.1 L'ALPHABET GREC

L'alphabet grec contient, à l'époque du N.T., vingt-quatre lettres qui dérivent, pour la plupart, de l'alphabet phénicien. Nombre d'entre elles vous sont connues si vous avez fait un peu de mathématiques ou toute autre science exacte. Le mot alphabet lui-même résulte de la combinaison des deux premières lettres de l'alphabet grec, *alpha* et *bêta*.

La prononciation de certaines lettres est débattue. Celle que l'on utilise aujourd'hui fut établie par Érasme au seizième siècle de notre ère. On sait qu'elle ne reflète sans doute pas toujours la prononciation du premier siècle, mais c'est elle qui est communément acceptée dans le monde francophone.

Le tableau suivant indique le nom grec de la lettre, la lettre en majuscule, en minuscule, sa transcription et sa prononciation.

Nom	Maj.	Min.	Transcr.	Prononciation
alpha	Α	α	a	a
bêta	Β	β	b	b
gamma	Γ	γ	g	g dur (gare)
delta	Δ	δ	d	d
epsilon	Ε	ε	e	é court, toujours prononcé
zêta	Ζ	ζ	z	dz
êta	Η	η	ê ou ē	ê long (fête)
thêta	Θ	θ	th	th comme le th anglais de theology
iota	Ι	ι	i	i long ou bref
kappa	Κ	κ	k	k
lambda	Λ	λ	l	l
mu	Μ	μ	m	m
nu	Ν	ν	n	n
xi	Ξ	ξ	x	ks
omicron	Ο	ο	o	o bref (corps)
pi	Π	π	p	p
rhô	Ρ	ρ	r	r
sigma	Σ	σ ς	s	s, jamais z
tau	Τ	τ	t	t
upsilon	Υ	υ	u	u long ou bref
phi	Φ	φ	ph	f
khi	Χ	χ	ch ou kh	ch proche du jota espagnol ou du ch allemand
psi	Ψ	ψ	ps	ps
oméga	Ω	ω	ô ou ō	o long (hôte)

La colonne de transcription indique les lettres utilisées pour transcrire les signes grecs. Ainsi βλεπω, *voir*, est transcrit *blepô* et ἤδη, *déjà*, est transcrit *êdê*. Différentes façons de transcrire l'alphabet grec ont cours. Le principal est de s'en tenir à un seul système. Il vaut la peine de se familiariser avec la transcription du grec, celle-ci est en effet fréquemment utilisée dans les ouvrages destinés à un public averti mais non spécialiste.

Le ρ qui apparaît en début de mot est souvent transcrit *rh*. Le *h* indique la présence de l'esprit rude (voir ci-dessous). On aura donc *rhabbi* pour ῥαββι, *maître*.

Remarques sur quelques lettres

Les lettres α β δ ε ι κ ο ς τ et υ ressemblent à leurs équivalents français.

Le iota (ι) ne prend pas de point.

Quatre lettres grecques sont transcrites par des doubles lettres. Il s'agit de θ *th*, φ *ph*, χ ch et ψ *ps*.

Il faut veiller à ne pas confondre la lettre grecque η et le *n* français, ν et *v*, ρ et p, χ et *x*, ω et *w*.

Le sigma s'écrit de deux façons : σ en début ou en milieu de mot, ς en fin de mot. La prononciation des deux lettres est identique. On retrouve ces deux sigmas dans le mot ἀποστολος, *apôtre*.

Au début, la meilleure façon d'apprendre l'alphabet est de toujours prononcer les lettres lorsque vous les écrivez. Entraînez-vous à écrire en grec, faites attention à respecter la proportion des lettres l'une par rapport à l'autre. Au départ, tracez des lignes parallèles sur une feuille et écrivez les lettres selon le modèle ci-dessous. Les majuscules ont toutes la même hauteur.

α β γ δ ε ζ η θ ι κ λ μ ν ξ ο π ρ σ ς τ υ φ χ ψ ω

Α Β Γ Δ Ε Ζ Η Θ Ι Κ Λ Μ Ν Ξ Ο Π Ρ Σ Τ Υ Φ Χ Ψ Ω

Lorsque vous lisez le texte grec, essayez au début de bien diviser les mots en syllabes. Les règles de syllabation en grec sont pour l'essentiel identiques à celles du français.

2.2 Les sons

Les lettres suivantes ont le même son que leur équivalent français : α β γ δ ε ι κ λ μ ν ο π ρ σ ς τ.

Alpha et iota peuvent être longs ou courts. Epsilon et omicron sont toujours courts (prononcés comme le « é » et le « o » français) alors que êta et oméga sont toujours longs (prononcés comme « ê » et « ô »).

Gamma est d'habitude un [g] dur comme dans « gare ». Il est toutefois prononcé comme un [n] lorsqu'il est suivi de γ, κ, χ, ξ. Ἄγγελος, *ange*, se prononce *anngelos*, σπλαγχνα, *affection*, se prononce *splannchna,* le n étant prononcé séparément. La combinaison γγ est la plus fréquente.

On trouve aussi en grec ce que l'on appelle un *iota souscrit*. Il s'agit d'un iota écrit sous les voyelles α, η ou ω (ᾳ, ῃ, ῳ) lorsqu'elles se trouvent en finale de mot ou, moins souvent, ailleurs dans le mot (ἀποθνῄσκω, *mourir*, ᾅδης, *hadês*). Lorsqu'il se trouve en début de mot et que ce mot est en début de phrase, et comporte donc une majuscule, le iota souscrit se place à côté de la majuscule. Il devient alors un *iota adscrit* (῞Αιδης). Le iota souscrit ou adscrit n'est d'habitude pas prononcé.

Les voyelles

L'alphabet grec comporte sept voyelles : α ε η ι ο υ ω. Nous verrons plus tard que, dans certaines circonstances, les voyelles sont modifiées, contractées, lorsqu'elles se combinent. C'est principalement le cas de α ε et ο. Les cas de contraction sont fréquents dans les conjugaisons. Il s'agit simplement de phénomènes phonétiques.

Les voyelles se distinguent des consonnes en ce qu'elles sont prononcées sans obstruction du passage de l'air dans la bouche. C'est la raison pour laquelle on dit d'une syllabe qui se termine par une voyelle *prononcée* qu'elle est *ouverte*. De plus, les voyelles sont des sons prononcés avec vibration des cordes vocales. On dit qu'elles sont *sonores* (ou *voisées*).

Les consonnes

Le grec du N.T. compte quatorze consonnes simples (β γ δ θ κ λ μ ν π ρ σ (ς) τ φ χ) et trois doubles (ζ, ψ, ξ), c'est-à-dire qui résultent de la combinaison de deux consonnes (dz, ps, xs). Les consonnes se différencient des voyelles en ce qu'elles se prononcent avec fermeture en tout ou en partie du passage de l'air dans la bouche. C'est la raison pour laquelle une syllabe terminée par une consonne *prononcée* est dite *fermée*. Ici aussi des phénomènes phonétiques entraînent combinaisons, disparitions, modifications, transformations, etc. de sons. Nous les étudierons en temps voulu.

Une catégorie de consonnes est particulièrement importante à maîtriser pour rendre compte de ces phénomènes : les *consonnes occlusives*, appelées ainsi parce qu'elles sont produites par occlusion partielle ou complète du passage de l'air dans la bouche. On les répartit en trois catégories :

- les *labiales* (π, β, φ) prononcées par contact des lèvres l'une contre l'autre ;
- les *dentales* (τ, δ, θ) prononcées par contact de la langue contre les dents ;
- les *gutturales* (κ, γ, χ) prononcées par contact de la langue contre le voile du palais.

Certaines occlusives sont prononcées avec vibration des cordes vocales, elles sont dites *sonores*, les autres sont dites *sourdes*. Parmi les sourdes certaines sont prononcées avec une légère aspiration, d'autres pas.

De cette discussion l'essentiel est de retenir le tableau suivant.

	Sonores	**Sourdes**	**Aspirées**
Labiales	β	π	φ
Dentales	δ	τ	θ
Gutturales	γ	κ	χ

La combinaison des occlusives avec sigma produit des modifications consonantiques semblables à celles qui surviennent en français et dont nous reparlerons (voir page 49).

Signalons une autre catégorie de consonnes, les consonnes dites *liquides*. Il s'agit des consonnes λ, μ, ν et ρ. À proprement parler, seule la lettre λ est une consonne liquide, mais, par facilité pédagogique, on regroupe ces quatre lettres en une catégorie. Les liquides entraînent certains comportements phonétiques particuliers que nous évoquerons à plusieurs reprises par la suite.

Les diphtongues

Une diphtongue est un groupe de deux voyelles prononcées ensemble. En grec la seconde voyelle d'une diphtongue est toujours ι ou υ. Les diphtongues se prononcent comme suit :

αι comme dans ail	αἰτεω
ει comme dans veille	εἰς
οι comme dans l'anglais boy	οἰκοδομεω
αυ comme dans cause	αὐτος
ου comme dans route	οὐδε
υι comme dans suite	υἱος
ευ, ηυ comme dans feu	εὑρισκω, ηὔξανεν

La prononciation de ηυ est discutée.

Il arrive que deux voyelles pouvant former une diphtongue soient séparées dans la prononciation. Pour indiquer ce phénomène de dissociation, que l'on appelle *diérèse*, un tréma (¨) est placé sur la seconde voyelle (Ἠσαΐας, Ésaïe). Normalement αι est une diphtongue, mais dans ce cas le tréma indique que les deux voyelles sont prononcées séparément : Ἠ-σα-ι-ας. Le même phénomène apparaît en français (Ésaïe, naïf, etc.).

Les esprits

On trouve aussi dans nos éditions modernes du grec des signes d'aspiration appelés *esprit doux* et *esprit rude*. Ces signes se généraliseront plusieurs siècles après J.-C. En grec, tous les mots commençant par une voyelle ou un rhô sont surmontés d'un esprit. Quant à la graphie, un mot grec ne débute donc jamais par une voyelle. Il commence soit par une consonne, soit par un esprit. Seules les voyelles, les diphtongues et la lettre ρ prennent l'esprit.

L'esprit se place sur la première voyelle du mot (ἀποστολος) ou la seconde voyelle de la diphtongue initiale (αἰτεω). Si le mot débute par une majuscule, l'esprit s'écrit devant la majuscule (Ἰησους, Ἡμερα).

L'esprit rude s'écrit ʽ. Il ajoute une aspiration à la prononciation, comme le h initial en anglais ou en allemand. Ainsi ὑπερ se prononce « huper ». *Rhô et upsilon en début de mot prennent toujours un esprit rude* (ὑποκριτης, *hypocrite*, ῥαβδος, *bâton*). La prononciation de l'esprit rude n'est pas facultative. La seule exception est l'esprit rude accompagnant ρ, il ne se prononce pas. N'hésitez pas au début à exagérer la prononciation de l'esprit rude, l'habitude de le prononcer s'installera plus rapidement. L'esprit rude est en général indiqué par *h* dans la transcription. ἡμερα, *jour*, sera donc transcrit *hêmera*.

L'esprit doux s'écrit ʼ. Il n'est pas prononcé et n'est pas indiqué dans la transcription. ἀποστολος sera donc transcrit *apostolos*.

On rencontre parfois un esprit à l'intérieur d'un mot, il s'agit alors d'une *crase*, c'est-à-dire de deux mots combinés en un seul. C'est le cas, par exemple, de κἀγω, qui vient de και et ἐγω. La crase est indiquée par ce que l'on appelle la *coronis*, qui surmonte le α dans κἀγω et ressemble à un esprit doux.

Les accents

Presque tous les mots grecs possèdent un accent. Ces accents, comme les esprits, ne se généraliseront dans l'écriture que plusieurs siècles après J.-C.

L'accent écrit indique la voyelle ou la diphtongue qui reçoit l'accent dans la prononciation. Trois accents sont utilisés dans le grec du N.T. :

- l'accent *aigu* (´) indique que la voix montait sur la syllabe accentuée;
- l'accent *grave* (`) indique que la voix descendait sur la syllabe accentuée;
- l'accent *circonflexe* (˜) indique que la voix montait et descendait ensuite sur la syllabe accentuée.

L'accent grave n'est en fait qu'une transformation de l'accent aigu dans certaines circonstances. Tout accent grave n'est donc qu'un accent aigu devenu grâce (καί est écrit καὶ en Jean 1.1).

Les opinions varient quant à la nécessité d'apprendre les accents. Certains considèrent leur apprentissage comme essentiel ou en tout cas utile à la prononciation du grec. D'autres, puisque les accents servent à orienter la prononciation et que nous ne connaissons ni la prononciation du grec ancien ni la façon de prononcer les accents, considèrent leur apprentissage superflu. Les accents imposant un poids dont le débutant peut faire l'économie, nombre d'ouvrages d'initiation ne les utilisent pas. Ce cours fera de même. Ils ne sont conservés que dans les exercices du grec vers le français afin d'habituer à la lecture du texte grec tel qu'il est imprimé dans les éditions contemporaines et dans les quelques cas où l'accent distingue deux mots identiques. Nous attirerons votre attention sur ces mots, peu nombreux, à mesure que nous les rencontrerons.

Voir, à titre d'exemple, Jean 1.1 tout d'abord avec accents et esprits, puis sans les accents mais avec les esprits.

Ἐν αρχῇ ἦν ὁ λόγος, καὶ ὁ λόγος ἦν πρὸς τὸν θεόν, καὶ θεὸς ἦν ὁ λόγος.

Ἐν ἀρχῃ ἡν ὁ λογος, και ὁ λογος ἡν προς τον θεον, και θεος ἡν ὁ λογος.

La ponctuation

La ponctuation n'était employée que très sporadiquement en grec au cours des premiers siècles de notre ère. Ce n'est que vers le neuvième siècle qu'elle se généralise. Voici les équivalents français de la ponctuation utilisée dans les éditions contemporaines du texte grec.

Grec		Français
virgule	,	, virgule
point	.	. point
point en haut	·	; : point-virgule, deux points
point-virgule	;	? point d'interrogation

L'élision

Lorsqu'un mot se termine par une voyelle et que le mot suivant débute par une voyelle, la voyelle finale du premier mot disparaît. C'est ce que l'on appelle l'*élision*. L'élision est marquée par une apostrophe placée à l'endroit de la voyelle éliminée (ἀπο ἐμου > ἀπ' ἐμου). Ce phénomène est semblable au phénomène d'élision en français (*la église* > *l'église*).

2.3 Résumé

- L'alphabet grec est composé de 24 lettres : sept voyelles (α ε η ι ο υ ω), quatorze consonnes simples (β γ δ θ κ λ μ ν π ρ σ (ς) τ φ χ) et trois doubles (ζ, ψ, ξ).
- Une diphtongue est formée de deux voyelles prononcées ensemble. La seconde voyelle est toujours un iota ou un upsilon.
- Tout mot commençant par une voyelle doit avoir soit un esprit doux (᾿) soit un esprit rude (῾). Si le mot débute par une diphtongue, l'esprit se trouve sur la seconde voyelle. Si le mot débute par une majuscule, l'esprit se place soit avant la première voyelle, soit sur la seconde, selon que les deux voyelles forment ou non une diphtongue. Le rhô ou l'upsilon en début de mot prennent un esprit rude.
- Il existe trois accents en grec (aigu, grave, circonflexe). Ils ne sont pas utilisés dans ce cours.

2.4 Vocabulaire

Pour débuter, nous nous contenterons de quelques mots fréquents dans le N.T. et qui figurent dans le texte de Jean 1 utilisé ci-dessous.

δε, δ'	mais, et. Δε n'est jamais le premier mot de la phrase.
ἦν	il, elle était. 3e p du singulier de l'imparfait indicatif actif de εἰμι, *être*. L'accent ici est important.
και	et, même, aussi
νυν	maintenant
ὁ, ἡ, το	le, la (article défini)
οὐ, οὐκ, οὐχ	ne pas. οὐ est utilisé lorsque le mot suivant débute par une consonne, οὐκ devant un esprit doux, οὐχ devant un esprit rude.

2.5 Exercices

Définissez les termes suivants : diphtongue, coronis, crase, esprits doux et rude, iotas souscrit et adscrit.

Écriture

Écrivez et prononcez les lettres de l'alphabet grec plusieurs fois. Il est très important d'apprendre à reconnaître, à écrire et à prononcer chaque lettre.

Pour vous entraîner à l'écriture, recopiez l'alphabet au moins trois fois, en majuscules et en minuscules sur des lignes tracées sur une feuille.

Recopiez Jean 1.1–8 à partir de votre Nouveau Testament grec.

Transcrivez, sans les accents, Jean 1.1–4.

Lecture

Lisez trois fois à voix haute Jean 1.1–18 dans votre texte grec. Ce texte est d'un grec aisé à comprendre. Nous y reviendrons à plusieurs reprises. Faites attention aux diphtongues, aux esprits rudes, observez la ponctuation, les accents, les élisions, etc. Veillez à bien prononcer toutes les syllabes.

3 Introduction au verbe

Dans la majorité des cas, la traduction d'une phrase grecque débute par la recherche de son verbe. Le verbe est en effet le centre d'articulation de la phrase. C'est par son étude que nous commencerons donc.

Il s'agit dans cette leçon de présenter le système verbal dans son ensemble. Il n'est pas nécessaire d'en assimiler toute la matière dès à présent. Vous pourrez revenir à cette introduction quand besoin est. Certains termes et concepts vous seront déjà connus puisqu'ils sont utilisés en grammaire française, d'autres vous sont moins familiers, sauf si vous avez déjà appris une langue à déclinaison telle que le latin ou l'allemand.

Le grec compte deux types de conjugaisons : les verbes en -ω et les verbes en -μι. Cette classification est basée sur la terminaison des verbes non pas à l'infinitif, comme en français, mais à la première personne du singulier du présent de l'indicatif actif. Le groupe des verbes en -μι, en voie de disparition à l'époque du N.T., ne contient qu'une trentaine de verbes et sera présenté à la fin de notre cours.

3.1 Les éléments constitutifs du système verbal

Hormis l'infinitif et le participe, le verbe grec se définit par cinq éléments : *la personne, le nombre, le temps, le mode* et *la voix*. À l'exception du participe, le verbe grec ne porte pas d'indication de genre (masculin, féminin ou neutre).

La personne : le verbe peut être à la 1re, 2e ou 3e personne.

Le nombre : on trouve en grec du N.T., comme en français, deux nombres : le singulier et le pluriel.

Le verbe s'accorde en personne et en nombre avec son sujet. Cet accord est marqué dans la désinence, la terminaison, du verbe (λυ-ω, *je délie*, λυ-εις, *tu délies*). L'emploi du pronom n'est donc pas nécessaire en grec. Lorsqu'il est utilisé, il peut indiquer une insistance sur la personne. Si donc λυω se traduit *je délie*, ἐγω λυω peut se traduire *moi* (et non une autre personne) *je délie* ou *c'est moi qui délie.*

Le temps : six temps sont utilisés dans le N.T. : *le présent*, *l'imparfait*, *l'aoriste*, *le futur*, *le parfait* et *le plus-que-parfait*. Le présent et l'aoriste sont de loin les temps les plus fréquents. Le présent, le futur et le parfait sont appelés *temps primaires* ; l'imparfait, l'aoriste et le plus-que-parfait *temps secondaires.* Cette répartition en deux groupes est très importante à retenir pour la maîtrise du système verbal.

Tout comme en français, il convient en grec de distinguer la forme des temps, c'est-à-dire leur morphologie, et leur signification. Un verbe dont la forme est au présent n'indique pas forcément une action située dans le présent. Dans les phrases « je pars demain » et « je pars maintenant », le verbe est au présent mais l'action est une fois future, une fois présente. Bien souvent, ce qui situe une action chronologiquement ce n'est pas simplement la forme du verbe mais d'autres indicateurs contextuels (« demain », « maintenant »). Le même phénomène survient en grec.

Souvent donc, le temps offre des informations non pas sur le moment où l'action se déroule mais sur la façon dont elle est pensée ou représentée. Pour souligner cette dimension des temps, on parle en grammaire contemporaine, avec des définitions variées, de l'*aspect* du temps. On souligne donc que le système verbal grec n'indique pas d'abord le temps où une action a lieu mais le point de vue du locuteur sur l'action elle-même. Ceci dit, il est aussi clair que, dans de nombreux cas, le verbe contribue à situer l'action dans le temps. Nous reparlerons de tout cela au moment opportun.

Le mode : il décrit la relation entre le verbe et la réalité. Six modes sont utilisés dans le N.T. : *l'indicatif*, *l'impératif*, *l'infinitif*, *le subjonctif*, *le participe* et *l'optatif*. Les plus fréquents sont l'indicatif et le participe. L'optatif est rare. Dans le système verbal grec la notion de temps d'un point de vue chronologique n'est vraiment présente, quand elle l'est, qu'à l'indicatif.

La voix : elle décrit la relation entre le verbe et le sujet. *Quant au sens*, le grec utilise trois voix : 1) *la voix active*, le sujet fait l'action (je tue); 2) *la voix passive*, le sujet subit l'action (je suis tué); 3) *la voix moyenne* dont la portée varie et est discutée. Pour l'essentiel, on peut dire que, *quant à la forme*, il n'y a que deux voix en grec : la voix active et la voix médio-passive. Les formes moyennes et passives sont, en effet, souvent identiques. Elles ne diffèrent qu'au futur et à l'aoriste (voir la discussion page 108 et le tableau page 213).

Lors de l'analyse d'une forme verbale il faut fournir les cinq éléments mentionnés ci-dessus (personne, nombre, temps, voix, mode) ainsi que la forme lexicale et la traduction (les choses seront quelque peu différentes dans le cas des participes, voir page 172). La forme lexicale en grec est le verbe à la première personne du singulier de l'indicatif actif. C'est cette forme-là, et non pas l'infinitif comme en français, qui est utilisée par les dictionnaires et les lexiques pour identifier un verbe.

> λυεις *2ᵉ sg présent indicatif actif de* λυω, *tu délies*

3.2 La construction des temps en grec

Le *radical* d'un verbe est sa forme de base, indépendante de tout temps de la conjugaison. On l'appelle aussi la *racine*. C'est au radical qu'est associée la signification de base du verbe. Ainsi le radical du verbe βαλλω, *jeter*, est βαλ.

Les temps sont construits non pas à partir du radical mais de ce que l'on appelle le *thème* du verbe. Le thème est la forme de base d'un verbe *à un temps précis de la conjugaison*. Il arrive que radical et thème soient identiques, mais bien souvent ce n'est pas le cas. Le thème est, en effet, fréquemment une modification du radical. C'est au thème que s'ajoutent terminaisons, suffixes et préfixes. On retrouve ce phénomène en français. Ainsi la conjugaison du verbe « aller » offre des thèmes différents à certains temps et personnes : je vais, j'irai, j'allais.

Radical	Thème du présent	Présent
λυ	λυ	λυω *(délier)*
βαλ	βαλλ	βαλλω *(jeter)*
φυγ	φευγ	φευγω *(fuir)*

Si en français les dictionnaires et lexiques mentionnent les verbes à l'infinitif, en grec, comme nous l'avons dit, ils indiquent les verbes à la première personne de l'indicatif actif. On trouvera donc βαλλω dans les dictionnaires, alors que le radical est βαλ. L'entrée lexicale d'un verbe n'indique donc pas forcément son radical.

Le système verbal grec comporte quatre thèmes : le thème du présent, du futur, de l'aoriste et du parfait. C'est sur ces quatre thèmes que se construit l'essentiel des temps en grec à toutes les voix. L'aoriste passif et le futur passif ont leurs propres thèmes.

λεγω	je dis, thème du présent λεγ
εἰπον	j'ai dit, thème de l'aoriste ειπ

Au thème du verbe s'ajoutent certains éléments que ne contient pas le radical. L'un de ces éléments est ce que l'on appelle la *voyelle thématique* (abrégée *vt* dans ce cours). Il s'agit d'une voyelle (ε ou ο) placée en fin de thème et avant la désinence proprement dite. Elle n'est utilisée qu'au présent, à l'imparfait, au futur, à l'aoriste second et aux participes. Seuls les verbes en -ω ont une voyelle thématique, c'est pourquoi on l'appelle aussi *conjugaison thématique*. La conjugaison en -μι n'a pas de voyelle thématique, d'où le nom de *conjugaison athématique*.

Pour obtenir la forme conjuguée d'un verbe on ajoute une *désinence* à la combinaison thème-voyelle thématique. Pour former le présent indicatif actif de la deuxième personne du pluriel de βαλλω (βαλλετε, *vous jetez*) on aura donc :

βαλλ	+ ε	+ τε	> βαλλετε
thème du présent	*+ voyelle thématique*	*+ (désinence)*	

Mais, dans certains cas, il arrive que l'évolution des formes et de la prononciation a été telle qu'il est devenu impossible d'isoler la voyelle thématique de la désinence. C'est pourquoi les terminaisons des verbes ne ressemblent pas toujours à ce à quoi on pourrait s'attendre. La voyelle thématique et la désinence se combinent pour former un bloc que l'on appelle *la terminaison* d'une forme verbale. La terminaison est donc l'ensemble formé par la combinaison de la voyelle thématique et de la désinence. On dira donc :

βαλλ	+ ετε	> βαλλετε
thème du présent	*+ terminaison (vt + désinence)*	

Vous verrez ceci appliqué au présent dans la leçon suivante. Signalons que toutes les méthodes et grammaires de grec n'utilisent pas exactement la même terminologie. Peu importe, l'essentiel est d'utiliser une terminologie cohérente, de comprendre ce qui se passe et la façon dont le verbe est construit.

3.3 Résumé

Relisez cette leçon attentivement. Nous reviendrons sur certains points.

- L'analyse d'une forme verbale grecque doit indiquer les sept éléments suivants : la personne, le nombre, le temps, le mode, la voix, le thème et la traduction du verbe.
- le *radical* (racine) d'un verbe est la forme de base d'un verbe, indépendante des temps de la conjugaison.
- le *thème* d'un verbe est sa forme de base à un temps donné. Il ne correspond pas toujours au radical du verbe. Il est souvent constitué du radical augmenté d'éventuels préfixes et suffixes.
- la *terminaison* d'un verbe est formée de l'ensemble voyelle thématique + désinence.
- si l'on fait abstraction des éventuels préfixes et suffixes, la forme verbale à un temps donné est composée ainsi : thème du temps + terminaison.
- Le système verbal grec comprend

2 conjugaisons	en -ω, en -μι
3 personnes	1re, 2e, 3e
2 nombres	singulier, pluriel
6 temps	Primaires : présent, futur, parfait Secondaires : imparfait, aoriste, plus-que-parfait
6 modes	indicatif, impératif, infinitif, subjonctif, participe, optatif
3 voix	active, moyenne, passive
4 thèmes	présent, aoriste, futur, parfait.

3.4 Exercices

Mémorisez le tableau ci-dessus.

Expliquez les termes : déclinaison thématique, athématique; temps primaires et secondaires; voix active, moyenne et passive.

Quels sont les cinq éléments constitutifs d'une forme verbale (à l'exception du participe et de l'infinitif)?

4 LE PRÉSENT DE L'INDICATIF ACTIF

Maintenant que nous avons acquis une vue d'ensemble du système verbal grec, nous pouvons étudier le présent de l'indicatif actif. Après l'aoriste, le présent est le temps le plus utilisé dans le N.T.

4.1 FORMATION DU PRÉSENT DE L'INDICATIF ACTIF

Le présent de l'indicatif actif se construit ainsi :

Thème du présent + vt + désinences primaires actives

	Thème	Présent	Traduction
Sg 1	λυ	λυ ω	je délie
2	λυ	λυ εις	tu délies
3	λυ	λυ ει	il, elle délie
Pl 1	λυ	λυ ομεν	nous délions
2	λυ	λυ ετε	vous déliez
3	λυ	λυ ουσιν	ils, elles délient

Nous l'avons dit, le thème au présent n'est pas toujours identique au radical. Lorsqu'il en diffère c'est bien souvent soit par modification des consonnes (radical βαλ, thème du présent βαλλ, *jeter*), soit par modification des voyelles (radical λιπ, thème du présent λειπ, *manquer*).

Avant de présenter la conjugaison du présent de l'indicatif actif, il nous faut mentionner les *désinences primaires et secondaires*, évoquées auparavant. On peut en effet répartir les désinences en primaires (utilisées par les trois temps primaires) et secondaires (utilisées par les trois temps secondaires), chacune de ces catégories se divisant ensuite en actives et médio-passives. On obtient ainsi quatre groupes de désinences (voir tableau page 210) :

- primaires actives
- primaires médio-passives
- secondaires actives
- secondaires médio-passives.

Ces désinences étant utilisées dans la construction des verbes, il est bien plus simple de les apprendre que de mémoriser tous les tableaux des verbes. Puisque le présent de l'indicatif actif utilise les désinences primaires actives, nous débuterons par celles-ci.

Le tableau suivant indique pour le présent indicatif actif la décomposition voyelle thématique, désinences primaires actives et les terminaisons résultantes.

	Vt	Dés. prim. act.	Terminaison (vt + dés.)
Sg 1	ο	-	ω
2	ε	ς	εις
3	ε	ι	ει
Pl 1	ο	μεν	ομεν
2	ε	τε	ετε
3	ο	νσιν	ουσιν

Avant de mémoriser la terminaison des verbes, mémorisez les désinences. Comme nous l'avons signalé, il arrive souvent que la terminaison, combinaison de la voyelle thématique et de la désinence, ne produise pas le résultat attendu. Dans le cas de la première personne du singulier par exemple, le -ω résulte de l'allongement de la voyelle thématique ο. Normalement la première personne n'a pas de désinence primaire active propre. Le ο étant alors en syllabe ouverte, c'est-à-dire terminée par une voyelle, il s'est allongé en ω.

Nous n'indiquons la décomposition de la voyelle thématique et de la désinence que pour le présent. Par après, dans la construction des verbes, nous donnerons directement les terminaisons.

Le ν euphonique : à proprement parler, le -ν final de la troisième personne du pluriel ne fait pas partie de la désinence primaire. Il s'agit d'un -ν ajouté en fin de certains mots ou formes verbales pour des raisons qui demeurent obscures. Il est appelé le ν euphonique. Dans de nombreux ouvrages on l'indique entre parenthèses : λυουσι(ν). Or, un examen du N.T. démontre qu'à l'exception de quelques versets, ce -ν n'est jamais absent, que le mot suivant débute par une voyelle ou une consonne. Il vaut donc mieux apprendre toutes les formes où ce ν apparaît en le considérant comme partie intégrante des désinences. Nous ne mettrons donc pas dans cette méthode le -ν euphonique entre parenthèses.

Pour exemple de paradigme du présent indicatif actif nous prendrons le verbe λυω, *délier*. Ce verbe est en fait peu fréquent dans le N.T., mais il est tout à fait régulier et convient donc bien pour apprendre les formes verbales.

4.2 Signification du présent de l'indicatif actif

Le thème du présent dénote le déroulement ou la continuité d'une action ou d'un état au moment où l'on parle, sans évoquer son début ou sa fin. On dit du présent qu'il indique une action ou un état continu, en progrès. On peut souvent le traduire par l'expression « en train de ». Étant donnée la lourdeur d'une telle traduction, on aura fréquemment recours à un simple présent.

> το φως ἐν τῃ σκοτιᾳ φαινει (Jn 1.5)
> *la lumière dans l'obscurité brille (est en train de briller)*

Mais le présent n'indique pas toujours une action dans le présent. Pour prendre un exemple d'utilisation parmi d'autres, dans le verset suivant, dont le verbe est souvent traduit par un futur, le présent est utilisé pour une action à venir. Ce n'est cependant pas le présent qui indique le sens futur mais le contexte de la phrase.

> ἐν ἡμερᾳ ὁτε κρινει ὁ θεος τα κρυπτα των ἀνθρωπων (Rm 2.16)
> *au jour où Dieu juge les choses secrètes des hommes*

4.3 Résumé

- Le présent de l'indicatif actif grec dénote une action ou un état continu dans le présent.
- Les désinences primaires actives sont -, ς, ι, μεν, τε, νσιν.
- Le présent de l'indicatif actif se forme ainsi : λυω, λυεις, λυει, λυομεν, λυετε, λυουσιν.

4.4 Vocabulaire

Bien qu'en grec les formes verbales soient données à la première personne du singulier de l'indicatif présent, nous respecterons la pratique générale et donnerons la traduction des verbes à l'infinitif.

ἀγω	conduire
ἀκουω	entendre, comprendre, obéir
ἀμην	en vérité, amen, ainsi soit-il
ἀποστελλω	envoyer
βαλλω	jeter
βλεπω	considérer, voir
γαρ	car, alors, parce que. Comme δε, il ne se trouve jamais en début de phrase.
γινωσκω	connaître, savoir
γραφω	écrire
ἐγειρω	lever, faire lever, ressusciter
ἐγω	je
εὑρισκω	trouver
ἐχω	avoir
θελω	désirer, vouloir
λαμβανω	prendre, recevoir
λεγω	dire, parler
λυω	délier
πιστευω	croire

4.5 Exercices

Grammaire et lexique

Conjuguez les verbes γραφω et γινωσκω au présent de l'indicatif actif.

Trouvez la signification des mots suivants dans le dictionnaire : ἐν, μελλω, υἱος.

Thème

1 Car je connais. **2** Nous prenons. **3** Ils ne disent pas. **4** Et moi j'écris. **5** Vous trouvez. **6** Car ils désirent et n'ont pas. **7** En vérité vous croyez. **8** Maintenant elles écrivent. **9** C'est moi qui parle. **10** Ils veulent et ils prennent.

Version

1 λέγει. **2** γινώσκουσιν. **3** πιστεύετε. **4** λαμβάνει καὶ γράφω. **5** εὑρίσκει. **6** ἀκούετε. **7** θέλουσιν. **8** οὐκ ἔχομεν καὶ θέλομεν. **9** κτίζετε. **10** πιστεύετε καὶ γράφετε. **11** ἔχει δέ. **12** βάλλουσιν. **13** βλέπεις καὶ λέγεις. **14** ἀποστέλλει. **15** ἐγείρουσιν.

5 Introduction au nom

Comme nous l'avons fait pour le système verbal, nous consacrons tout d'abord une leçon à la présentation des données générales du système nominal grec avant l'étude des noms. Ici aussi, il n'est pas nécessaire de tout assimiler. Vous pourrez toujours revenir à cette leçon en cas de besoin.

5.1 Le système nominal

Les déclinaisons

La flexion : il arrive que la forme d'un mot varie selon sa fonction dans la phrase. Ce phénomène est appelé *la flexion.* En français, le pronom personnel de la troisième personne du singulier est « il » si le pronom se réfère au masculin et « elle » s'il se réfère au féminin. En outre, on utilise « il » dans le cas du sujet (« *Il* prend un livre ») mais « lui » dans le cas de l'objet (« Je *lui* donne un livre »). Tous ces changements sont des exemples de flexion. L'ensemble des flexions d'un mot s'appelle une *déclinaison* dans le cas des noms, une *conjugaison* dans le cas des verbes. Une déclinaison est donc l'ensemble des formes que prend un mot pour indiquer sa fonction dans la phrase.

Comparé à d'autres langues, le français utilise peu les flexions du nom. Le grec y a par contre énormément recours. Presque chaque mot voit sa forme modifiée selon sa fonction. Six catégories de mots sont déclinables en grec : *le nom, l'adjectif, l'article, le pronom, le participe* et *certains nombres.* Les autres mots (prépositions, adverbes, etc.) sont invariables. Il faudra donc apprendre leur forme telle qu'on la trouve dans les dictionnaires.

Les noms grecs sont répartis en trois ensembles. Chacun de ces ensembles est appelée *une déclinaison.* L'appartenance d'un nom à telle ou telle déclinaison n'a aucun rapport avec sa signification. *La déclinaison n'est qu'une façon de classer les noms selon leur morphologie, leur terminaison, elle n'informe en rien sur la signification du mot.* Les trois déclinaisons du système nominal grec sont les suivantes :

- **Première déclinaison ou déclinaison en α, η** : elle comprend les noms dont le thème se termine en -α (ou -η par allongement du α). Il s'agit surtout de noms féminins (δοξα, *gloire*, γραφη, *écriture*), mais on y trouve aussi des noms masculins (ἐργατης, *ouvrier*). C'est la seule déclinaison qui ne contient pas de mots neutres.
- **Deuxième déclinaison ou déclinaison en ο** : elle comprend les noms dont le thème se termine en -ο. Il s'agit surtout de noms masculins ou neutres (ἀποστολος, *apôtre*, ἐργον, *œuvre*) mais on y retrouve aussi un certain nombre de mots féminins (ὁδος, *chemin*).
- **Troisième déclinaison ou déclinaison en consonne ou autre voyelle que α, η, ο** : elle comprend les noms dont le thème se termine par une autre lettre, c'est-à-dire une consonne, une diphtongue ou les voyelles -ι ou -υ. On y trouve des noms des trois genres : masculins (πατηρ, *père*), féminins (πολις, *ville*), neutres (πνευμα, *esprit*).

Étant donné que le thème d'un mot détermine la déclinaison à laquelle il appartient, *un mot ne peut appartenir qu'à une seule déclinaison.*

Les 3 déclinaisons du nom

1	finale en α, η	fém. (surtout), masc.
2	finale en ο	masc. (surtout), neut., fém.
3	finale en autre lettre	les trois genres

Thème et désinence

Vous avez sans doute remarqué que tout comme nous avons parlé du thème des verbes, nous venons aussi de parler du thème des noms. De fait, les noms aussi ont leur radical, leur thème et leurs désinences.

- Le *radical* est l'ensemble des sons qui renferme la signification de base du mot (λογ).
- Le *thème* est, comme pour le verbe, le radical auquel s'ajoutent d'éventuels préfixes et suffixes (λογο, *parole*).
- La *désinence* est ce qui, indiqué en fin de mot, dénote la fonction du mot dans la phrase (λογος, parole utilisé comme sujet ou attribut, voir ci-dessus).

Bien souvent on ne peut isoler la désinence et la finale du thème. Comme pour le verbe on parle alors simplement de *terminaison*. Mais il vaut la peine d'apprendre les désinences séparément. Le thème d'un mot est ce qui reste si vous en enlevez la désinence.

Le genre

Le nom grec peut être de trois genres : *masculin, féminin* ou *neutre*. Il n'y a pas forcément correspondance entre le genre d'un mot en français et son genre en grec. Ainsi ἁμαρτια, *péché*, est féminin en grec.

Comme nous l'avons déjà dit, l'appartenance d'un mot à telle ou telle déclinaison permet souvent, mais pas toujours, d'en identifier le genre. En général les mots en -ος au nominatif singulier sont masculins, les mots en -ον sont neutres et les mots en -η ou -α sont féminins.

Le nombre

Un nom peut être singulier ou pluriel. Il existait en grec ancien un *duel*, forme indiquant deux entités. Il avait déjà disparu à l'époque du N.T. Tout comme le français, le grec emploie différentes désinences pour indiquer le nombre. Le nominatif singulier ἀποστολος signifie *apôtre*, alors que ἀποστολοι signifie *apôtres*. La différence entre le singulier et le pluriel est donc indiquée par les désinences -ς et -ι. Nous détaillerons ces désinences par la suite.

La forme lexicale

La forme lexicale d'un mot en grec est son nominatif singulier. Le nominatif pluriel ἀποστολοι se trouve sous la forme ἀποστολος au dictionnaire. Lorsque vous cherchez un mot dans le dictionnaire, c'est donc le nominatif singulier que vous trouverez. Il en va de même pour les autres mots déclinés.

Analyse

Cinq éléments sont à fournir lors de l'analyse d'un mot :

- Le cas (nominatif, vocatif, accusatif, génitif, datif)
- Le genre (masculin, féminin, neutre)
- Le nombre (singulier, pluriel)
- La forme lexicale (au nominatif singulier)
- La signification de la forme fléchie

Ainsi, λογους est l'accusatif masculin pluriel de λογος *paroles.*

5.2 Les cas

Nous l'avons évoqué ci-dessus, la désinence d'un mot indique sa fonction dans la phrase, sa relation avec les autres mots. Cinq désinences nominales différentes sont utilisées dans le grec du N.T. Ces désinences sont appelées les *cas.* Il existe donc cinq cas en grec : *le nominatif, le vocatif, l'accusatif, le génitif* et *le datif.* Si vous avez déjà étudié une autre langue à déclinaisons comme le latin ou l'allemand, vous vous retrouvez en terrain familier. Chacun de ces cas peut indiquer plusieurs fonctions.

Ainsi le thème pour « apôtre » est ἀποστολο. S'il est sujet du verbe, il prend la désinence du nominatif : -ς (ἀποστολος). Si le mot est objet direct de la même phrase, il prend la désinence de l'accusatif : -ν (ἀποστολον).

> ὁ ἀποστολος (sujet) πεμπει ἀποστολον (objet).
> *L'apôtre envoie un apôtre.*

Puisque ce sont les désinences et non l'ordre des mots dans la phrase qui permettent de déterminer la fonction et le nombre d'un mot, il est extrêmement important de bien les apprendre.

Nous ne présentons pour l'instant que quelques significations de base des cas. Nous en ajouterons progressivement, surtout lors de l'étude des prépositions (voir page 64). En outre, nous illustrerons ces cas par de nombreux exercices et exemples au cours des leçons consacrées aux déclinaisons.

Le nominatif

Le nominatif indique principalement deux fonctions. La première est celle de *sujet de la phrase.* Le nominatif répond à la question « qui? quoi? ». Dans la phrase suivante λογος est le sujet de la phrase, sa désinence est au nominatif.

> <u>ὁ λογος</u> ἠν προς τον θεον (Jn 1.1)
> *La parole était avec Dieu*

Un mot au nominatif peut également être *attribut du sujet.*

> <u>θεος</u> ἠν ὁ λογος (Jn 1.1)
> *La parole était Dieu*

Dans cet exemple, le premier et le dernier mot sont au nominatif. Le contexte permet d'habitude de différencier le sujet et l'attribut.

Le vocatif

Le vocatif est le cas de l'*interpellation, de l'adresse directe*. Il se retrouve plus fréquemment dans les Évangiles et les Actes.

> διδασκαλε, ἀκολουθησω σοι (Mt 8.19)
> *Maître, je te suivrai*

Le vocatif est très peu utilisé dans le N.T. De plus, près d'un tiers de ses emplois sont réservés aux mots κυριος, *maître, seigneur*, et ἀδελφος, *frère*. En outre, la forme du vocatif est en général identique à celle du nominatif, sauf au masculin singulier.

Le nominatif, employé seul ou avec l'article, fait souvent office de vocatif. C'est donc déjà, après le sujet et l'attribut, une troisième fonction de la forme nominative. Ainsi, dans la phrase célèbre de Thomas, la forme nominative a la fonction d'adresse directe d'habitude attribuée au vocatif.

> Ὁ κυριος μου και ὁ θεος μου (Jn 20.28)
> *Mon Seigneur et mon maître!*

L'accusatif

L'accusatif est le cas de l'*objet direct*. Il répond à la question « qui? quoi? » dans le sens de complément d'objet. C'est le cas le plus fréquent.

> το φως... φωτιζει παντα ἀνθρωπον (Jn 1.9)
> *la lumière... éclaire tout homme*

Le génitif

Le génitif est le cas du *complément du nom*. Il apporte des informations supplémentaires sur le nom qu'il modifie. Pour débuter, on dit fréquemment que le génitif est le cas de la *possession*. Il répond à la question « de qui? de quoi? ». Bien souvent ce n'est pas le cas. Le génitif peut indiquer la séparation, l'origine. C'est ce que l'on appelle parfois l'ablatif. Pour l'instant nous dirons que le génitif est le cas du complément du nom. Il est le seul cas qui modifie directement le nom, les autres cas renvoient au verbe. Nous verrons par la suite que le génitif modifie aussi le verbe, mais par l'entremise d'une préposition, pas directement.

το φως <u>των ἀνθρωπων</u> (Jn 1.4)
la lumière des hommes

τον στεφανον <u>της ζωης</u> (Ja 1.12)
la couronne de vie (c'est-à-dire *qui est la vie)*

Le datif

Le datif est le cas de l'*attribution*, de l'objet indirect. Le datif répond à la question « à qui ? à quoi ? ».

εὐχαριστω <u>τῳ θεῳ</u> μου (Rm 1.8)
je rends grâce à mon Dieu

Très souvent le datif n'est en fait pas utilisé seul mais avec une préposition ou un verbe qui en précise le sens.

Résumé : les cinq cas du nom

Nominatif	Sujet et attribut
Vocatif	Adresse
Accusatif	Objet direct
Génitif	Complément du nom
Datif	Objet indirect, attribution

Nous verrons par la suite que d'autres considérations influencent l'utilisation des cas. Certains verbes, certaines prépositions et constructions syntaxiques régiront l'utilisation de tel ou tel cas. Dans l'ensemble cela ne posera guère de difficultés.

5.3 L'ORDRE DES MOTS

Dans les exemples que nous avons utilisés on s'aperçoit, qu'au contraire du français, en grec on ne détermine pas l'objet et le sujet de la phrase selon l'ordre des mots. *La fonction d'un mot en grec n'est pas indiquée par sa place dans la phrase mais par son cas.* Ainsi les deux phrases suivantes signifient « Au commencement était la parole » et « La parole était au commencement » (Jn 1.1).

᾿Εν ἀρχῃ ἠν ὁ λογος = ὁ λογος ἠν ἐν ἀρχῃ

Mais si l'ordre des mots en grec n'en détermine pas la fonction, il aide dans certains cas à discerner l'intention de l'auteur, les mots sur lesquels il veut mettre l'accent, et rendre compte de son style. Dans la mesure du possible donc, tant que le style français le permet, essayez de conserver l'ordre des mots grecs dans votre traduction.

5.4 Résumé

- Le système nominal grec comprend

3 genres	masculin, féminin, neutre
2 nombres	singulier, pluriel
3 déclinaisons	mots en -α, -η (surtout fém., quelques masc.) mots en -ο (surtout masc. et neut., quelques fém.) mot en autre lettre (les trois genres)
5 cas	nominatif (sujet, attribut), vocatif (adresse), accusatif (object direct), génitif (complément du nom), datif (attribution, objet indirect)
6 catégories de mots déclinables	nom, adjectif, article, pronom, participe, certains nombres

- Différentes désinences sont employées pour indiquer le genre, le nombre et le cas.
- Le thème d'un mot renferme sa signification de base, il est ce qui reste après avoir enlevé la désinence.
- La forme d'un nom dans les dictionnaires est le nominatif singulier.

On trouve encore dans certains cours ou certaines grammaires l'utilisation de huit cas en grec : le nominatif, le vocatif, l'accusatif, le génitif, le datif, l'ablatif, l'instrumental et le locatif. Cette classification, plus populaire autrefois, revenait à définir les cas non pas selon la désinence des mots mais selon leur fonction. On identifiait donc huit fonctions principales d'un mot dans la phrase. À l'étude pourtant on se rend compte que les mots peuvent avoir bien plus de fonctions. On préfère donc aujourd'hui classer les mots selon leur morphologie, et donc se limiter à cinq cas. Les cas reflètent donc d'abord la terminaison des mots. À chaque cas sont attribuées plusieurs fonctions.

6 Le masculin et le féminin de la deuxième déclinaison

6.1 Formation du masculin et du féminin de la deuxième déclinaison

La deuxième déclinaison est la plus facile à apprendre. C'est par elle que nous débutons donc. Pour exemple nous utilisons le mot λογος, *parole*. Mémorisez les désinences, cela vous épargnera beaucoup d'efforts inutiles et de tracas lorsque vous serez face à des mots soi-disant irréguliers.

	Dés.	Exemple
Sg N	ς	λογος
V	ε	λογε
A	ν	λογον
G	υ	λογου
D	ι	λογῳ
Pl N V	ι	λογοι
A	υς	λογους
G	ων	λογων
D	ις	λογοις

La désinence du génitif singulier est en réalité -ο, mais l'omicron se contracte, se combine, avec la voyelle finale du thème, qui est omicron, ce qui résulte en la terminaison -ου (ο + ο >ου).

La désinence -ων *indiquera presque toujours un génitif pluriel.* Il en va toujours ainsi pour les noms. Nous verrons que d'autres formes se terminent aussi en -ων. Mais pour l'instant, apprenez que les noms en -ων sont au génitif pluriel et vous n'aurez plus à mémoriser les génitifs pluriels.

La désinence du datif singulier est -ι, du datif pluriel -ις. Au singulier, pour des raisons d'allongement de voyelle finale, le iota devient souscrit. En général, lorsque vous voyez un mot qui se termine par -ᾳ, -ῃ ou -ῳ, il s'agit du datif singulier. Dans les trois déclinaisons, le datif pluriel sera en -σιν ou en -ις. Pour connaître le datif, il suffit donc de se rappeler qu'il se fait en -ι souscrit au singulier, en -ις (1re et 2e déclinaisons) ou en -σιν (3e déclinaison) au pluriel. Cette petite règle vous permet d'éviter de mémoriser les datifs.

Vous aurez remarqué que nous avons parlé ici du masculin *et* du féminin de la deuxième déclinaison. Il existe en effet une quarantaine de mots qui, bien qu'ayant une terminaison en -ος et appartenant à la deuxième déclinaison, sont en réalité des mots féminins. Quelques-uns des plus fréquents sont repris ci-dessous dans le vocabulaire. Puisqu'ils sont féminins, ils seront bien sûr accompagnés de l'article féminin ἡ et non de l'article masculin ὁ (voir page 34).

Il n'y a pas d'article indéfini (un, une) en grec. Pour dire *une parole*, on dit λογος.

Nous avons étudié les cas dans la leçon précédente. Si nous combinons ce que nous avons appris sur les verbes et le contenu de cette leçon, nous pouvons déjà construire des phrases simples.

ἀνθρωπος γραφει	un homme écrit. ἀνθρωπος est au nominatif = sujet
γινωσκετε νομον	vous connaissez une loi νομον est à l'accusatif = objet direct
ἀποστολος κυριου λεγει	un apôtre d'un Seigneur parle ἀποστολος est au nominatif = sujet κυριου est au génitif = complément du nom
Παυλος γραφει ἀδελφοις	Paul écrit à des frères Παυλος est au nominatif = sujet ἀδελφοις est au datif = objet indirect

6.2 Résumé

- Le masculin et le féminin de la deuxième déclinaison se forment en ς, ε, ν, υ, ι au singulier et en ι, ι, υς, ων, ις au pluriel.
- La désinence -ων indique presque toujours un génitif pluriel.
- Le datif singulier sera toujours en iota souscrit, le pluriel en -σιν ou en -ις.

6.3 Vocabulaire

Tous les noms sont cités avec l'article et la terminaison du génitif. Pour retenir le genre d'un mot, mémorisez son article. Pour la troisième déclinaison, il sera important de mémoriser le génitif.

ἀγγελος, -ου, ὁ	messager, ange
ἀδελφος, -ου, ὁ	frère
ἀνθρωπος, -ου, ὁ	homme, humanité, personne
ἀποστολος, -ου, ὁ	envoyé, messager, apôtre
ἐστιν	il, elle est (3e p. du singulier de l'indicatif présent actif de εἰμι, être, voir page 39)
κοσμος, -ου, ὁ	monde, univers, humanité
κυριος, -ου, ὁ	seigneur, Seigneur, maître
λογος, -ου, ὁ	parole, déclaration, mot, message
νομος, -ου, ὁ	loi, principe
οἰκος, -ου, ὁ	maison
οὐρανος, -ου, ὁ	ciel
ὀχλος, -ου, ὁ	foule, multitude
Παυλος, -ου, ὁ	Paul
Πετρος, -ου, ὁ	Pierre
Χριστος, -ου, ὁ	Christ, messie, Oint

Voici quelques mots féminins en -ος. L'article ἡ est l'article féminin.

ἀβυσσος, -ου, ἡ	abîme, profondeur
ἀμπελος, -ου, ἡ	vigne
βιβλος, -ου, ἡ	livre
διαλεκτος, -ου, ἡ	langue, langage
ἐρημος, -ου, ἡ	désert
ὁδος, -ου, ἡ	chemin, route
ῥαβδος, -ου, ἡ	bâton, sceptre

Voici quelques mots en -ος qui peuvent être soit masculins, soit féminins. L'article utilisé indiquera le genre.

διακονος, -ου, ὁ, ἡ	serviteur, servante
θεος, -ου, ὁ, ἡ	dieu, déesse, Dieu

6.4 Exercices

Relisez le texte de Jean 1.1–18 et essayez de reconnaître les noms et cas que vous avez appris, ainsi que les terminaisons des verbes.

Vous trouverez déjà ici des mots que vous ne connaissez pas. C'est à dessein, pour vous apprendre à utiliser le dictionnaire.

Thème

1 Un ange d'un dieu. **2** Il est Dieu. **3** Paul et Pierre, des envoyés d'un seigneur. **4** Des hommes pour un dieu. **5** Et en vérité, une foule dit au fils d'un homme. **6** Un dieu est seigneur d'un monde. **7** Nous trouvons des apôtres. **8** Envoyez-vous un apôtre à Pierre? **9** Car ils connaissent une loi. **10** Ils écrivent, nous voyons, vous jetez.

Version

Prenez l'habitude d'analyser chaque mot (cas, nombre, genre, etc.) et chaque forme verbale (temps, mode, personne, etc.) des versions avant de les traduire.

1 Παῦλος δοῦλος Χριστοῦ Ἰησοῦ. **2** ἐγὼ ἀποστέλλω ἄγγελόν. **3** εὑρίσκει ἀνθρωπόν; **4** γράφομεν λόγους κύριου ἀνθρωποίς. **5** νῦν ἀκούετε νόμον καὶ πιστεύετε. **6** θεός καὶ κύριος βλέπουσιν ὄχλους. **7** Πέτρος λαμβάνει βίβλους; **8** ἀπόστολοι Ἰησοῦ γράφουσιν νόμον. **9** ἀκούετε ἀπόστολους ἀνθρώπων. **10** βάλλομεν, γράφετε, θέλει.

7 LE NEUTRE DE LA DEUXIÈME DÉCLINAISON L'ARTICLE

Nous avons étudié les noms masculins et féminins en -ο de la deuxième déclinaison. Nous abordons à présent les noms neutres de la deuxième déclinaison. Nous débutons également l'étude de l'article.

7.1 LE NEUTRE DE LA DEUXIÈME DÉCLINAISON

Les mots qui se terminent en -ον au nominatif singulier sont neutres en grec. Voici le paradigme des noms neutres de la deuxième déclinaison. Le mot utilisé en exemple est ἐργον, *œuvre*. Comme nous l'avons déjà conseillé pour le masculin, apprenez d'abord les désinences avant d'apprendre la déclinaison donnée en exemple.

	Dés.	Exemple
Sg N V	ν	ἐργον
A	ν	ἐργον
G	υ	ἐργου
D	ι	ἐργῳ
Pl N V	α	ἐργα
A	α	ἐργα
G	ων	ἐργων
D	ις	ἐργοις

Au neutre le nominatif, le vocatif et l'accusatif sont identiques, tant au singulier qu'au pluriel. De plus, les formes du génitif et du datif sont identiques à celle du masculin de la deuxième déclinaison. Retenez bien ces deux principes. Ceux-ci connus, le neutre est assez facile à maîtriser. Au singulier, ne confondez pas l'accusatif masculin, qui se termine en -ον (λογον), et le nominatif et l'accusatif neutre, qui se terminent aussi en -ον (ἐργον).

Une particularité du neutre importante à retenir est que *le sujet neutre pluriel prend en général un verbe au singulier*. Dans le verset suivant τα ἐργα est neutre et pluriel mais le verbe être, ἐστιν, et l'attribut πονηρα, sont au singulier.

> τα ἐργα αὐτου πονηρα ἐστιν (Jn 7.7)
> *ses œuvres sont mauvaises*

7.2 L'ARTICLE DÉFINI MASCULIN ET NEUTRE

Le grec n'utilise pas d'articles indéfinis (un, une) ou partitifs (du, de la), il ne connaît que l'article défini (le, la, les). C'est pourquoi lorsque l'on parle de *l'article* en grec on désigne l'article défini. L'article a un cas, un nombre et un genre. *Il s'accorde en cas, en genre et en nombre avec le nom qu'il modifie.* Si un nom est au nominatif masculin singulier (ἀνθρωπος), l'article qui le modifie sera au nominatif masculin singulier (ὁ).

Voici la déclinaison de l'article au masculin et au neutre. Le vocatif, cas de l'adresse, de l'interpellation, n'a pas d'article.

	M	N
Sg N	ὁ	το
A	τον	το
G	του	του
D	τῳ	τῳ
Pl N	οἱ	τα
A	τους	τα
G	των	των
D	τοις	τοις

Connaître les formes de l'article est la clé pour maîtriser les formes des noms en grec. En effet, la plupart des désinences des noms sont semblables aux terminaisons de l'article défini. Apprenez donc la déclinaison de l'article par cœur. Il vous facilitera grandement la tâche. Si vous connaissez l'article, vous connaissez de fait une bonne partie des terminaisons des noms. Si vous ne parvenez pas à analyser un nom, regardez l'article qui l'accompagne, s'il y en a un bien sûr. Si l'article est, par exemple, au masculin nominatif singulier, le nom le sera forcément aussi.

L'article défini grec se traduit *le*, *la*, *les*. En règle générale, au début de votre apprentissage du grec, si l'article est présent, traduisez-le en français, s'il est absent, n'ajoutez pas un article défini. En cas d'absence de l'article on peut ajouter *un*, *une* avant le nom si le style français le demande. Ainsi ὁ ἀνθρωπος signifie *l'homme* et ἀνθρωπος *homme* ou *un homme*.

Vous découvrirez également que le grec n'utilise pas l'article de la même manière que le français. Il l'utilise parfois là où le français n'en mettrait jamais et l'omet là où le français l'exige. C'est normal, il n'y a pas de correspondance mot pour mot entre différentes langues. Il faut donc être quelque peu flexible. Certaines différences d'emploi apparaîtront dans les chapitres qui suivent. Quelques utilisations sont à remarquer.

Le grec utilise souvent l'article défini devant un nom propre ou devant θεος. On trouve ainsi fréquemment ὁ θεος, *le Dieu*, ou ὁ Ἰησους, *le Jésus*. En français, vous pouvez bien sûr omettre la traduction de l'article dans le cas des noms propres.

L'article provient d'un ancien pronom démonstratif. Puisqu'il n'existe pas en grec d'article partitif ou indéfini, l'article ne doit pas être pensé dans une opposition indéfini-défini-partitif comme on peut le faire en français. Plutôt que de définir, l'article identifie une entité par rapport à un groupe. Il garde parfois sa valeur démonstrative même dans le N.T. On distingue l'origine démonstrative de l'article dans une construction telle que ὁ μεν… ὁ δε, *l'un… l'autre*.

> <u>οἱ μεν</u> ἠσαν συν τοις Ἰουδαιοις, <u>οἱ δε</u> συν τοις ἀποστολοις (Ac 14.4)
> *les uns étaient avec les Juifs, les autres avec les apôtres*

Dans un sens proche, il arrive aussi que l'article reprenne à lui seul un objet ou une personne déjà mentionnés. Il fait alors presque office de pronom relatif.

> Πατερ ἡμων <u>ὁ</u> ἐν τοις οὐρανοις (Mt 6.9)
> *Notre Père le (qui est) dans les cieux*
>
> Ἰακωβος… ταις δωδεκα φυλαις <u>ταις</u> ἐν τῃ διασπορᾳ (Ja 1.1)
> *Jacques… aux douze tribus les (qui sont) dans la dispersion*

7.3 Résumé

- Les désinences du neutre de la deuxième déclinaison sont ν, ν, ν, υ, ι au singulier et α, α, α, ων, ις au pluriel.
- Le sujet neutre pluriel prend très souvent un verbe au singulier.
- Il n'y a pas d'article indéfini ou partitif en grec. L'article défini est ὁ, τον, του, τῳ, οἱς, τους, των, τοις au masculin et το, το, του, τῳ, τα, τα, των, τοις au neutre.

7.4 Vocabulaire

ἀργυριον, -ου, το	argent
ἀρνιον, -ου, το	agneau
βιβλιον, -ου, το	livre
δαιμονιον, -ου, το	démon
εἰς	prép. : dans, parmi, vers (+ accusatif)
ἐργον, -ου, το	travail, œuvre, action
εὐαγγελιον, -ου, το	bonne nouvelle, évangile
ἱερον, -ου, το	temple
Ἰεροσολυμα, -ων, τα	Jérusalem (2e déclinaison neutre pluriel)
Ἰησους, -ου, ὁ	Jésus, Josué
ἱματιον, -ου, το	vêtement
κρινω	juger, condamner
μη	ne pas, de peur que (avec les autres modes que l'indicatif)
μυστηριον, -ου, το	mystère
παιδιον, -ου, το	enfant
πλοιον, -ου, το	bateau, barque
προσωπον, -ου, το	visage, face
σαββατον, -ου, το	sabbat, souvent employé au pluriel dans le N.T. dans un sens singulier.
σημειον, -ου, το	signe
συ	tu
συνεδριον, -ου, το	Sanhédrin
τεκνον, -ου, το	enfant
ὡστε	donc, de sorte que

Remarque

Certains mots n'ont pas une déclinaison complète ou présentent des traits inhabituels. C'est tout spécialement le cas des noms propres. Le nom Jésus se décline comme suit

N	ὁ Ἰησους
A	τον Ἰησουν
G	του Ἰησου
D	τῳ Ἰησου

C'est l'article qui vous permettra de différencier le génitif du datif.

7.5 Exercices

Grammaire

Écrivez la déclinaison de l'article masculin et neutre.

Thème

1 Les œuvres de la Loi. **2** Les enfants de Dieu. **3** Car ils trouvent les vêtements des enfants. **4** Et nous connaissons les signes du Sabbat. **5** Les apôtres ne connaissent pas les mystères du livre du fils de l'homme. **6** Les apôtres écrivent l'évangile. **7** Les hommes jugent l'agneau de Dieu. **8** Nous connaissons les mystères de sorte que nous obéissons. **9** Les enfants ne regardent pas les bateaux. **10** Vous écrivez des livres pour la foule.

Version

Encore une fois, analysez chaque mot (cas, nombre, genre, etc.) et chaque forme verbale (temps, mode, personne, etc.) des exercices suivants et traduisez ensuite les phrases. Nous ne répéterons plus cette consigne, mais il est bon de la pratiquer.

1 κύριος γάρ ἐστιν τοῦ σαββάτου ὁ υἱὸς τοῦ ἀνθρώπου (Mt 12.8). **2** σὺ πιστεύεις ὅτι εἷς ἐστιν ὁ θεός... καὶ τὰ δαιμόνια πιστεύουσιν καὶ φρίσσουσιν (Ja 2.19). **3** τὸ εὐαγγέλιον τοῦ υἱοῦ. **4** ἀπόστολος ἐγείρει τὸ παιδίον καὶ ὁ ὄχλος οὐ πιστεύει. **5** οἱ ἀνθρώποι λαμβάνουσιν τὸ ἀργύριον τοῦ συνέδριου. **6** τὸ ἀρνίον τοῦ θεοῦ κρίνει τὰ τέκνα τοῦ κόσμου. **7** τοὺς δὲ ἔξω ὁ θεός κρίνει. **8** ἐγὼ ακούω τὸν Ἰησοῦν καὶ πιστεύω. **9** λαμβάνετε γὰρ τὰ ἱμάτια τῶν παιδίων. **10** τὰ τέκνα εὑρίσκει τὸ πλοῖον τῶν ἀνθρώπων;

8 Les verbes contractes – Le verbe être

Les verbes contractes sont les verbes dont le thème se termine par les trois voyelles brèves -α, -ε et -ο. Il s'agit donc des verbes en -αω, -εω et -οω. Lorsque cette voyelle finale rencontre la voyelle initiale de la terminaison du verbe, les deux voyelles se contractent dans la prononciation. Ces verbes sont très fréquents dans le N.T., surtout les verbes en -εω.

8.1 Les règles de contraction

Les verbes en -αω, -εω et -οω connaissent le phénomène de contraction au *présent, à l'imparfait et à toutes les déclinaisons des participes*. Comme nous le verrons par la suite, aux autres temps, la voyelle du thème est suivie d'une consonne, c'est alors un phénomène d'allongement qui se produit. Les lexiques et les dictionnaires donnent les formes non contractées des verbes. Vous trouverez donc comme entrée dans le dictionnaire non pas φιλω mais φιλεω, même si cette forme n'existe en réalité pas dans le N.T.

Que les quelques règles ci-dessous ne vous effraient pas. L'important est de pouvoir reconnaître les verbes contractes et expliquer leur forme.

Verbes en -αω

Règles		**Exemple**	
α + ο, ω, ου	> ω	ἀγαπα + ω	> ἀγαπω
α + ε, η	> α	ἀγαπα + εις	> ἀγαπᾳς
α + ει ou ῃ	> ᾳ	ἀγαπα + ει	> ἀγαπᾳ
		ἀγαπα + ομεν	> ἀγαπωμεν
		ἀγαπα + ετε	> ἀγαπατε
		ἀγαπα + ουσιν	> ἀγαπωσιν

Verbes en -εω

Règles		Exemple	
ε + ε	> ει	φιλε + ω	> φιλω
ε + ο	> ου	φιλε + εις	> φιλεις
ε + longue (η, ω) ou diphtongue	> disparaît	φιλε + ει	> φιλει
		φιλε + ομεν	> φιλουμεν
		φιλε + ετε	> φιλειτε
		φιλε + ουσιν	> φιλουσιν

Seules les deux premières personnes du pluriel diffèrent des verbes en -ω.

Verbes en -οω

remplir, accomplir

Règles		Exemple	
ο + longue (η ou ω)	> ω	πληρο + ω	> πληρω
ο + brève (ο, ε), ου	> ου	πληρο + εις	> πληροις
ο + ει, ῃ, οι	> οι	πληρο + ει	> πληροι
		πληρο + ομεν	> πληρουμεν
		πληρο + ετε	> πληρουτε
		πληρο + ουσιν	> πληρουσιν

8.2 Le présent indicatif actif du verbe εἰμι

Voici la conjugaison du présent de l'indicatif actif du verbe εἰμι. Ce verbe fait partie des verbes en -μι. Comme nous ne les étudierons qu'à la fin de notre cours, contentez-vous de mémoriser ce paradigme. En grec, le verbe εἰμι est fréquemment sous-entendu, absent de la phrase. Dans de nombreux cas il faudra ajouter le verbe être en français.

Sg 1	εἰμι	je suis
2	εἶ	tu es
3	ἐστιν	il, elle est
Pl 1	ἐσμεν	nous sommes
2	ἐστε	vous êtes
3	εἰσιν	ils, elles sont

8.3 Le verbe οἰδα

Le verbe οἰδα est fréquemment utilisé dans le N.T. dans le même sens que γινωσκω. Il s'agit d'un parfait indicatif actif. Nous n'étudierons le parfait que bien plus tard (voir page 146), mais, étant donnée la fréquence du verbe, il vaut la peine d'apprendre son paradigme. Comme il s'agit d'un parfait actif, il utilise les désinences primaires actives.

Sg 1	οἰδα	je sais
2	οἰδας	tu sais
3	οἰδεν	il, elle sait
Pl 1	οἰδαμεν	nous savons
2	οἰδατε	vous savez
3	οἰδασιν	ils, elles savent

8.4 Résumé

- Certains verbes connaissent au présent et à l'imparfait de l'indicatif et au participe un phénomène de contraction de leur voyelle finale avec la voyelle de la terminaison. Ces verbes sont les verbes en -αω, -εω et -οω (voir résumé page 211). Aux autres temps cette voyelle s'allonge.
- Le présent de l'indicatif actif du verbe εἰμι est εἰμι, εἰ, ἐστιν, ἐσμεν, ἐστε, εἰσιν.
- Οἰδα se conjuge ainsi au parfait : οἰδα, οἰδας, οἰδεν, οἰδαμεν, οἰδατε, οἰδασιν.

8.5 Vocabulaire

αὐτος, ο, -η	il, elle
εἰμι	je suis
οἰδα	je sais, je comprends
ὁταν	lorsque (crase de ὁτε et ἀν)
τίς, τί	pronom et adjectif interrogatif. Qui ? Quoi ? Ce mot est l'un des cas où l'accent importe. Voir page 87.
τις, τι	pronom et adjectif indéfini. Quelqu'un, quelque chose.

Verbes en -αω

ἀγαπαω	aimer
γενναω	donner naissance, enfanter, produire
επερωταω	demander, poser une question
ερωταω	demander, exiger
ὁραω	voir
ζαω	vivre (ζω, ζης, ζῃ, ζωμεν, ζητε, ζωσιν)

Verbes en -εω

αἰτεω	demander
ζητεω	chercher, désirer
καλεω	appeler, inviter
λαλεω	parler, dire
μαρτυρεω	témoigner
μισεω	haïr
παρακαλεω	appeler, exhorter
περιπατεω	marcher, se promener, vivre
ποιεω	faire
τηρεω	garder, conserver

Verbes en -οω

πληροω	remplir, accomplir
σταυροω	crucifier
φανεροω	révéler, faire connaître

8.6 Exercices

Grammaire

Écrivez la déclinaison du masculin et du neutre de l'article.

Conjuguez les verbes suivants au présent de l'indicatif actif : γενναω, μαρτυρεω, σταυροω.

Thème

1 Paul exhorte les frères des apôtres. **2** Les hommes crucifient Jésus. **3** Les frères cherchent la barque de Pierre. **4** Pierre appelle la foule. **5** Qui aime les brebis ? **6** Nous sommes les enfants de Dieu. **7** Jésus dit : Que cherchez-vous ? **8** J'aime le Seigneur et je hais l'argent. **9** Les enfants appellent les hommes du Sanhédrin. **10** Je suis, nous sommes, vous êtes, ils sont, vous témoignez.

Version

1 ἀγάπᾳς τὸν πλησίον καὶ μίσεις τὸν ἐχθρόν (Mt 5.43). **2** οἱ ἀνθρώποι λέγουσιν· διὰ τί ἐν παραβολαῖς λαλεῖς; (Mt 13.10) **3** λέγει αὐτοῖς· πῶς οὖν Δαυὶδ καλεῖ αὐτὸν κύριον... εἰ οὖν Δαυὶδ καλεῖ αὐτὸν κύριον, πῶς υἱὸς αὐτοῦ ἐστιν; (Mt 22.43, 45) **4** λέγουσιν γὰρ καὶ οὐ ποιοῦσιν (Mt 23.3). **5** καὶ ἐγείρουσιν αὐτὸν καὶ λέγουσιν αὐτῷ (Mc 4.38). **6** τὸ σάββατον οὐ τηρεῖ (Jn 9.16). **7** κρίνει ὁ θεὸς τὰ κρυπτὰ τῶν ἀνθρώπων (Rm 2.16). **8** ζῶ δὲ οὐκέτι ἐγώ, ζῇ δὲ Χριστός (Ga 2.20). **9** μαρτυρῶ γὰρ... ὅτι ζῆλον θεοῦ ἔχουσιν (Rm 10.2). **10** αἰτεῖτε καὶ οὐ λαμβάνετε (Ja 4.3).

9 L'AORISTE INDICATIF ACTIF PREMIER

Nous l'avons dit, le système verbal grec contient six temps : le présent, l'imparfait, le futur, l'aoriste, le parfait et le plus-que-parfait. Nous connaissons le présent de l'indicatif actif, nous abordons à présent l'aoriste de l'indicatif actif.

L'aoriste est le temps le plus utilisé. De fait, le présent et l'aoriste sont de loin les temps les plus employés dans le N.T. Il importe donc de bien les maîtriser.

Le grec forme l'aoriste de deux façons que l'on appelle l'aoriste premier et l'aoriste second. Il n'y a pas de différence de signification entre les deux aoristes. L'aoriste premier est parfois appelé aoriste faible et l'aoriste second aoriste fort.

9.1 Signification de l'aoriste

L'aoriste nous informe simplement qu'une action a lieu, sans en préciser l'aspect ou la situation dans le temps. À l'indicatif, seul mode où la notion de temps est présente, l'aoriste est souvent utilisé pour une action passée. Pour l'instant, et pour simplifier, nous nous contenterons de traduire l'aoriste indicatif par le passé simple ou le passé composé. Mais il faut bien garder présent à l'esprit qu'il s'agit là d'une simplification qui sera affinée par la pratique et l'expérience.

On lit parfois que l'aoriste est le temps utilisé pour une action ponctuelle dans le passé. On entend souvent par là qu'il indique une action qui ne survient qu'une seule fois à un moment précis du passé. À l'usage, on se rend compte que ce n'est bien souvent pas le cas. Les exemples et exercices de ce cours le montreront. Encore une fois, seul le contexte permettra de qualifier l'action (continue, ponctuelle, répétée, etc.).

9.2 Formation de l'aoriste indicatif actif premier

L'aoriste indicatif actif premier se caractérise par trois éléments :

- les désinences actives secondaires;
- la marque temporelle σα;
- l'augment.

Nous expliquerons ces éléments avant de donner la conjugaison de l'aoriste.

Les désinences actives secondaires

En étudiant le présent de l'indicatif actif, nous avions appris les désinences actives primaires. L'aoriste étant, avec l'imparfait et le plus-que-parfait, un temps secondaire, il utilise donc les désinences secondaires. Le tableau ci-dessous reprend les désinences actives primaires et secondaires.

Désinences actives

	primaires	secondaires
Sg 1	-	ν
2	ς	ς
3	ι	-
Pl 1	μεν	μεν
2	τε	τε
3	νσιν	ν

On le voit, les désinences actives primaires et secondaires sont très semblables. Les différences sont plus prononcées pour les désinences médio-passives. Retenez les constantes suivantes pour la voix active :

- la deuxième personne du singulier prend -ς, comme le français prend « s »;
- la première du pluriel se termine par -μεν;
- la deuxième du pluriel se termine par -τε.

La marque temporelle σα

Certains temps intègrent dans leur construction une ou plusieurs lettres qui leur sont caractéristiques et permettent de rapidement les identifier. C'est le cas de l'aoriste actif premier. Il contient, en effet, entre le thème du verbe et la désinence, une marque temporelle caractéristique : σα. Dans la plupart des cas, la présence de σα dans un verbe est l'indice clair qu'il s'agit d'un aoriste premier actif.

L'augment

L'augment est le signe des temps du passé. Il s'agit simplement d'un epsilon placé en début de verbe ou d'un allongement de la voyelle initiale si le verbe débute par une voyelle. *L'augment n'est utilisé qu'avec les temps secondaires : l'imparfait, l'aoriste et le plus-que-parfait.* De plus, la notion de temps n'étant présente dans le système verbal grec qu'à l'indicatif et l'augment étant une marque du passé, *l'augment n'apparaît en grec qu'à l'indicatif.* Lorsque donc vous voyez un augment, vous savez déjà que vous êtes à l'indicatif et à l'un des trois temps secondaires.

Le principe de l'augment est simple. Pour la majorité des cas trois règles suffisent.

- *Si le verbe débute par une consonne, l'augment consiste en un epsilon surmonté d'un esprit doux* (λυω > ἐλυσα).
- *Si le verbe débute par une voyelle, l'augment consiste en l'allongement de cette voyelle* (ἀκουω > ἠκουσα).

voyelle		*augment*
α, ε, η	>	η
ο, ω	>	ω

- *Si le verbe débute par une diphtongue, la voyelle initiale de la diphtongue est allongée* selon le schéma repris ci-dessus. On aura ainsi αἰτεω > ᾐτησα. Il arrive que la diphtongue initiale ne soit pas modifiée, ce qui est plus souvent le cas de ει et ευ (εὐλογω > εὐλογησα).

diphtongue		*augment*
αι, ει	>	ῃ
οι	>	ῳ
αυ, ευ	>	ηυ

On constate quelques exceptions. Ainsi, l'augment du verbe θελω, *vouloir*, est η et non ε (ἠθελησα).

Paradigme de l'aoriste actif indicatif premier

augment + thème de l'aoriste actif + σα + désinences actives secondaires

	Aor actif 1	Traduction
Sg 1	ἐ λυ σα	j'ai délié
2	ἐ λυ σα ς	tu as délié
3	ἐ λυ σε ν	il, elle a délié
Pl 1	ἐ λυ σα μεν	nous avons délié
2	ἐ λυ σα τε	vous avez délié
3	ἐ λυ σα ν	ils, elles ont délié

L'aoriste premier actif n'a pas de voyelle thématique. De plus, il utilise les désinences actives secondaires, avec quelques modifications qui s'expliquent par l'histoire. Ainsi le -ν est absent de la première personne du singulier et le -α est remplacé par -ε à la troisième du singulier, ce qui donne σεν et non σα. Le ν de la troisième personne du singulier est le nu euphonique.

Comme nous l'avons dit pour le présent de l'indicatif actif, avant d'apprendre la conjugaison de l'aoriste apprenez d'abord le principe de composition du verbe avec les désinences actives secondaires.

Les verbes contractes

Nous avions vu au présent de l'indicatif actif que la voyelle finale des verbes contractes se combinait avec la voyelle de la désinence de diverses façons. Nous avions signalé que le phénomène de contraction est limité au *présent, à l'imparfait et à toutes les déclinaisons des participes.* Aux autres temps, la voyelle finale des verbes contractes est allongée (α > η, ε > η, ο >ω). C'est donc le cas aux deux aoristes.

L'explication de ce phénomène est assez simple. L'insertion du sigma empêche la rencontre de la voyelle finale du thème et de la voyelle initiale de la terminaison. Mais cette insertion crée une nouvelle syllabe. La syllabe précédente finit par une voyelle et devient donc ouverte. La prononciation tend alors à allonger les trois voyelles courtes α, ε et ο. Le même phénomène se reproduit à tous les temps en dehors du présent et de l'imparfait. La règle est donc que *l'alpha et l'epsilon s'allongent en êta et l'omicron s'allonge en oméga.*

ἀγαπαω > ἠγαπησα
ποιεω > ἐποιησα
πληροω > ἐπληρωσα

On rencontre des exceptions. Ainsi καλεω donne ἐκαλεσεν.

9.3 Résumé

- À l'indicatif, l'aoriste dénote en général une action dans le passé sans en préciser la nuance. Le contexte permettra de préciser le type d'action.
- Il existe deux aoristes, leur signification est identique, seule leur forme diffère.
- La marque de l'aoriste premier est σα.
- L'aoriste est un temps secondaire, il utilise les désinences secondaires et un augment.
- L'aoriste premier indicatif actif se forme ainsi : ἐλυσα, ἐλυσας, ἐλυσεν, ἐλυσαμεν, ἐλυσατε, ἐλυσαν.
- Les verbes contractes allongent leur voyelle thématique devant σα.

9.4 Exercices

Grammaire

Conjuguez les verbes ἀκουω et μισεω à l'aoriste indicatif actif.

Mettez les formes suivantes à l'aoriste : **1** ἀκολουθεις **2** ἀκουω **3** ἐρωτω **4** θεραπευετε **5** λυουσιν **6** τηρω **7** οἰκοδομειτε **8** πληροις **9** ποιετε **10** φιλεις.

Analysez les aoristes indicatifs actifs suivants.

1 ἐπεγνωσαν **2** ἐπνευσαν **3** ἐποτισατε **4** ἐσταυρωσα **5** ἠκολουθησαν

Version

1 Ἀβραὰμ ἐγέννησεν τὸν Ἰσαάκ, Ἰσαὰκ δὲ ἐγέννησεν τὸν Ἰακώβ (Mt 1.2). **2** οὐκ ἐπίστευσας τοῖς λόγοις (Lc 1.20). **3** καὶ ὡμολόγησεν ὅτι ἐγὼ οὐκ εἰμὶ ὁ χριστός (Jn 1.20). **4** Σολομὼν δὲ οἰκοδόμησεν… οἶκον (Ac 7.47). **5** τὸν Ἰακὼβ ἠγάπησα, τὸν δὲ Ἠσαῦ ἐμίσησα (Rm 9.13).

10 L'AORISTE INDICATIF ACTIF SECOND

10.1 FORMATION DE L'AORISTE INDICATIF ACTIF SECOND

L'aoriste second ne diffère de l'aoriste premier que par la forme de son thème et la présence de la voyelle thématique. Sa signification est la même que celle de l'aoriste premier.

L'aoriste second actif utilise également les désinences actives secondaires. Mais, à la différence de l'aoriste premier, le thème de l'aoriste second est très souvent identique au radical du verbe. En outre, il utilise les voyelles thématiques. Étant donné que λυω a un aoriste premier, nous utiliserons pour exemple βαλλω, *jeter*.

L'aoriste second actif se compose ainsi :

augment + thème de l'aoriste second + vt + désinences actives secondaires

	Aor actif 2	Traduction
Sg 1	ἐ βαλ ον	j'ai jeté
2	ἐ βαλ ες	tu as jeté
3	ἐ βαλ εν	il, elle a jeté
Pl 1	ἐ βαλ ομεν	nous avons jeté
2	ἐ βαλ ετε	vous avez jeté
3	ἐ βαλ ον	ils, elles ont jeté

L'augment suit les mêmes règles qu'à l'aoriste premier. Puisque le thème de l'aoriste second est formé à partir d'une modification de la racine verbale, il diffère du thème du présent (voir page 14). La première personne du singulier et la troisième du pluriel sont identiques. Le contexte permettra en général de facilement identifier la personne.

Signalons que le verbe ἐχω, *avoir*, fait son aoriste en ἐσ (ἐσχον, ἐσχες, etc.). Il s'agit donc d'un aoriste second.

10.2 Remarques sur certains verbes

Nous avons abordé l'allongement de la voyelle des verbes contractes à l'aoriste dans la leçon précédente. Pour des raisons morphologiques, d'autres verbes connaissent certaines particularités tant à l'aoriste premier qu'à l'aoriste second.

Les verbes composés

Certains verbes sont composés d'une préposition, que l'on appelle parfois un *préverbe*, et d'un verbe. Si elle ne modifie parfois guère le sens du verbe, dans d'autres cas la préposition le modifie légèrement, voire totalement.

Nous étudierons bientôt les prépositions, mais il vaut déjà la peine de souligner les modifications apportées par l'augment dans les verbes composés. Le principe est simple. *Dans le cas des verbes composés, l'augment se place entre la préposition et le thème.* C'est en effet le thème du verbe et non la préposition qui reçoit l'augment. Si la préposition se termine par une voyelle, celle-ci disparaît par élision. Les prépositions περι et προ ne s'élident pas, elles conservent donc leur voyelle finale. La préposition ἐκ devient ἐξ.

Exemple de verbes composés au présent et à l'aoriste

Verbes simples		Verbes composés au présent		à l'aoriste
τιμαω	honorer	ἐπιτιμαω	réprimander	ἐπετιμησα
κρινω	juger	κατακρινω	juger, condamner	κατεκρινα
ὁριζω	décider	προοριζω	choisir d'avance	προορισα

Les verbes à consonne occlusive

Dans le cas des verbes qui se terminent par une occlusive, l'insertion du sigma entre le thème et la désinence entraîne certains phénomènes phonétiques qui se comprennent facilement puisqu'on les retrouve en français. Ainsi π suivi de σ donne ψ. Le grec possède une lettre reflétant la combinaison de ces deux sons, ψ. Ce n'est pas le cas du français, qui écrit « ps », juxtaposition dans la graphie des deux lettres représentant les deux sons combinés.

Il importe de bien retenir le tableau ci-dessous. Non seulement les verbes à occlusive sont très fréquents, mais les mêmes phénomènes se présenteront à nouveau au futur et à certains mots de la troisième déclinaison. Une dentale devant un sigma disparaît.

Labiale	(π, β, φ)	+ σ	> ψ
Gutturale	(κ, γ, χ)	+ σ	> ξ
Dentale	(τ, δ, θ)	+ σ	> σ

βλεπω	*voir*	ἐβλεπ + σα	>	ἐβλεψα
ἀνοιγω	*ouvrir*	ἠνοιγ + σα	>	ἠνοιξα
πειθω	*convaincre*	ἐπειθ + σα	>	ἐπεισα

Les verbes à consonne liquide

Au lieu d'ajouter σα à l'aoriste premier, les verbes à liquide, c'est-à-dire les verbes dont le thème se termine par λ, μ, ν et ρ, ajoutent uniquement α et voient parfois leur thème modifié. Ces modifications apparaissent à l'aoriste et au futur.

κρινω	*juger*	> ἐκρινα
μενω	*demeurer*	> ἐμεινα

Les verbes irréguliers

Certains verbes sont irréguliers en ce que les thèmes du présent et de l'aoriste proviennent de verbes différents. Il faut les apprendre par cœur. Pour plus d'informations, on peut consulter la liste des verbes en appendice (voir page 214). Voici deux exemples.

λεγω	*dire*	εἰπον
ὁραω	*voir*	εἰδον

10.3 Exemples de verbes à l'aoriste

Voici quelques exemples de verbes à l'aoriste.

Présent	Traduction	Aoriste	Explication
ἀπαγγελλω	je proclame	ἀπηγγειλον	Ao2. Le verbe est composé (ἀπο + ἀγγελλω). L'augment est inséré après la préposition par allongement de la voyelle initiale du verbe. Le radical du verbe est αγγελ. La voyelle finale de la préposition est élidée.

βαπτιζω	je baptise	ἐβαπτισα	Le radical du verbe est βαπτιδ. La dentale combinée à σ disparaît.
κρινω	je juge	ἐκρινα	Verbe à liquide. Le σ de l'aoriste disparaît.
λαμβανω	je prends	ἐλαβον	Ao2. Le radical est λαβ.
περιπατω	je marche autour	περιεπατησα	La préposition περι n'est pas élidée. Le verbe est contracte. L'epsilon est donc allongé avant le σ.
προλεγω	je dis d'avance	προειπον	La préposition προ n'est pas élidée et εἰπον est utilisé comme Ao 2 de λεγω.
ὑπακουω	je réponds	ὑπηκουσα	Verbe composé. L'augment se place entre la préposition et le verbe. La voyelle finale de la préposition ὑπο est élidée. La voyelle initiale α du verbe ἀκουω est allongée en η.

Signalons, avant de terminer, deux verbes dont l'aoriste peut étonner.

- On retrouve les trois formes suivantes dans le N.T. pour l'aoriste de γινωσκω : 1re sg ἐγνων, 3e sg ἐγνω, 3e pl ἐγνωσαν.
- Le verbe -βαινω, *marcher*, n'est pas utilisé tel quel dans le N.T. mais il se retrouve dans des verbes composés (ἀναβαινω, etc.). L'aoriste actif se fait en ἐβη. On aura donc : ἐβην, ἐβης, ἐβη, ἐβημεν, ἐβητε, ἐβησαν.

10.4 Résumé

- Le thème de l'aoriste second diffère souvent du thème du présent. Le thème de l'aoriste est fréquemment la forme non modifiée du radical.
- Les modifications du thème sont parfois mineures. Il arrive toutefois que l'aoriste et le présent proviennent de thèmes différents. Les différences entre aoriste et présent sont donc parfois très importantes (λεγω, εἰπον).
- L'aoriste second actif se forme ainsi : ἐβαλον, ἐβαλες, ἐβαλεν, ἐβαλομεν, ἐβαλετε, ἐβαλον.
- Les règles habituelles de modification des consonnes et des voyelles s'appliquent à l'aoriste.

10.5 Vocabulaire

Voici l'aoriste de verbes fréquents dans le N.T. et que nous avons déjà vus. Apprenez cette liste par cœur.

ἀγω	ἠγαγον
αἰτεω	ῃτησα
βαλλω	ἐβαλον
γινωσκω	ἐγνων
ἐγειρω	ἠγειρα
εὑρισκω	εὑρον
ἐχω	ἐσχον
λαμβανω	ἐλαβον
λεγω	εἰπον
ὁραω	εἰδον

10.6 Exercices

Thème

Donnez les formes suivantes à l'aoriste : **1** Ils ont dit. **2** Vous avez jeté. **3** Il a connu d'avance. **4** Nous avons écrit. **5** J'ai cru. **6** Ils ont témoigné. **7** Il a accompli. **8** Tu as reçu. **9** Ils ont vu. **10** Elle a trouvé.

Version

Voici les aoristes actifs indicatifs des verbes en -ω ou contractes des deux premiers chapitres de l'épître aux Romains. Analysez-les et retrouvez les verbes dans le dictionnaire.

1.5 ἐλάβομεν **1.19** ἐφανέρωσεν **1.21** ἐδόξασαν - ηὐχαρίστησαν **1.23** ἤλλαξαν **1.25** μετήλλαξαν **1.28** ἐδοκίμασαν **2.12** ἥμαρτον

Traduisez les versets qui suivent.

1 καὶ κατέβη ἡ βροχὴ καὶ ἦλθον οἱ ποταμοὶ καὶ ἔπνευσαν οἱ ἄνεμοι καὶ προσέκοψαν τῇ οἰκίᾳ ἐκείνῃ, καὶ ἔπεσεν (Mt 7.27). **2.** καὶ εἶπαν αὐτῷ (à lui)· ἀκούεις τί οὗτοι λέγουσιν; ὁ δὲ Ἰησοῦς λέγει αὐτοῖς (à eux)· ναί (Mt 21.16). **3** Καὶ εἶπαν οἱ ἀπόστολοι τῷ κυρίῳ (Lc 17.4). **4** ἐπίστευσεν ὁ ἄνθρωπος τῷ λόγῳ ὃν (que) εἶπεν αὐτῷ ὁ Ἰησοῦς (Jn 4.50). **5** ἐπίστευσα, διὸ ἐλάλησα, καὶ ἡμεῖς (nous) πιστεύομεν, διὸ καὶ λαλοῦμεν (2Co 4.13). **6** ἐν Ῥώμῃ σπουδαίως ἐζήτησέν με (moi) καὶ εὗρεν (2Tm 1.17).

11 Le féminin de la première déclinaison
L'article féminin

Nous avons débuté l'étude du nom par la deuxième déclinaison. Nous abordons à présent la première déclinaison des noms. La majorité des mots de la première déclinaison sont féminins. Nous étudierons les noms masculins de la première déclinaison à la leçon suivante. Rappelez-vous que l'appartenance des mots à telle ou telle déclinaison est uniquement liée à la morphologie des mots, leur forme, et non pas à leur signification ou à leur genre. Un mot fait partie de la première déclinaison si son thème est en -α (ou -η par allongement).

11.1 Le féminin de la première déclinaison

Les mots de la première déclinaison se terminent en -α ou en -η. À chacune de ces voyelles correspond une déclinaison différente au singulier. Au pluriel, tous les noms de la première déclinaison ont les mêmes désinences. Retenez bien cela, *il y a un seul paradigme pour le pluriel de tous les mots de la première déclinaison*, qu'ils soient masculins ou féminins.

Voici le paradigme des noms féminins de la première déclinaison. Cherchez les similitudes par rapport à la deuxième déclinaison, cela vous évitera beaucoup de mémorisation inutile.

	Dés.	**-η**	**-ρ -ε -ι + α**	**Autres + α**
Sg N V	-	γραφη	ὡρα	δοξα
A	ν	γραφην	ὡραν	δοξαν
G	ς	γραφης	ὡρας	δοξης
D	ι	γραφῃ	ὡρᾳ	δοξῃ
Pl N V	ι	γραφαι	ὡραι	δοξαι
A	υς	γραφας	ὡρας	δοξας
G	ων	γραφων	ὡρων	δοξων
D	ις	γραφαις	ὡραις	δοξαις

Quelques remarques s'imposent avant l'apprentissage de ce paradigme.

Comme nous l'avons signalé ci-dessus, le pluriel de la première déclinaison n'a qu'un paradigme : αι, ας, ων, αις. C'est donc surtout au singulier qu'il faut faire attention.

- La première colonne reprend les désinences originelles. Certaines sont transformées par les contextes d'utilisation et l'histoire de la langue. Au datif singulier, par exemple, le -ι est allongé et devient souscrit.
- Les désinences du singulier sont assez semblables à celles de la première déclinaison : -ν à l'accusatif singulier, -ι souscrit au datif singulier. Au pluriel, les désinences sont identiques à celles du masculin de la deuxième déclinaison mais sont précédées d'un α au lieu d'un ο.
- La deuxième colonne présente le paradigme des noms féminins en -η. Il est régulier.
- La troisième colonne présente le paradigme des noms de la première déclinaison dont le thème se termine par -ρ, -ε ou -ι suivi de α (ὡρα, βασιλεια, ἁμαρτια). Ce paradigme est régulier lui aussi.
- La quatrième colonne présente le paradigme des noms de la première déclinaison au thème en finale autre que -ρ, -ε ou -ι (δοξα). Au génitif et datif singulier, pour des raisons liées à l'histoire de la langue, ces mots changent leur α en η.

La connaissance de l'article féminin (voir ci-dessous) et des quelques règles et principes donnés ci-dessus permettent de faire l'économie d'une partie de la mémorisation. La reconnaissance des formes dans le N.T. ne devrait guère poser de problème.

11.2 L'ARTICLE FÉMININ

L'article féminin est le même pour tous les mots féminins, qu'ils soient en -α ou en -η pour la première déclinaison, en -ος pour la deuxième déclinaison (βιβλος, ὁδος, etc.) ou en une autre lettre pour la troisième déclinaison. Il y a donc un seul article féminin, quelle que soit la déclinaison à laquelle le mot appartient et quelle que soit sa terminaison. Les principes de base de l'utilisation de l'article ont déjà été étudiés auparavant.

Sg N	ἡ	**Pl N**	αἱ
A	την	**A**	τας
G	της	**G**	των
D	τῃ	**D**	ταις

ἡ γαρ ἀποκαραδοκια της κτισεως την ἀποκαλυψιν των υἱων του θεου ἀπεκδεχεται. (Rm 8.19)
car l'attente impatiente de la création attend impatiemment la révélation des fils de Dieu

11.3 La déclinaison complète de l'article

La déclinaison de l'article donnant une idée générale de la déclinaison du nom, il est essentiel de l'apprendre par cœur. Il n'existe pas d'autres formes pour l'article, c'est tout ce que vous avez à apprendre. Le féminin suit la première déclinaison, le masculin et le neutre la deuxième.

	M	**F**	**N**
Sg N	ὁ	ἡ	το
A	τον	την	το
G	του	της	του
D	τῳ	τῃ	τῳ
Pl N	οἱ	αἱ	τα
A	τους	τας	τα
G	των	των	των
D	τοις	ταις	τοις

ἡ ζωη ἠν το φως των ἀνθρωπων· (Jn 1.1)
la vie était la lumière des hommes

Comme nous l'avons dit, l'article ne change pas de forme en fonction de la déclinaison. Ainsi ὁ détermine un nom masculin, que ce nom soit de la première, de la deuxième ou de la troisième déclinaison.

11.4 Résumé

- La première déclinaison comprend essentiellement des noms féminins en -α ou en -η.
- Le pluriel des noms féminins ne comprend qu'un paradigme et utilise les mêmes désinences que la première déclinaison.
- Au singulier, les noms féminins utilisent des désinences assez semblables à celle de la première déclinaison. Les noms en -η ont un paradigme régulier, les noms en -α varient selon que leur thème se termine en ρ, ε, ι ou une autre lettre.
- L'article féminin est ἡ, την, της, τῃ au singulier et αἱ, τας, των, ταις au pluriel. Il n'y a qu'un seul article féminin, quelle que soit la déclinaison du nom et sa forme.

11.5 Vocabulaire

ἀγαπη, -ης, ἡ	amour
ἀλλα, ἀλλ'	mais, cependant
ἀληθεια, -ας, ἡ	vérité
ἁμαρτια, -ας, ἡ	péché
ἀν	particule intraduisible introduisant une contingence
βασιλεια, -ας, ἡ	royaume
γη, -ης, ἡ	terre, pays, région, humanité
γραφη, -ης, ἡ	écriture
δικαιοσυνη, -ης, ἡ	justice, justification
δοξα, -ης, ἡ	gloire, majesté
ἐκκλησια, -ας, ἡ	assemblée, église, Église
ἐντολη, -ης, ἡ	commandement
ἐξουσια, -ας, ἡ	autorité, puissance
ζωη, -ης, ἡ	vie
ἡμερα, -ας, ἡ	jour
καρδια, -ας, ἡ	cœur
οἰκια, -ας, ἡ	maison
φωνη, -ης, ἡ	voix, bruit
ψυχη, -ης, ἡ	âme, vie
ὡρα, -ας, ἡ	heure, occasion, moment

11.6 Exercices

Grammaire

Conjuguez les verbes μαρτυρεω au présent de l'indicatif actif et κατακρινω à l'aoriste indicatif actif.

Écrivez de mémoire la déclinaison complète de l'article.

Thème

1 L'âme des hommes. **2** Nous connaissons des églises et le royaume de Dieu. **3** Vous avez entendu l'autorité des Écritures du Seigneur. **4** Maintenant ils voient la justice de Dieu. **5** Vous avez révélé les mystères du royaume et la gloire de Jésus. **6** Car j'ai les vêtements des enfants. **7** Les apôtres et les frères ont jugé les péchés des hommes. **8** J'ai trouvé la vérité et la vie. **9** Elles voient les œuvres des démons et disent la vérité à Dieu. **10** Le cœur des hommes est un mystère.

Version

1 ἐξουσίαν ἔχει ὁ υἱὸς τοῦ ἀνθρώπου ἐπὶ τῆς γῆς (Mt 9.6). **2** Ἄλλην παραβολὴν ἐλάλησεν αὐτοῖς· ὁμοία ἐστὶν ἡ βασιλεία τῶν οὐρανῶν ζύμῃ (Mt 13.33). **3** εἶπεν δὲ ὁ Πέτρος· Ἁνανία, διὰ τί ἐπλήρωσεν ὁ σατανᾶς τὴν καρδίαν σου (ton); (Ac 5.3) **4** ὁ νόμος ἁμαρτία;... ἀλλὰ τὴν ἁμαρτίαν οὐκ ἔγνων (Rm 7.7). **5** εἰ γὰρ ἔγνωσαν, οὐκ ἂν τὸν κύριον τῆς δόξης ἐσταύρωσαν (1Co 2.8). **6** ὁ Χριστὸς ἠγάπησεν τὴν ἐκκλησίαν (Ép 5.25). **7** ἠκούσατε... τὴν χάριν τοῦ θεοῦ ἐν ἀληθείᾳ (Col 1.6). **8** ἠγάπησας δικαιοσύνην καὶ ἐμίσησας ἀνομίαν· διὰ τοῦτο ἔχρισέν σε ὁ θεὸς ὁ θεός σου (Hé 1.9). **9** τὸ πνεῦμα λέγει ταῖς ἐκκλησίαις (Ap 3.22). **10** ἐγειρει, ἀνεχωρησεν, ἐχεις, ἐκρινα.

12 Le masculin de la première déclinaison Le pronom personnel et αὐτος

12.1 Le masculin de la première déclinaison

Nous l'avons vu, les mots de la première déclinaison sont presque tous féminins. Le moment est venu d'étudier le paradigme des mots du N.T. qui, tout en étant masculins, font partie, à cause de leur désinence, de la première déclinaison. Rappelez-vous en effet que ce qui détermine l'appartenance à une déclinaison n'est pas le genre mais la forme d'un mot. Les termes étudiés dans cette leçon sont des mots masculins en -α ou en -η. Ceux-ci étant masculins, ils prennent l'article masculin.

Il n'est pas nécessaire d'apprendre le pluriel des mots en -ης ou en -ας. Il suffit de bien se rappeler que tous les mots de la première déclinaison suivent le même paradigme au pluriel.

	-ης	**-ας, -ου**	**-ας, -α**
Sg N	προφητης	νεανιας	Σατανας
V	προφητα	νεανια	Σατανα
A	προφητην	νεανιαν	Σαταναν
G	προφητου	νεανιου	Σατανα
D	προφητῃ	νεανιᾳ	Σαταναᾳ
Pl N, V	προφηται	νεανιαι	
A	προφητας	νεανιας	
G	προφητων	νεανιων	
D	προφηταις	νεανιαις	

Les mots en -ας dont le thème se termine en ρ, ε ou ι font leur génitif singulier en -ου, les autres en -α. Ce génitif en -α est appelé le *génitif dorique*. Il s'agit pour l'essentiel de quelques noms propres sans pluriel dans le N.T.

12.2 LE PRONOM PERSONNEL DE LA TROISIÈME PERSONNE

Le pronom personnel remplace une personne. Dans « Alain était là. *Il* est parti », « Il » est un pronom personnel qui renvoie à Alain. Alain est l'*antécédent* du pronom. Les pronoms peuvent être singulier ou pluriel, de la première (je, nous), deuxième (tu, vous) ou troisième personne (il, elle, ils, elles).

En grec le pronom fonctionne de manière semblable au français : il remplace le nom, son cas est déterminé par sa fonction dans la phrase (le pronom sujet sera au nominatif), son nombre est déterminé par son antécédent (un antécédent pluriel appelle un pronom pluriel). Le pronom grec diffère par contre en ce que les pronoms de la première et de la deuxième personne n'ont pas de genre, leur forme est identique au masculin, féminin ou neutre.

Nous aborderons tout d'abord le pronom personnel de la troisième personne pour remettre à plus tard ceux de la première et de la deuxième personne (voir page 93).

Il n'y a pas à proprement parler de pronom personnel de la troisième personne en grec, un pronom–adjectif est utilisé : αὐτος, αὐτη et αὐτο. Il varie en genre, en cas et en nombre. Le paradigme de ce pronom étant régulier, il n'est pas nécessaire de le mémoriser.

	M	**F**	**N**	**Traduction**
Sg N	αὐτος	αὐτη	αὐτο	il, elle
A	αὐτον	αὐτην	αὐτο	lui, elle
G	αὐτου	αὐτης	αὐτου	son, sa
D	αὐτῳ	αὐτῃ	αὐτῳ	à lui, à elle
Pl N	αὐτοι	αὐται	αὐτα	ils, elles
A	αὐτους	αὐτας	αὐτα	eux, elles
G	αὐτων	αὐτων	αὐτων	leur
D	αὐτοις	αὐταις	αὐτοις	à eux, à elles

Le féminin suit le paradigme de la première déclinaison, le masculin et le neutre celui de la deuxième.

> ἐν αὐτῳ ζωη ἠν (Jn 1.4)
> *en lui était la vie*
>
> ὁ κοσμος αὐτον οὐκ ἐγνω (Jn 1.10)
> *le monde ne l'a pas connu*

Dans le N.T. le génitif sert de possessif.

> Ἰωσηφ δε ὁ ἀνηρ αὐτης (Mt 1.19)
> *Et Joseph son mari (de Marie)*

Emplois de αὐτος

Αὐτος étant utilisé des milliers de fois dans le N.T., il vaut la peine de bien en comprendre l'usage. Il est employé de trois manières différentes :

- comme pronom personnel
- en apposition sans article :
  - a) comme pronom emphatique au nominatif
  - b) comme pronom réfléchi aux autres cas
- avec article pour marquer l'identité

Premier emploi : pronom personnel

C'est l'emploi que nous venons d'étudier (il, elle, ils, elles). Le cas du pronom est déterminé par sa fonction, son genre et son nombre par son antécédent.

Deuxième emploi : sans article comme pronom emphatique ou réfléchi

Αὐτος est aussi utilisé en apposition, c'est-à-dire qu'il désigne la même personne ou chose déjà évoquée. Il est alors *pronom emphatique au nominatif* ou *pronom réfléchi aux autres cas*. Dans ce dernier cas, αὐτος modifie un autre nom et est d'habitude attribut. Il est alors traduit à l'aide des pronoms réfléchis (lui-même, elle-même, etc.). Pour la traduction, on choisira le genre du pronom en fonction du genre du mot modifié par αὐτος. Certains préfèrent ne pas traduire systématiquement cet emploi d'αὐτος par un pronom réfléchi.

Très souvent le pronom utilisé comme pronom emphatique ou réfléchi se place devant l'article ou après le nom. Mais la règle souffre de nombreuses exceptions.

> αὐτος ὁ ἀποστολος
> *l'apôtre lui-même*
>
> ἡ ἐκκλησια αὐτη
> *l'église elle-même*
>
> ὁ πεμψας με πατηρ αὐτος μοι ἐντολην δεδωκεν (Jn 12.49)
> *Celui qui m'a envoyé, le Père lui-même, m'a donné un commandement.*

Il n'est pas obligatoire que le sujet du verbe soit à la troisième personne. Lorsque αὐτος est utilisé en apposition avec un pronom de la première ou deuxième personne, la notion d'intensité est encore présente. Les phrases suivantes utilisent les pronoms de la deuxième du singulier (συ), de la première du singulier (ἐγω) et de la deuxième du pluriel (ὑμεις) avec αὐτος.

> συ αὐτος λεγεις τοις ἀνθρωποις
> *Toi-même tu parles aux hommes*
>
> ἐγω αὐτος
> *Moi-même*
>
> δευτε ὑμεις αὐτοι
> *Venez vous-mêmes*

TROISIÈME EMPLOI : AVEC ARTICLE POUR MARQUER L'IDENTITÉ

'Αυτος peut aussi être utilisé pour indiquer l'identité, il est alors traduit par *même*. C'est l'emploi le moins fréquent. Dans ce cas il est habituellement, mais pas toujours, en position d'épithète devant le nom et accompagné d'un article. Comme tout adjectif son cas, son nombre et son genre sont déterminés par le nom modifié.

> και παλιν ἀπελθων προσηυξατο τον αὐτον λογον εἰπων (Mc 14.39)
> *Il s'éloigna de nouveau et pria en répétant la même parole*
>
> και οἱ ἁμαρτωλοι το αὐτο ποιουσιν (Lc 6.33)
> *Et les pécheurs font la même chose*

12.3 RÉSUMÉ

La première déclinaison

- La première déclinaison comprend aussi des mots masculins. Ceux-ci se terminent en -ας ou en -ης. Ces mots étant masculins, ils utilisent l'article masculin.
- Le pluriel de ces mots est identique à celui des mots féminins de la première déclinaison. Le singulier est régulier. Les seules particularités se présentent au génitif selon que le thème se termine en ρ, ε, ι (ου) ou par une autre lettre (α).

Le pronom personnel

- Le cas du pronom est déterminé par sa fonction dans la phrase, sa personne et son nombre par son antécédent.
- La plupart des formes du pronom personnel de la troisième personne sont semblables aux désinences du nom. Concentrez-vous sur ces ressemblances.

αὐτος

- Αὐτος est utilisé de trois manières différentes en grec :
    - comme pronom personnel
    - en apposition sans article :
        a) comme pronom emphatique au nominatif
        b) comme pronom réfléchi aux autres cas
    - avec article pour marquer l'identité

12.4 Vocabulaire

Noms en -ης

Βαπτιστης, -ου, ὁ	Baptiste
ἐργατης, -ου, ὁ	ouvrier
Ἰωαννης, -ου, ὁ	Jean
κριτης, -ου, ὁ	juge
μαθητης, -ου, ὁ	disciple
προφητης, -ου, ὁ	prophète
στρατιωτης, -ου, ὁ	soldat
τελωνης, -ου, ὁ	collecteur d'impôt
ὑποκριτης, -ου, ὁ	hypocrite

Noms en -ας, ου. Les noms en -ας sont presque tous des noms propres.

Ἀνανιας, -ου, ὁ	Ananias
Ἀνδρεας, -ου, ὁ	André
Ἠλιας, -ου, ὁ	Élie
Ἠσαϊας, -ου ὁ	Ésaïe
νεανιας, -ου, ὁ	jeune homme
Ζαχαριας, -ου, ὁ	Zacharie

Noms en -ας, α

Ἀγριππας, -α, ὁ	Agrippa
Βαραββας, -α, ὁ	Barabbas
Βαρναβας, -α, ὁ	Barnabas
Ἰουδας, -α, ὁ	Judas
Σατανας, -α, ὁ	Satan
Σιλας, -α, ὁ	Silas

12.5 Exercices

Grammaire

Conjuguez le verbe προοριζω à l'aoriste indicatif actif.

Thème

1 Les apôtres voient les disciples de Jean. **2** Car j'ai dit la vérité aux soldats. **3** Le messager d'Ésaïe écrit à son juge. **4** Les hypocrites n'ont pas connu la vérité des Écritures. **5** Maintenant le Sanhédrin veut un signe du fils de l'homme lui-même. **6** Les disciples des prophètes n'ont pas d'argent. **7** Les enfants entendent la vérité de l'évangile. **8** Les soldats ne trouvent pas Jean et son disciple. **9** Le Seigneur du monde juge les ouvriers de son royaume lui-même. **10** Nous trouvons, vous avez jeté, tu écris, ils ont connu.

Version

1 Πάλιν παραλαμβάνει αὐτὸν ὁ διάβολος… καὶ δείκνυσιν (montre) αὐτῷ πάσας (tous) τὰς βασιλείας τοῦ κόσμου καὶ τὴν δόξαν αὐτῶν (Mt 4.8). **2** καὶ ἰδὼν (voyant) ὁ Ἰησοῦς τὴν πίστιν αὐτῶν εἶπεν τῷ παραλυτικῷ (Mt 9.2). **3** ἡ δὲ γυνὴ… εἶπεν αὐτῷ πᾶσαν (toute) τὴν ἀλήθειαν. ὁ δὲ εἶπεν αὐτῇ (Mc 5.33–34). **4** ἦν δὲ ὥρα τρίτη καὶ ἐσταύρωσαν αὐτόν (Mc 15.25). **5** οἱ μαθηταὶ Ἰωάννου νηστεύουσιν ὁμοίως καὶ οἱ τῶν Φαρισαίων, οἱ δὲ σοὶ (les tiens) ἐσθίουσιν καὶ πίνουσιν (Lc 5.33). **6** ὁ δὲ Πιλᾶτος ἠρώτησεν αὐτὸν (Lc 23.3). **7** καὶ ἠρώτησαν αὐτὸν καὶ εἶπαν αὐτῷ· τί οὖν βαπτίζεις εἰ σὺ οὐκ εἶ ὁ χριστὸς οὐδὲ Ἠλίας οὐδὲ ὁ προφήτης; (Jn 1.25) **8** τί γὰρ ἡ γραφὴ λέγει; ἐπίστευσεν δὲ Ἀβραὰμ τῷ θεῷ (Rm 4.3). **9** γινώσκομεν ὅτι ἀγαπῶμεν τὰ τέκνα τοῦ θεοῦ (1Jn 5.2). **10** οὐκ ἠγάπησαν τὴν ψυχὴν αὐτῶν ἄχρι θανάτου (Ap 12.11).

13 Les prépositions

Une préposition est un mot utilisé pour relier deux mots ou groupes de mots entre eux. Dans la phrase « Jean est *derrière* Jésus », le mot « derrière » décrit la relation entre « Jean » et « Jésus », qui dans le cas présent est une relation spatiale. D'autres prépositions en français sont, par exemple, « à, après, dans, entre, par, selon, sous ». Les prépositions peuvent dénoter des relations spatiales, temporelles, causales, etc.

13.1 Les prépositions

Les propositions sont abondamment utilisées dans le N.T. Elles précisent souvent le sens d'un cas. On peut donc développer ce que nous avions dit dans l'introduction aux cas. La fonction d'un mot dans la phrase ne dépend pas uniquement de son cas. Très souvent les prépositions vont influencer le cas utilisé, affiner sa nuance. Mais la signification de la préposition peut varier selon le cas utilisé. Ainsi la préposition δια signifie *au travers de* si elle est accompagnée d'un génitif, *à cause de* avec l'accusatif.

δια του ἀνθρωπου	par l'homme
δια τον ἀνθρωπον	à cause de l'homme

Les prépositions n'ont pas de formes fléchies, elles sont invariables. Toutefois, lorsqu'une préposition est suivie d'une voyelle avec esprit doux elle est souvent élidée. Deux prépositions font toujours exception à la règle : περι et προ ne s'élident pas. On aura donc

παντα δι' αὐτου ἐγενετο (Jn 1.3)
toutes choses ont été faites par elle

Mais

'Ιωάννης μαρτυρει περι αὐτου (Jn 1.15)
Jean témoigne à propos de lui

ἀλλος προ ἐμου καταβαινει (Jn 5.7)
un autre avant moi descend

Lorsqu'une préposition se termine par une voyelle et que le mot suivant débute par une voyelle et un esprit rude, la consonne précédant la dernière voyelle de la préposition est parfois modifiée s'il y a eu élision. Ces modifications s'avérèrent nécessaires pour faciliter la prononciation.

ὑπο ἁμαρτιαν > ὑφ' ἁμαρτιαν

Le schéma suivant représente les prépositions spatiales les plus importantes. Les indications sur le sens des prépositions ne doivent pas être prises de manière absolue. Certaines prépositions sont parfois presque interchangeables. Certains verbes, en effet, sont utilisés tantôt avec une préposition, tantôt avec l'autre sans qu'un changement de sens soit perceptible. C'est le cas de πιστευω en Jean 3.15–16 utilisé une fois avec εἰς et une fois avec ἐν.

Les prépositions n'accompagnent ni le nominatif, ni le vocatif.

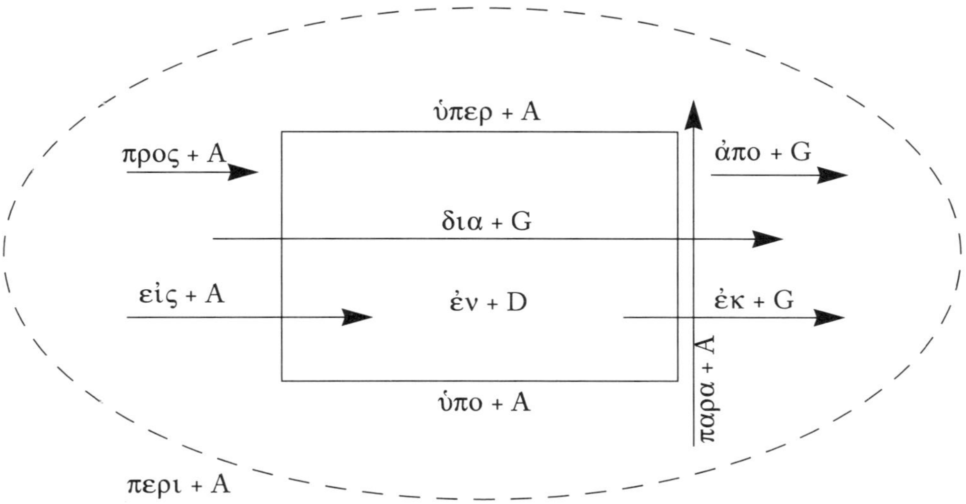

Prépositions à un cas

ἀπο (ἀπ', ἀφ')	gén. : loin de
εἰς	acc. : dans, vers (avec idée de mouvement)
ἐκ (ἐξ)	gén. : hors de
ἐν	dat. : dans, à l'intérieur de (sans idée de mouvement)
προ	gén. : devant (lieu), avant (temps)
συν	dat. : avec

Prépositions à deux cas

δια (δι')	acc. : à cause de
	gén. : au travers de
κατα (κατ', καθ')	acc. : selon, comme
	gén. : contre, en bas de
μετα (μετ', μεθ')	acc. : après
	gén. : avec (en général impersonnel)
περι	acc. : autour de
	gén. : à propos de
προς	acc. : vers mais sans rentrer
	dat. : près de
ὑπερ	acc. : au-dessus de
	gén. : pour, en faveur de
ὑπο (ὑπ', ὑφ')	acc. : sous
	gén. : par (avec une personne ou un concept personnel)

Prépositions à trois cas

ἐπι (ἐπ')	acc. : sur, contre
	gén. : sur, lorsque
	dat. : sur la base de
παρα (παρ')	acc. : le long de
	gén. : de
	dat. : à côté de, en présence de

13.2 Les cas, l'espace et le temps

L'emploi des cas avec les prépositions signale une autre utilisation des cas. Quand il est question de localisation ou de déplacement dans l'espace ou le temps, les cas ont chacun une signification de base qui leur est associée.

L'accusatif indique le mouvement dans l'espace ou le temps, l'extension, la durée.

> τριετιαν νυκτα και ἡμεραν οὐκ ἐπαυσαμην μετα δακρυων νουθετων ἑνα ἑκαστον (Ac 20.31)
> *pendant trois ans nuit et jour je n'ai cessé avec des larmes d'avertir chacun de vous*

Le génitif dénote l'origine, la séparation, le laps de temps ou d'espace pendant lequel une action a lieu.

> οἱ μαθηται αὐτου νυκτος ἐλθοντες ἐκλεψαν αὐτον (Mt 28.13)
> *Ses disciples étant venus de nuit l'ont dérobé*

Le datif indique l'emplacement dans le temps ou l'espace, c'est le sens locatif.

> οὐκ οἰδατε ποιᾳ ἡμερᾳ ὁ κυριος ὑμων ἐρχεται. (Mt 24.42)
> *Vous ne savez pas en quel jour le Seigneur vient.*

13.3 Résumé

- Une préposition est un mot utilisé pour relier deux mots ou groupes de mots entre eux.
- Le mot qui suit la préposition est appelé l'objet de la préposition.
- La signification d'une préposition varie avec le cas de son objet.

13.4 Exercices

Grammaire

Quels sont les différents emplois de αὐτος?

Thème

1 Les apôtres sont dans la maison de Dieu. **2** Les disciples de Jésus marchent vers Jérusalem. **3** Moi, je suis un homme sous une autorité. **4** Paul parle de l'évangile après la mort de Jésus. **5** Dieu annonce l'évangile par les prophètes dans les saintes Écritures.

Version

Reprenez le texte de Jean 1.1–18 que nous avons déjà travaillé à plusieurs reprises. Identifiez toutes les prépositions que vous avez apprises, les élisions, leur objet, leur sens et essayez de les traduire. Prêtez attention à celles qui vous surprennent par rapport à la version française à laquelle vous êtes habitués. Certains mots que vous ne connaissez pas encore peuvent être facilement identifiés à l'aide du dictionnaire, pour d'autres, il vous faudra attendre encore quelques leçons.

Faites le même exercice de lecture et déchiffrement pour Romains 1.1–7. Remarquez la fréquence des prépositions. Nous reviendrons sur ce passage dans un prochain exercice.

14 Les nombres

La reconnaissance des nombres grecs ne pose guère de problèmes au lecteur francophone. Les nombres tels πεντε *cinq*, ἑπτα *sept*, δεκα *dix* sont en effet faciles à reconnaître. D'autres sont par contre moins évidents. Heureusement, tous les nombres ne sont pas utilisés dans le N.T. Le sujet n'est donc pas source de grandes difficultés. Cette leçon sera courte. Vous pourrez vous contenter de lire ces informations sur les nombres sans devoir toutes les mémoriser. Signalons que c'est, sans surprise, dans l'Apocalypse que les nombres sont proportionnellement les plus fréquents.

14.1 Les nombres cardinaux

Les nombres cardinaux (un, deux, trois, etc.) se déclinent de 1 à 4 et sont invariables de 5 à 10. De 10 à 100, seules les dizaines se déclinent. Les centaines et les milliers se déclinent à partir de 200. L'observation de la liste donnée en vocabulaire permet de facilement comprendre la formation des nombres supérieurs à dix. Signalons qu'au contraire du grec ancien, de 13 à 20 le grec du N.T. met d'abord la dizaine, ensuite l'unité. On a donc δεκατρεις, *treize*, δεκατεσσαρες, quatorze, etc.

> ἰωτα ἑν ἢ μια κεραια οὐ μη παρελθῃ ἀπο του νομου (Mt 5.18)
> *pas un seul iota ni un seul trait de la loi ne passera*
>
> ἀπο Ἀβρααμ ἕως Δαυιδ γενεαι δεκατεσσαρες (Mt 1.17)
> *depuis Abraham jusqu'à David quatorze générations*

Voici la déclinaison de εἱς, μια, ἑν *un*, δυο *deux*, τρεις *trois* et τεσσαρες *quatre.*

	Un			Deux	Trois		Quatre	
	M	F	N	M, F, N	M, F	N	M, F	N
N	εἱς	μια	ἑν	δυο	τρεις	τρια	τεσσαρες	τεσσαρα
A	ἑνα	μιαν	ἑν	δυο	τρεις	τρια	τεσσαρας	τεσσαρα
G	ἑνος	μιας	ἑνος	δυο	τρειων	τριων	τεσσαρων	τεσσαρων
D	ἑνι	μια	ἑνι	δυσι(ν)	τρισιν	τρισιν	τεσσαρσιν	τεσσαρσιν

Le génitif pluriel de δυο est l'un des rares génitifs pluriels qui n'est pas en -ων. Pour le datif de δυο on trouve δυσιν et δυσι.

Notez soigneusement εἷς, ἕν. L'esprit rude au masculin et au neutre et l'accent permettent de les distinguer des prépositions εἰς et ἐν.

14.2 Les nombres ordinaux

Les nombres ordinaux (premier, deuxième, troisième, etc.) se déclinent tous. Alors qu'en grec ancien les deux éléments du nombre ordinal se déclinent, seul le dernier est décliné dans le N.T. Les nombres ordinaux sont peu fréquents dans le N.T. Les formes utilisées sont données en vocabulaire.

> ὁ πρωτος γημας ἐτελευτησεν… ὁμοιως και ὁ δευτερος και ὁ τριτος ἑως των ἑπτα (Mt 22.25–26).
> *le premier marié mourut… et ainsi aussi le deuxième et le troisième jusqu'au sept*
>
> τεσσαρεσκαιδεκατην σημερον ἡμεραν προσδοκωντες (Ac 27.33).
> *aujourd'hui est le quatorzième jour que vous attendez*

14.3 Les adverbes de fréquence

Les adverbes de fréquence indiquent « le nombre de fois » qu'un élément se produit. Ils se forment en -(κ)ις (πεντακις, ἑπτακις, etc.). Les quelques formes utilisées dans le N.T. sont données en vocabulaire.

> οὐ λεγω σοι ἑως ἑπτακις ἀλλα ἑως ἑβδομηκοντακις ἑπτα (Mt 18.22)
> *je ne te dis pas jusqu'à sept fois mais jusqu'à soixante-dix fois sept*

14.4 Vocabulaire

Les nombres cardinaux les plus fréquents

εἷς, μία, ἕν	un, une
δυο	deux
τρεις, τρια	trois
τεσσαρες	quatre
πεντε	cinq
ἑξ	six (à ne pas confondre avec la prép. ἐξ)
ἑπτα	sept
ὀκτω	huit
ἐννεα	neuf
δεκα	dix
ἑνδεκα	onze
δωδεκα	douze
εἰκοσι	vingt
τριακοντα	trente
τεσσερακοντα	quarante
ἑκατον	cent
χιλιοι	mille
μηδεις, μηδεμια, μηδεν	personne, aucun(e). Composé de μηδ(ε) et εις. Utilisé avec les autres modes que l'indicatif. Décliné selon εἷς, μία, ἕν.
οὐδεις, οὐδεμια, οὐδεν	personne, aucun(e). Composé de οὐδ(ε) et εις. Utilisé avec l'indicatif. Décliné selon εἷς, μία, ἕν.

Les ordinaux

πρωτος	premier
δευτερος	deuxième
τριτος	troisième
τεταρτος	quatrième
πεμπτος	cinquième
ἑκτος	sixième
ἑβδομος	septième
ὀγδοος	huitième
ἐνατος	neuvième
δεκατος	dixième (dîme)
ἑνδεκατος	onzième
δωδεκατος	douzième
τεσσαρεσκαιδεκατος	quatorzième
πεντεκαιδεκατος	quinzième

Les adverbes de fréquence

ἀπαξ	une fois (ἐφαπαξ une fois pour toutes)
δις	deux fois
τρις	trois fois
πεντακις	cinq fois
ἑπτακις	sept fois
ἑβδομηκοντακις	soixante-dix fois.
ὁσακις	aussi souvent que
πολλακις	souvent
ποσακις	combien de fois

14.5 Exercice

1 οὗ γάρ εἰσιν δύο ἢ τρεῖς συνηγμένοι (rassemblés) εἰς τὸ ἐμὸν ὄνομα, ἐκεῖ εἰμι ἐν μέσῳ αὐτῶν (Mt 18.20). **2** συνήγαγον οὖν καὶ ἐγέμισαν δώδεκα κοφίνους κλασμάτων ἐκ τῶν πέντε ἄρτων τῶν κριθίνων ἃ (qui) ἐπερίσσευσαν τοῖς βεβρωκόσιν (ceux qui avaient mangé). Οἱ οὖν ἄνθρωποι... ἔλεγον (disaient) ὅτι οὗτός ἐστιν ἀληθῶς ὁ προφήτης ὁ ἐρχόμενος (qui vient) εἰς τὸν κόσμον (Jn 6.13–14). **3** Διὰ τοῦτο ὥσπερ δι' ἑνὸς ἀνθρώπου ἡ ἁμαρτία εἰς τὸν κόσμον εἰσῆλθεν (est entré) καὶ διὰ τῆς ἁμαρτίας ὁ θάνατος... εἰ γὰρ τῷ τοῦ ἑνὸς παραπτώματι ὁ θάνατος ἐβασίλευσεν διὰ τοῦ ἑνός πολλῷ μᾶλλον (combien plus) οἱ τὴν περισσείαν τῆς χάριτος καὶ τῆς δωρεᾶς τῆς δικαιοσύνης λαμβάνοντες (qui reçoivent) ἐν ζωῇ βασιλεύσουσιν (régneront) διὰ τοῦ ἑνὸς Ἰησοῦ Χριστοῦ (Rm 5.12, 17). **4** Καὶ εἶδον θρόνους καὶ ἐκάθισαν ἐπ' αὐτοὺς καὶ κρίμα ἐδόθη (fut donné) αὐτοῖς, καὶ τὰς ψυχὰς τῶν πεπελεκισμένων (de ceux qui avaient été décapités) διὰ τὴν μαρτυρίαν Ἰησοῦ καὶ διὰ τὸν λόγον τοῦ θεοῦ καὶ οἵτινες οὐ προσεκύνησαν τὸ θηρίον οὐδὲ τὴν εἰκόνα αὐτοῦ καὶ οὐκ ἔλαβον τὸ χάραγμα ἐπὶ τὸ μέτωπον καὶ ἐπὶ τὴν χεῖρα αὐτῶν. καὶ ἔζησαν καὶ ἐβασίλευσαν μετὰ τοῦ Χριστοῦ χίλια ἔτη. οἱ λοιποὶ τῶν νεκρῶν οὐκ ἔζησαν ἄχρι τελεσθῇ (soit achevé) τὰ χίλια ἔτη. Αὕτη ἡ ἀνάστασις ἡ πρώτη. μακάριος καὶ ἅγιος ὁ ἔχων (celui qui a) μέρος ἐν τῇ ἀναστάσει τῇ πρώτῃ· ἐπὶ τούτων ὁ δεύτερος θάνατος οὐκ ἔχει ἐξουσίαν, ἀλλ' ἔσονται (seront) ἱερεῖς τοῦ θεοῦ καὶ τοῦ Χριστοῦ καὶ βασιλεύσουσιν (régneront) μετ' αὐτοῦ τὰ χίλια ἔτη (Ap 20.4–6).

15 Les adjectifs de la première classe

Nous avons déjà introduit quelques adjectifs dans les exercices précédents. Le moment est venu de les aborder de manière systématique.

Un adjectif est un mot qui modifie un nom ou un pronom ou qui parfois même le remplace. Selon les cas, il se place avant (un beau garçon) ou après le nom (une leçon facile).

En grec l'adjectif suit la déclinaison du nom, sa morphologie est donc très facile à apprendre. La règle de base pour l'adjectif est qu'*il s'accorde en genre, en nombre et en cas avec le mot qu'il modifie*. Selon le mot qu'il modifie, un adjectif peut donc prendre la désinence du masculin, du neutre ou du féminin.

Selon leur forme et la déclinaison qu'ils suivent, on groupe les adjectifs en trois classes. Comme les adjectifs des deuxième et troisième classes suivent en partie la troisième déclinaison, que nous verrons par la suite, nous n'étudierons ici que les adjectifs de la première classe. Cette classification des adjectifs en classes différentes n'a qu'un but pédagogique simplificateur. L'essentiel est de reconnaître les adjectifs et leur utilisation, ce qui ne pose en général pas de problèmes.

15.1 Formation des adjectifs de la première classe

Les adjectifs de la première classe suivent la deuxième déclinaison au masculin et au neutre, la première au féminin.

M, N = 1re décl.
F = 2^{e} décl.

Les adjectifs en ρ, ε, ι suivent le paradigme en -α, ceux en une autre lettre le paradigme en -η, comme les noms donc (voir page 53).

Le tableau suivant n'est donné qu'à titre indicatif. Si l'on sait que l'adjectif suit la première ou la deuxième déclinaison, il n'est pas nécessaire de l'apprendre par cœur.

	M	F		N
Sg N	ἀγαθος	ἀγαθη	ἁγια	ἀγαθον
A	ἀγαθον	ἀγαθην	ἁγιαν	ἀγαθον
G	ἀγαθου	ἀγαθης	ἁγιας	ἀγαθου
D	ἀγαθῳ	ἀγαθῃ	ἁγιᾳ	ἀγαθῳ
Pl . N	ἀγαθοι	ἀγαθαι	ἁγιαι	ἀγαθα
A	ἀγαθους	ἀγαθας	ἁγιας	ἀγαθα
G	ἀγαθων	ἀγαθων	ἁγιων	ἀγαθων
D	ἀγαθοις	ἀγαθαις	ἁγιαις	ἀγαθοις

Τίς ἀρα ἐστιν ὁ <u>πιστος</u> δουλος… ; (Mt 24.45)
Quel est le fidèle serviteur… ?

λαβετε πνευμα <u>ἁγιον</u> (Jn 20.22)
Recevez l'Esprit saint

<u>καλην</u> συνειδησιν ἐχομεν (Hé 13.18)
nous avons une bonne conscience

Quelques adjectifs n'ont pas de forme féminine. Au féminin, ils suivent la désinence du masculin (voir vocabulaire ci-dessous). C'est en général le cas des adjectifs composés, notamment avec α privatif (ἀδικος, αἰωνος, etc.). Ainsi, dans l'exemple suivant, le mot γενεα, *génération*, et l'adjectif ἀπιστος sont tous deux féminins. L'adjectif ἀπιστος n'ayant pas de terminaison en η, il suit la déclinaison du masculin.

ὠ γενεα <u>ἀπιστος</u> (Mt 17.17)
Ô génération incrédule

Comme l'adjectif accompagne souvent un nom ou un pronom, son analyse ne présente aucune difficulté.

Au féminin, il faut veiller à ne pas confondre le génitif singulier et l'accusatif pluriel.

Comme nous l'avons signalé ci-dessus, au féminin, les adjectifs qui se terminent par une consonne autre que -ρ suivent la déclinaison en -η (ἀγαθος,

-η, -ον, *bon*) et les adjectifs en -ρ et en voyelle celle en -α (νεκρος, -α, -ον, *mort*). Il ne faut donc pas s'étonner d'avoir parfois un adjectif en -α avec un nom féminin en -η, ou l'inverse. Les quatre constructions suivantes sont donc possibles :

ἡ ἁγια ἐντολη	*le saint commandement*
ἡ ἁγια ἡμερα	*le saint jour*
ἡ ἀγαθη ἐντολη	*le bon commandement*
ἡ ἀγαθη ἡμερα	*le bon jour*

15.2 L'EMPLOI DE L'ADJECTIF

En français, l'adjectif qualificatif peut être *épithète*. L'adjectif épithète exprime une qualité à propos du nom qu'il modifie sans l'intermédiaire d'un verbe.

Le petit homme.

L'adjectif qualificatif peut aussi être *attribut*. L'adjectif attribut exprime une qualité à propos du nom qu'il modifie par l'intermédiaire d'un verbe d'état (aussi appelé copule), qui n'est pas toujours exprimé.

L'homme est petit.

L'adjectif peut aussi être *substantivé*, c'est-à-dire qu'il ne modifie plus un nom mais le remplace. Le phénomène est fréquent en français. On peut ainsi dire « Le méchant est parti. » *Méchant* est un adjectif employé comme nom pour *méchant homme*.

En grec aussi l'adjectif peut modifier un nom directement (épithète), c'est le cas le plus fréquent, par l'intermédiaire d'un verbe (attribut) ou le remplacer (substantivé). Il peut, en outre, faire office d'adverbe.

S'il est en général assez facile de distinguer les cas où l'adjectif est adverbe ou substantivé, il est plus difficile de déterminer s'il est épithète ou attribut. Par souci pédagogique, on peut présenter la situation comme suit, tout en se rappelant qu'il existe toujours des exceptions qui confirment la règle :

Fonctions de l'adjectif

Sans nom	adverbe
	substantivé (en général avec article)
Avec nom	avec article devant l'adjectif : épithète
	avec article devant le nom mais pas devant l'adjectif : attribut
	sans article ni devant le nom ni devant l'adjectif : épithète ou attribut

L'adjectif utilisé sans nom

L'adjectif peut être utilisé seul, sans un nom qu'il modifie. Il est alors soit adverbe soit substantif.

Adverbe

Il arrive que le neutre singulier de l'adjectif soit utilisé comme adverbe (voir aussi page 104). C'est le cas avec des adjectifs comme λοιπον, *du reste, finalement*, πρωτον, *premièrement*, μονον, *seulement*, etc.

> ζητειτε δε <u>πρωτον</u> την βασιλειαν του θεου (Mt 6.33)
> *cherchez premièrement le royaume de Dieu*

L'adjectif substantivé

À quelques exceptions près, l'adjectif substantivé est en général précédé de l'article. Les adjectifs substantivés peuvent apparaître seuls dans la phrase, c'est-à-dire sans nom modifié, avant le verbe ou en position d'attribut après le verbe.

En grec, lorsque l'adjectif est utilisé comme substantif, son *cas est déterminé par sa fonction,* comme pour tout nom. Si, par exemple, l'adjectif substantivé est sujet de la proposition, il sera au nominatif. *Le genre et le nombre sont déterminés par le nom sous-entendu.* On pourra donc traduire ἀγαθος *un homme bon* (masculin singulier), ἀγαθαι *des femmes bonnes* (féminin pluriel) et ἀγαθα *de bonnes choses* (neutre pluriel). Il suffit souvent de recourir au bon sens. On peut ajouter un mot tel que « homme, femme, enfant, chose, personne » pour expliciter la signification de l'adjectif.

Dans l'exemple ci-dessous, l'adjectif δικαιος, *juste*, est substantivé.

> ὁ δε <u>δικαιος</u> ἐκ πιστεως ζησεται (Rm 1.17)
> *mais le juste vivra par la foi*

Dans l'exemple qui suit, les neutres pluriels désignent des choses. Comme il s'agit de neutres pluriels, le verbe ἐστιν est au singulier.

> και παντα <u>τα ἐμα</u> σα ἐστιν (Lc 15.31)
> *et toutes les choses à moi à toi sont*

L'adjectif utilisé avec un nom

Deux cas se présentent. L'adjectif est utilisé soit avec un article, soit sans article. Avec article, il sera d'habitude épithète. C'est lorsqu'il est utilisé sans article que l'évaluation de la fonction de l'adjectif pourra s'avérer plus délicate.

De toute façon l'adjectif *s'accorde en genre, en nombre et en cas avec le mot qu'il modifie*, que l'adjectif soit épithète ou attribut.

> ὁ <u>ἀγαθος</u> δουλος
> *Le bon serviteur*

L'ADJECTIF PRÉCÉDÉ DE L'ARTICLE : ÉPITHÈTE

En règle générale, si un article accompagne l'adjectif, celui-ci est épithète. L'adjectif épithète peut se placer avant ou après le nom sans que sa signification en soit affectée. Mais il faut insister sur le fait que l'adjectif épithète doit être précédé de l'article. Lorsque l'adjectif est placé entre l'article et le nom, on dit qu'il est enclavé. *Si l'adjectif se place après le nom et que le nom est précédé de l'article, l'article devra être répété devant l'adjectif pour que celui-ci soit épithète.* Seules quelques rares exceptions existent. Pour que l'adjectif soit épithète on peut donc avoir

ὁ ἀγαθος δουλος	Le bon serviteur
ὁ δουλος ὁ ἀγαθος	Le bon serviteur

mais normalement pas

> ἀγαθος ὁ ἀνθρωπος
> ὁ ἀνθρωπος ἀγαθος.

L'ADJECTIF UTILISÉ SANS ARTICLE : ATTRIBUT OU ÉPITHÈTE

Si l'adjectif n'est pas immédiatement précédé de l'article, ce qui est fréquent, sa signification est plus délicate à préciser. Il peut être alors soit attribut soit épithète.

Attribut : dans ce cas un article est présent *mais ne précède pas immédiatement l'adjectif.* Il y a donc un article dans la construction, devant le nom, mais il n'est pas utilisé avec l'adjectif. Celui-ci est alors attribut. On ajoutera souvent le verbe *être* dans la traduction française. Dans les deux exemples suivants un article est utilisé avec le nom mais pas avec l'adjectif.

> ὁ ἀνθρωπος ἀγαθος
> *L'homme est bon.*
>
> ἀγαθος ὁ ἀνθρωπος
> *L'homme est bon.*

Il se peut aussi que le verbe εἰμι soit présent.

> ὁ ἀδελφος ἐστιν ἀγαθος
> *Le frère est bon.*

Attribut ou épithète : si un article n'est présent ni devant le nom, ni devant l'adjectif, ce dernier peut alors être soit épithète soit attribut. Seul le contexte et, au besoin, une exégèse plus poussée permettront d'aboutir à une décision. Malgré tout, il arrive parfois que les spécialistes restent divisés.

> ἀγαθος ἀνθρωπος et ἀνθρωπος ἀγαθος

peuvent tous deux signifier

> *Un homme bon* ou *Un homme est bon.*

Un texte biblique célèbre nous fournit un bon exemple des difficultés qui peuvent survenir.

> πασα γραφη θεοπνευστος και ὠφελιμος (2Tm 3.16)

Certains préfèrent considérer l'adjectif θεοπνευστος comme une épithète, ce qui donne *toute écriture inspirée est aussi utile*, d'autres comme un attribut, *toute écriture est inspirée et utile.* On en conviendra, la signification n'est pas la même. La morphologie seule ne permet pas de se prononcer.

15.3 Résumé

- L'adjectif peut faire fonction d'adverbe, de substantif, d'épithète ou d'attribut.

- Les adjectifs de la première classe suivent la deuxième déclinaison au masculin et au neutre, la première au féminin. Les adjectifs en consonne suivent ἀγαθος, -η, -ον, ceux en ρ, ε ou ι suivent ἁγιος, -α, -ον.
- Règle : L'adjectif s'accorde en genre, en nombre et en cas avec le nom qu'il modifie.
- L'adjectif peut avoir différentes fonctions :

Sans nom	adverbe
	substantivé (en général avec article)
Avec nom	avec article devant l'adjectif : épithète
	avec article devant le nom mais pas devant l'adjectif : attribut
	sans article ni devant le nom ni devant l'adjectif : épithète ou attribut

- L'adjectif épithète est immédiatement précédé de l'article et s'accorde en cas, en nombre et en genre avec le nom qu'il modifie.
- L'adjectif attribut n'est pas immédiatement précédé de l'article et peut nécessiter l'ajout du verbe « être » dans la traduction.
- Le cas de l'adjectif substantivé est déterminé par sa fonction; son genre et son nombre par le nom qu'il remplace.
- Si l'adjectif ou le mot qu'il modifie ne sont pas précédés d'un article, le contexte servira de guide quant à la fonction et à la traduction de l'adjectif.

15.4 Vocabulaire

Les désinences qui suivent les formes lexicales d'un adjectif (par ex., -η, -ον) indiquent les formes du féminin et du neutre. Ainsi le féminin d'ἀγαθος est ἀγαθη et le neutre ἀγαθον. Les adjectifs dont le féminin se fait en -ος sont indiqués sans désinence féminine (ex. ἀνομος).

ἀγαθος, -η, -ον	bon, utile
ἀγαπητος, -η, -ον	bien-aimé
ἁγιος, -α, -ον	saint
αἰωνιος, -ον	éternel
ἀνομος, -ον	sans loi
ἀπιστος, -ον	incroyant, infidèle
ἐαν	si, lorsque, introduit une proposition conditionnelle. ἐάν est une crase de εἰ et ἀν et est suivi du subjonctif (p. 163).

ἐσχατος, -η, -ον	dernier
ἑτερος, -α, -ον	autre, différent
ἰδιος, -α, -ον	propre, personnel
Ἰουδαιος, -α, -ον	Juif, juif
καθως	adv. : de même que, comme
κακος, -η, -ον	mauvais, méchant
καλος, -η, -ον	beau, bon
νεκρος, -α, -ον	mort
ὁλος, -η, -ον	adj. : complet, entier adv. : entièrement
πιστος, -η, -ον	fidèle, croyant
πονηρος, -α, -ον	mauvais, méchant
πρωτος, -η, -ον	adj. : premier adv. : premièrement

15.5 Exercices

Thème

1 L'Esprit est saint. **2** Je vois les œuvres mauvaises. **3** Dieu sauve l'incroyant par la bonne parole. **4** Il est dans une autre barque. **5** Il envoie un apôtre vers sa propre ville.

Version

1 ἐποιήσατε οὖν καρπὸν ἄξιον τῆς μετανοία (Mt 3.8). **2** Μακάριοι οἱ πτωχοὶ τῷ πνεύματι, ὅτι αὐτῶν ἐστιν ἡ βασιλεία τῶν οὐρανῶν (Mt 5.3). **3** οὕτως πᾶν δένδρον ἀγαθὸν καρποὺς καλοὺς ποιεῖ, τὸ δὲ σαπρὸν δένδρον καρποὺς πονηροὺς ποιεῖ. οὐ δύναται (peut) δένδρον ἀγαθὸν καρποὺς πονηροὺς ποιεῖν (litt. faire) οὐδὲ δένδρον σαπρὸν καρποὺς καλοὺς ποιεῖν (Mt 5.17–18). **4** ὁ ἀγαθὸς ἄνθρωπος ἐκ τοῦ ἀγαθοῦ θησαυροῦ ἐκβάλλει ἀγαθά, καὶ ὁ πονηρὸς ἄνθρωπος ἐκ τοῦ πονηροῦ θησαυροῦ ἐκβάλλει πονηρά (Mt 12.35). **5** αὐτὸς ὑμᾶς (vous) βαπτίζει ἐν πνεύματι ἁγίῳ καὶ πυρί (Lc 3.16). **6** Κατήντησεν δὲ καὶ εἰς Δέρβην καὶ εἰς Λύστραν. καὶ ἰδοὺ μαθητής τις ἦν ἐκεῖ ὀνόματι (nom) Τιμόθεος, υἱὸς γυναικὸς (femme) Ἰουδαίας πιστῆς, πατρὸς (père) δὲ Ἕλληνος (Ac 16.1). **7** ἔγνωσαν τί τὸ θέλημα τοῦ θεοῦ, τὸ ἀγαθὸν καὶ εὐάρεστον καὶ τέλειον (Rm 12.2). **8** Βλέπετε (Regardez, impératif) οὖν ἀκριβῶς πῶς περιπατεῖτε μὴ ὡς ἄσοφοι ἀλλ' ὡς σοφοί (Ép 5.15). **9** ἅγιος ἅγιος ἅγιος κύριος ὁ θεὸς ὁ παντοκράτωρ (Ap 4.8). **10** Καὶ εἶδον, καὶ ἰδοὺ τὸ ἀρνίον ἑστὸς (debout) ἐπὶ τὸ ὄρος Σιὼν καὶ μετ' αὐτοῦ ἑκατὸν τεσσεράκοντα τέσσαρες χιλιάδες ἔχουσαι (ayant) τὸ ὄνομα αὐτοῦ καὶ τὸ ὄνομα τοῦ πατρὸς αὐτοῦ γεγραμμένον (écrit) ἐπὶ τῶν μετώπων αὐτῶν (Ap 14.1).

16 La troisième déclinaison

Nous abordons à présent la troisième et dernière déclinaison du nom grec. Elle peut sembler difficile et foncièrement différente des deux premières. Si vous prêtez attention aux quelques remarques qui suivent, vous verrez qu'elle ne posera guère de problèmes. Lisez donc attentivement cette leçon avant d'essayer d'en retenir le contenu. Ne vous effrayez pas non plus à la vue des nombreux paradigmes donnés en exemples, ils sont là pour votre information. La connaissance de quelques principes permettra de faire l'économie de leur mémorisation. L'essentiel est qu'à la fin de cette leçon vous arriviez à reconnaître les mots de la troisième déclinaison, leur fonction et leur rôle dans la phrase.

Avant d'entamer ce chapitre rappelez-vous un principe important : la signification et le genre d'un mot sont sans rapport avec la déclinaison à laquelle il appartient. Un mot peut être masculin et appartenir à la première, à la deuxième ou à la troisième déclinaison. La déclinaison est simplement un système de classification des noms d'après leur forme indépendant de leur genre ou signification. Le principe fondamental est que les noms de la première déclinaison ont leur racine en -α (ou -η), ceux de la deuxième en -ο et ceux de la troisième en consonne, en diphtongue, en -ι ou en -υ.

16.1 Principes de base

Les différences entre la troisième déclinaison et les deux premières sont dues en majeure partie à des phénomènes de phonétique occasionnés par la rencontre du thème et de la désinence. Ce n'est qu'en apparence donc que la troisième déclinaison semble tout à fait différente. Il suffira de se rappeler les règles de transformation des consonnes pour comprendre la plupart des modifications de la troisième déclinaison.

À l'exception du nominatif singulier, les désinences de la troisième déclinaison comportent plus d'une syllabe alors que la désinence des mots des deux premières déclinaisons n'en comporte qu'une.

C'est souvent au nominatif singulier qu'un mot de la troisième déclinaison ressemble le moins à son thème. La solution pour trouver le thème d'un mot de la troisième déclinaison est d'enlever la désinence du génitif singulier. *C'est à partir du génitif singulier que l'on retrouve le thème d'un mot de la troisième déclinaison.* C'est la raison pour laquelle il est toujours conseillé de mémoriser l'article, le nominatif singulier et le génitif singulier d'un mot.

16.2 Tableau général des désinences du nom

Avant d'examiner des exemples de paradigmes de la troisième déclinaison du nom, il vaut la peine d'acquérir une vue d'ensemble de ses désinences. Si vous examinez les tableaux suivants, vous verrez que l'on retrouve certaines constantes par rapport aux deux autres déclinaisons. Prenez le temps de les repérer.

	Singulier		Pluriel	
	M/F	**N**	**M/F**	**N**
N	ς ou -	-	ες	α
A	α ou ν	-	ας ou (ν) ς	α
G	ος ou ως	ος ou ως	ων	ων
D	ι	ι	σιν	σιν

Voici le tableau de toutes les désinences du nom des trois déclinaisons.

	1re - 2e décl.			3e décl.	
	M	**F**	**N**	**M/F**	**N**
Sg N	ς	-	ν	ς ou -	-
A	ν	ν	ν	α ou ν	-
G	υ	ς	υ	ος ou ως	ος ou ως
D	ι	ι	ι	ι	ι
Pl N	ι	ι	α	ες	α
A	υς	ς	α	ας ou (ν) ς	α
G	ων	ων	ων	ων	ων
D	ις	ις	ις	σιν	σιν

Le datif singulier est toujours en -ι (souscrit ou pas), le génitif pluriel est toujours en -ων et le datif pluriel est toujours une combinaison de ι et de σ avec -ν à la troisième déclinaison. Ces quelques règles simplifient le travail d'apprentissage des désinences.

16.3 Quelques règles de phonétique

Comme beaucoup de noms de la troisième déclinaison ont un thème qui se termine par une consonne, il est bon de se souvenir de quelques règles de modifications consonantiques.

Nous avons déjà abordé le phénomène de combinaison des occlusives avec sigma (voir page 49). Le même phénomène se produit dans le cas des mots de la troisième déclinaison au datif pluriel. Pour rappel, voici à nouveau le tableau des occlusives, mais cette fois-ci avec σιν, terminaison du datif pluriel.

Labiale	(π, β, φ)	+ σιν	> ψιν
Gutturale	(κ, γ, χ)	+ σιν	> ξιν
Dentale	(τ, δ, θ)	+ σιν	> σιν

En général les consonnes dentales -ν ou -ντ disparaissent devant sigma. On obtient donc les transformations suivantes :

αντ	+ σιν	> ασιν
εντ	+ σιν	> εισιν
οντ	+ σιν	> ουσιν

16.4 Paradigmes de la troisième déclinaison

Il existe de nombreux paradigmes de la troisième déclinaison. Les différences sont dues essentiellement à la rencontre de la finale du thème et des désinences. Nous nous contenterons ici des principes essentiels.

Thème des mots de la troisième déclinaison

Les mots de la troisième déclinaison sont en général classés selon la dernière consonne, voyelle ou diphtongue de leur thème. Pour être plus précis on peut dire que la troisième déclinaison contient des mots dont le thème se termine par :

- une occlusive (ὀνοματ, σαρκ)
- -ν, -ρ ou le couple -ντ (ποιμεν, σωτηρ, ἀρχοντ)
- -ς, tous neutres dans le N.T. (γενες)
- les voyelles -ι ou -υ (πολι, ἰχθυ)
- -ευ (βασιλευ)

L'on trouve divers systèmes de classifications des noms de la troisième déclinaison plus détaillés dans les méthodes et grammaires. Il n'est pas nécessaire de mémoriser tous les paradigmes de cette déclinaison. Essayez juste d'en comprendre le fonctionnement. Avec l'habitude, vous distinguerez en général assez facilement le cas des mots de cette déclinaison. Cela d'autant plus si un article est présent. En effet, si le nom voit sa forme parfois modifiée, l'article lui ne varie pas. Prenez donc l'habitude de repérer l'article en premier lieu, il vous indiquera toujours le genre, le cas et le nombre du mot qu'il accompagne.

Principes généraux de la troisième déclinaison

- Certains noms ont un thème qui n'est pas modifié. Il suffit d'y ajouter les désinences (αἰων, *siècle*, αἰων, αἰωνα, αἰωνος, etc.).
- Dans certains cas, la voyelle qui précède la consonne finale du thème est allongée (ποιμην, *berger*, vient de ποιμεν).
- De nombreux mots ajoutent un -ς au thème. Si le thème est en gutturale, la combinaison avec -ς donne -ξ (σαρκ > σαρξ), si le thème est en dentale celle-ci disparaît (χαριτ > χαρι). C'est l'application des règles classiques de phonétique.
- Attention aux noms en -ματ, ils sont tous neutres, ce qui explique leur pluriel en -α. Ne les confondez pas avec les noms en -α de la première déclinaison.
- Les noms en -ευς sont masculins (βασιλευς, *roi*). Leur déclinaison est régulière.
- Les noms en -ις, thème en -ι, sont féminins. Il arrive souvent que le -ι se transforme en -ε.
- Dans la colonne des noms en -ς, ne confondez pas le nominatif et l'accusatif pluriel en -η et le féminin singulier de la première déclinaison.

Quelques thèmes en consonne

	En -κ σαρκ	En -τ/δ χαριτ	En -ματ ονοματ	En -ρ σωτηρ	En -ς γενες
Sg N V	σαρξ	χαρις	ὀνομα	σωτηρ	γενος
A	σαρκα	χαριν	ὀνομα	σωτηρα	γενος
G	σαρκος	χαριτος	ὀμοματος	σωτηρος	γενους
D	σαρκι	χαριτι	ὀνοματι	σωτηρι	γενει
Pl N V	σαρκες	χαριτες	ὀνοματα	σωτηρες	γενη
A	σαρκας	χαριτας	ὀμοματα	σωτηρας	γενη
G	σαρκων	χαριτων	ὀνοματων	σωτηρων	γενων
D	σαρξιν	χαρισιν	ὀνομασιν	σωτηρσιν	γενεσιν

Il faut aussi remarquer le paradigme un peu particulier de πατηρ, *père,* dont le modèle est suivi par ἡ μητηρ, *mère,* ἡ θυγατηρ, *fille* et ἡ γαστηρ, *estomac.*

	Sg	Pl
N	πατηρ	πατερες
V	πατερ	πατερες
A	πατερα	πατερας
G	πατρος	πατερων
D	πατρι	πατρασιν

Quelques thèmes en voyelle et diphtongue

	En -ι πολι	En -υ ἰχθυ	En -ευ βασιλευ
Sg N	πολις	ἰχθυς	βασιλευς
V	πολι	ἰχθυ	βασιλευ
A	πολιν	ἰχθυν	βασιλεα
G	πολεως	ἰχθυος	βασιλεως
D	πολει	ἰχθυι	βασιλει
Pl N V	πολεις	ἰχθυες	βασιλεις
A	πολεις	ἰχθυας	βασιλεις
G	πολεων	ἰχθυων	βασιλεων
D	πολεσιν	ἰχθυσιν	βασιλευσιν

16.5 L'ADJECTIF ET PRONOM INDÉFINI ET INTERROGATIF

Nous avons déjà appris les adjectifs/pronoms interrogatifs et indéfinis (vocabulaire page 40). Pour rappel l'indéfini est τις, τινος, *quelque chose, quelqu'un*. Avec l'accent *sur la première syllabe* ce mot devient interrogatif τίς, τίνος, *qui? quoi? de quoi?*, etc. En voici le paradigme complet, qui suit les désinences de la troisième déclinaison.

	Indéfini		**Interrogatif**	
	M, F	**N**	**M, F**	**N**
Sg N	τίς	τί	τις	τι
A	τίνα	τί	τινά	τι
G	τίνος	τίνος	τινός	τινός
D	τίνι	τίνι	τινί	τινί
Pl N V	τίνες	τίνα	τινές	τινά
A	τίνας	τίνα	τινάς	τινά
G	τίνων	τίνων	τινῶν	τινῶν
D	τίσιν	τίσιν	τισίν	τισίν

Τί οὐν ἐρουμεν; (Rm 7.1)
Que dirons-nous donc?

ἀφιετε εἰ τι ἐχετε κατα τινος (Mc 11.25)
pardonnez si vous avez quelque chose contre quelqu'un

La présence de l'accent sur la première syllabe *et* du point d'interrogation, sauf en cas d'interrogation indirecte, permet de facilement différencier l'indéfini et l'interrogatif.

On peut également trouver un τίς dans une interrogation indirecte. Dans l'exemple suivant, le texte grec ne contient pas de point d'interrogation au v. 4. Il s'agit d'une interrogation indirecte, qui fait suite à l'interrogation du v. 3.

ἐγνων τί ποιησω (Lc 16.4)
je sais (litt. j'ai su) ce que je dois faire

Remarquons que l'on peut évidemment avoir un indéfini dans une question.

ἐκ Ναζαρετ δύναται τι ἀγαθον ειναι; (Jn 1.46)
de Nazareth peut-il venir quelque chose de bon?

16.6 Résumé

- Les noms dont le thème se termine par une autre lettre que α, η ou ο sont de la troisième déclinaison.
- Pour obtenir le thème d'un mot de la troisième déclinaison il suffit de supprimer la désinence du génitif singulier.
- Mémorisez le tableau général des désinences du nom à la perfection.
- Dans le doute, regardez si le nom est accompagné d'un article. Celui-ci vous indiquera toujours automatiquement le genre, le nombre et le cas du nom qu'il accompagne.

16.7 Vocabulaire

ἀνηρ, ἀνδρος, ὁ	homme, mâle, mari
ἀρχιερευς, -εως, ὁ	grand-prêtre, souverain sacrificateur
βασιλευς, εως, ὁ	roi
γυνη, γυναικος, ἡ	femme, épouse
δυναμις, εως, ἡ	puissance
ἐθνος, ους, το	nation, race
εἰ	si (condition), à distinguer de εἶ, tu es.
ἐλπις, ιδος, ἡ	espoir, espérance
θελεμα, ματος, το	volonté
ἠδη	maintenant, déjà
μητηρ, μητρος, ἡ	mère
Μωϋσης, εως, ὁ	Moïse
ὀνομα, ὀνοματος, το	nom, réputation
πατηρ, πατρος, ὁ	père
πιστις, πιστεως, ἡ	foi, croyance
πνευμα, -ματος, το	esprit, Esprit
πολις, -εως, ἡ	ville
σαρξ, σαρκος, ἡ	chair, corps
Σιμων, -ωνος, ὁ	Simon
σωμα, -ματος, το	corps
ὑδωρ, ὑδατος, το	eau
φως, φωτος, το	lumière
χαρις, χαριτος, ἡ	grâce, faveur, douceur

16.8 Exercices

Grammaire

Écrivez le paradigme complet des désinences du nom.

Version

Relisez à nouveau Jean 1.1–18. Repérez et analysez tous les noms. Indiquez leur déclinaison et leur fonction (objet, sujet, etc.) dans la phrase.

Reprenez Romains 1.1–7, texte utilisé à la page 72. Traduisez le texte et essayez d'analyser les formes que vous connaissez. Quelques mots vous sont inconnus mais vous les trouverez facilement dans le dictionnaire. Voici quelques termes qui vous seront nécessaires :

v. 1 ἀφωρισμενος - *mis à part*
v. 2 ὁ - *que, pronom relatif,* προεπηγγειλατο - *promis d'avance*
v. 3 γενομενου - *venu*
v. 4 ὁρισθεντος - *désigné*
v. 5 οὗ - *qui, pronom relatif dont l'antécédent est Jésus-Christ*
v. 6 οἱς - *lesquelles, pronom relatif dont l'antécédent est nations au v. 5*
v. 7 πασιν - *à tous, datif pluriel de l'adjectif* πας; οὐσιν - *sont, participe du verbe* εἰμι, *avec l'article* τοις *cela donne un participe substantivé.*

Traduisez les versets suivants.

1 ὑμεῖς ἐστε τὸ φῶς τοῦ κόσμου (Mt 5.14). **2** μισθὸν οὐκ ἔχετε παρὰ τῷ πατρὶ ὑμῶν τῷ ἐν τοῖς οὐρανοῖς (Mt 6.1). **3** ὅτι ἐκ τοῦ πληρώματος αὐτοῦ ἡμεῖς πάντες ἐλάβομεν καὶ χάριν ἀντὶ χάριτος· ὅτι ὁ νόμος διὰ Μωϋσέως ἐδόθη (fut donnée), ἡ χάρις καὶ ἡ ἀλήθεια διὰ Ἰσοῦ Χριστοῦ ἐγένετο (est venue, Jn 1.16–17). **4** Δικαιωθέντες (ayant été justifiés) οὖν ἐκ πίστεως εἰρήνην ἔχομεν πρὸς τὸν θεὸν διὰ τοῦ κυρίου ἡμῶν Ἰησοῦ Χριστοῦ δι' οὗ (par qui) καὶ τὴν προσαγωγὴν ἐσχήκαμεν (nous avons) τῇ πίστει εἰς τὴν χάριν (Rm 5.1–2). **5** ἐβασίλευσεν ἡ ἁμαρτία ἐν τῷ θανάτῳ... καὶ ἡ χάρις βασιλεύει διὰ δικαιοσύνης εἰς ζωὴν... διὰ Ἰησοῦ Χριστοῦ τοῦ κυρίου (Rm 5.21 approx.).

17 Le futur indicatif actif – Les pronoms personnels

17.1 Le futur indicatif actif

Dès que l'on connaît le présent de l'indicatif actif, le futur indicatif actif est très simple : il s'agit pour l'essentiel d'ajouter un σ entre le thème du présent et sa terminaison (λυω > λυσω). Le thème, la voyelle thématique et la désinence sont donc identiques au présent et au futur. À proprement parler, le futur se construit non pas sur le thème du présent mais sur celui du futur. Dans de nombreux cas pourtant, les deux thèmes sont identiques.

L'emploi du futur en grec est essentiellement identique à son emploi en français, il indique une action à venir *aux yeux de l'auteur* de la phrase. On l'utilise aussi, comme en français, pour exprimer un commandement, une interdiction.

> οὐ <u>φονευσεις</u>, οὐ <u>μοιχευσεις</u>, οὐ <u>κλεψεις</u>, οὐ <u>ψευδομαρτυρησεις</u> (Mt 19.18)
>
> *Tu ne tueras pas, tu ne commettras pas d'adultère, tu ne voleras pas, tu ne porteras pas de faux témoignage.*

Thème du futur + σ + vt + désinences primaires actives

	Futur	Traduction
Sg 1	λυ σ ω	je délierai
2	λυ σ εις	tu délieras
3	λυ σ ει	il, elle déliera
Pl 1	λυ σ ομεν	nous délierons
2	λυ σ ετε	vous délierez
3	λυ σ ουσιν	ils, elles délieront

Le futur des verbes contractes

Comme c'était le cas à l'aoriste premier (page 46), au futur aussi la voyelle thématique des verbes contractes s'allonge devant le sigma ajouté au thème. L'alpha et l'epsilon s'allongent en êta, l'omicron en oméga.

ἀγαπαω	> ἀγαπησω
ποιεω	> ποιησω
πληροω	> πληρωσω

Le futur des verbes à occlusives

Les règles relatives à la combinaison des occlusives avec sigma sont évidemment d'application au futur (voir page 49).

βλεπω	βλεπ	+ σω	> βλεψω
ἀγω	ἀγ	+ σω	> ἀξω
πειθω	πειθ	+ σω	> πεισω

Le futur des verbes à liquides

Au futur, les verbes à liquide :

- ne prennent pas de σ avant la désinence
- prennent les désinences des verbes en -εω.

Étant donné que dans la plupart des cas les thèmes du présent et du futur de ces verbes diffèrent, la confusion entre le présent de l'indicatif actif et le futur de l'indicatif actif n'est pas fréquente. Il arrive toutefois que la forme de ces deux temps soit identique. Dans le texte accentué du N.T., le présent aura alors l'accent aigu et le futur l'accent circonflexe.

ἐκ του στοματος σου <u>κρινῶ</u> σε (Lc 19.22)
de ta bouche je te jugerai

καθως ἀκουω <u>κρίνω</u> (Jn 5.30)
selon ce que j'entends je juge

En fait, le thème du présent des verbes à liquide présente un allongement de la racine marqué par un redoublement du λ, par un allongement de la voyelle précédant la liquide ou par sa transformation en diphtongue.

	racine	*présent*	*futur*	
annoncer	ἀγγελ	ἀγγελλω	ἀγγελω	doublement
briller	φαν	φαινω	φανω	allongement

Exemples de verbes au futur

Certains verbes présentent deux formes totalement différentes pour le présent et le futur. Il arrive même que le présent soit de forme active et le futur de forme moyenne (voir page 141 et le tableau page 214). Ainsi le futur de ὁραω, *je vois*, est ὀψομαι. C'est le résultat d'un processus historique. Dans certains cas des formes verbales de deux verbes différents ont été utilisées pour évoquer un seul verbe. On retrouve ci et là un phénomène semblable en français. Dans sa conjugaison le verbe *aller* fait appel, pense-t-on, à trois verbes latins différents, ce qui donne les formes *j'irai*, *je vais*, *nous allons*, etc.

Voici quelques verbes du N.T. au présent et au futur. Vous remarquerez que le thème du futur est parfois très différent du thème du présent.

ἀγγελλω	ἀγγελω	*j'annoncerai*
ἀγω	ἀξω	*je conduirai*
αἰρω	ἀρω	*je lèverai*
ἐγειρω	ἐγερω	*je ferai lever*
εὑρισκω	εὑρησω	*je trouverai*
λεγω	ἐρω	*je dirai*
πειθω	πεισω	*je persuaderai*
σωζω	σωσω	*je sauverai*
φερω	οἰσω	*je porterai*

Le futur de εἰμι

Le futur du verbe εἰμι est de forme moyenne. Nous reparlerons des désinences moyennes en temps voulu. Pour l'instant, apprenez ce paradigme par cœur. Le thème du futur de εἰμι est εσ.

	Futur	Traduction
Sg 1	ἐσομαι	je serai
2	ἐσῃ	tu seras
3	ἐσται	il, elle sera
Pl 1	ἐσομεθα	nous serons
2	ἐσεσθε	vous serez
3	ἐσονται	ils, elles seront

17.2 Les pronoms personnels de la première et de la deuxième personne

Nous avons déjà appris le pronom personnel de la troisième personne (voir page 59). Le paradigme qui suit donne les formes des deux premières personnes.

	Première personne		**Deuxième personne**	
Sg N	ἐγω	je	συ	tu
A	με (ἐμε)	me	σε	te
G	μου (ἐμου)	de moi (mon, ma)	σου	de toi (ton, ta)
D	μοι (ἐμοι)	à moi	σοι	à toi
Pl N	ἡμεις	nous	ὑμεις	vous
A	ἡμας	nous	ὑμας	vous
G	ἡμων	de nous (notre)	ὑμων	de vous (votre)
D	ἡμιν	à nous	ὑμιν	à vous

Ces paradigmes ressemblent aux désinences des noms. Les seules différences notables se trouvent au nominatif singulier et pluriel et à l'accusatif singulier. De plus, à l'exception de leur première lettre, les formes des deux personnes sont identiques au pluriel. La première du pluriel est en -ἡ, la deuxième en -ὑ.

Les génitifs μου, σου suivent en général le mot qu'ils modifient.

> κυριος <u>μου</u> εἰπεν...
> *Mon Seigneur a dit...*

Comme le montre l'exemple ci-dessus, l'une des façons d'indiquer la possession en grec est l'utilisation du pronom personnel au génitif. Nous l'avions déjà signalé en parlant de αὐτου. Une autre façon est de faire appel à l'adjectif possessif ἐμος, ἐμη, ἐμον, qui se décline comme le nom.

> οὐκ ἐστε ἐκ των προβατων των <u>ἐμων</u> (Jn 10.26)
> *vous n'êtes pas de mes brebis*

17.3 Résumé

- Le futur de l'indicatif actif se forme en ajoutant un sigma avant la voyelle thématique du présent : λυσω, λυσεις, λυσει, λυσομεν, λυσετε, λυσουσιν.

- Les règles de contraction et de modification consonantiques résultant de l'addition de sigma sont d'application au futur.
- Le futur indicatif de εἰμι est de forme moyenne : ἐσομαι, ἐσῃ, ἐσται, ἐσομεθα, ἐσεσθε, ἐσονται.
- Les pronoms personnels de la première et de la deuxième personne (ἐγω, συ, ἡμεις, ὑμεις) prennent les désinences du nom.

17.4 Vocabulaire

Quelques nouveaux verbes

αἱρω	lever, prendre
ἀκολουθεω	accompagner (prend le datif)
ἀποθνῃσκω	mourir
βαπτιζω	baptiser
διδασκω	enseigner
πειθω	persuader
πεμπω	envoyer
σωζω	sauver
φερω	porter

Autres mots

ἐγω	je
εἰ μη	excepté, à l'exception, si ce n'est
ἐμος, ἐμη, ἐμον	adj. poss. : mon, ma
ἐπει	puisque
ἡμεις	nous
ἱνα	pour que, afin que. Conjonction suivie du subjonctif pour exprimer le but ou la conséquence.
ὁτι	conjonction introduisant le discours direct. Elle remplace souvent nos guillemets.
οὐν	donc, alors
συ	tu
ὑμεις	vous
ὡς	comme, ainsi que (comparaison); tandis que, comme (temps)

17.5 Exercices

Grammaire

Conjuguez les verbes ἀκολουθεω et βαπτιζω au futur indicatif actif.

Thème

1 Il vous baptisera d'Esprit saint (Mt 3.11). **2** L'Esprit vous enseignera en cette heure (Lc 12.12). **3** Les morts entendront la voix du fils de Dieu (Jn 5.25). **4** Que dit la parole? Abraham crut Dieu (Rm 4.3). **5** Ils régneront sur la terre (Ap 5.10).

Version

1 καὶ καλέσεις τὸ ὄνομα αὐτοῦ Ἰησοῦν· αὐτὸς γὰρ σώσει τὸν λαὸν αὐτοῦ ἀπὸ τῶν ἁμαρτιῶν αὐτῶν (Mt 1.21). **2** ἀποστελεῖ ὁ υἱὸς τοῦ ἀνθρώπου τοὺς ἀγγέλους αὐτοῦ, καὶ συλλέξουσιν ἐκ τῆς βασιλείας αὐτοῦ πάντα τὰ σκάνδαλα καὶ τοὺς ποιοῦντας (ceux qui font) τὴν ἀνομίαν καὶ βαλοῦσιν αὐτοὺς εἰς τὴν κάμινον τοῦ πυρός· ἐκεῖ ἔσται ὁ κλαυθμὸς καὶ ὁ βρυγμὸς τῶν ὀδόντων. τότε οἱ δίκαιοι ἐκλάμψουσιν ὡς ὁ ἥλιος ἐν τῇ βασιλείᾳ τοῦ πατρὸς αὐτῶν (Mt 13.41–43). **3** καὶ εἶπεν ὁ ἄγγελος αὐτῇ·... εὗρες γὰρ χάριν παρὰ τῷ θεῷ... καὶ καλέσεις τὸ ὄνομα αὐτοῦ Ἰησοῦν... δώσει (donnera) αὐτῷ κύριος ὁ θεὸς τὸν θρόνον Δαυὶδ τοῦ πατρὸς αὐτοῦ, καὶ βασιλεύσει ἐπὶ τὸν οἶκον Ἰακὼβ εἰς τοὺς αἰῶνας καὶ τῆς βασιλείας αὐτοῦ οὐκ ἔσται τέλος. εἶπεν δὲ Μαριὰμ πρὸς τὸν ἄγγελον· πῶς ἔσται τοῦτο (ceci), ἐπεὶ ἄνδρα οὐ γινώσκω; (Lc 1.30–34) **4** ὅταν δὲ ἔλθῃ (vient) ἐκεῖνος, τὸ πνεῦμα τῆς ἀληθείας, ὁδηγήσει ὑμᾶς ἐν τῇ ἀληθείᾳ πάσῃ· οὐ γὰρ λαλήσει ἀφ' ἑαυτοῦ, ἀλλ' ὅσα ἀκούσει λαλήσει καὶ τὰ ἐρχόμενα (les choses qui viennent) ἀναγγελεῖ ὑμῖν. ἐκεῖνος ἐμὲ δοξάσει, ὅτι ἐκ τοῦ ἐμοῦ λήμψεται (il prendra) καὶ ἀναγγελεῖ ὑμῖν. πάντα ὅσα ἔχει ὁ πατὴρ ἐμά ἐστιν· διὰ τοῦτο εἶπον ὅτι ἐκ τοῦ ἐμοῦ λαμβάνει καὶ ἀναγγελεῖ ὑμῖν. Μικρὸν καὶ οὐκέτι θεωρεῖτέ με, καὶ πάλιν μικρὸν καὶ ὄψεσθέ (verrez) με. εἶπαν οὖν ἐκ τῶν μαθητῶν αὐτοῦ πρὸς ἀλλήλους· τί ἐστιν τοῦτο ὃ λέγει ἡμῖν· μικρὸν καὶ οὐ θεωρεῖτέ με, καὶ πάλιν μικρὸν καὶ ὄψεσθέ με; καί· ὅτι ὑπάγω πρὸς τὸν πατέρα; (Jn 16.13–17) **5** ἀλλὰ ἔχεις ὀλίγα ὀνόματα ἐν Σάρδεσιν ἃ (qui) οὐκ ἐμόλυναν τὰ ἱμάτια αὐτῶν, καὶ περιπατήσουσιν μετ' ἐμοῦ ἐν λευκοῖς, ὅτι ἄξιοί εἰσιν (Ap 3.4).

18 Les pronoms et adjectifs démonstratifs, réfléchis et réciproques

18.1 Les pronoms et adjectifs démonstratifs

Les démonstratifs sont, en français, les mots « ce, ceci, cela, etc. ». Ils peuvent être adjectifs (« *Cette* voiture est la mienne ») ou pronoms (« *C*'est la mienne »). Nous avons signalé que l'article fonctionne parfois comme démonstratif. Les autres démonstratifs les plus fréquents sont οὑτος, *ceci*, et ἐκεινος *cela*. Nous les avons déjà rencontrés dans quelques exercices. Dans le N.T. le démonstratif d'éloignement ἐκεινος sera parfois utilisé à la place de οὑτος et vice versa. Les démonstratifs peuvent être utilisés comme adjectifs ou pronoms et varient en cas, en genre et en nombre. Notez bien que οὑτος a un esprit rude.

Lorsque le démonstratif est utilisé comme pronom, son cas est déterminé par sa fonction dans la phrase, son nombre et son genre par son antécédent, comme tout autre pronom. Si le démonstratif est utilisé comme adjectif son cas, son genre et son nombre sont déterminés par le nom qu'il modifie, comme tout autre adjectif.

Déclinaison de οὑτος (ceci, celui-ci)

	M	F	N
Sg N	οὑτος	αὑτη	τουτο
A	τουτον	ταυτην	τουτο
G	τουτου	ταυτης	τουτου
D	τουτῳ	ταυτῃ	τουτῳ
Pl N	οὑτοι	αὑται	ταυτα
A	τουτους	ταυτας	ταυτα
G	τουτων	τουτων	τουτων
D	τουτοις	ταυταις	τουτοις

Le féminin suit la première déclinaison, le masculin et le neutre la deuxième. Il ne pose donc aucune difficulté.

> <u>οὗτος</u> ἐστιν ὁ υἱος μου ὁ ἀγαπητος (Mt 3.47)
> *Celui-ci est mon fils bien-aimé*
>
> <u>αὕτη</u> ἐστιν ἡ μαρτυρια του Ἰωαννου (Jn 1.19)
> *Ceci est le témoignage de Jean*

Déclinaison de ἐκεινος (cela, celui-là)

Ce démonstratif ne pose lui non plus aucune difficulté, sa déclinaison est régulière.

	M	F	N
Sg N	ἐκεινος	ἐκεινη	ἐκεινο
A	ἐκεινον	ἐκεινην	ἐκεινο
G	ἐκεινου	ἐκεινης	ἐκεινου
D	ἐκεινῳ	ἐκεινῃ	ἐκεινῳ
Pl N	ἐκεινοι	ἐκειναι	ἐκεινα
A	ἐκεινους	ἐκεινας	ἐκεινα
G	ἐκεινων	ἐκεινων	ἐκεινων
D	ἐκεινοις	ἐκειναις	ἐκεινοις

> πολλοι ἐρουσιν μοι ἐν <u>ἐκεινῃ</u> τῃ ἡμερᾳ· (Mt 7.22)
> *Beaucoup me diront en ce jour-là*
>
> οὐκ ἦν ἐκεινος το φως (Jn 1.8)
> *Celui-là n'était pas la lumière*

Deux particularités sont à signaler :

- Le nominatif et l'accusatif du neutre singulier ne prennent pas de désinence. On retrouve la terminaison en omicron.
- Οὗτος débute toujours soit par un esprit rude soit par un tau. C'est donc l'esprit qui permettra de différencier le démonstratif (αὗται) et le pronom (αὐται, voir page 59).

18.2 L'emploi des démonstratifs

Les démonstratifs peuvent être utilisés comme adjectifs ou pronoms.

Comme pronoms ils sont utilisés seuls, puisqu'ils ne modifient pas un nom.

> <u>οὑτος</u> λεγει
> *celui-ci dit.*

Il arrive que la portée du pronom démonstratif soit atténuée de sorte que celui-ci soit presque l'équivalent d'un simple pronom personnel.

> <u>οὑτος</u> ἐσται μεγας και υἱος ὑψιστου κληθησεται (Lc 1.32)
> *Il sera grand et sera appelé « Fils du Très Haut »*

Comme adjectifs, ils modifient un nom. Le démonstratif se placera alors en général en position d'attribut, c'est-à-dire avant ou après le nom et son article, même s'il est traduit par une épithète en français.

> <u>οὑτος</u> ὁ ἀνθρωπος λεγει
> *Cet homme-ci dit*
>
> ὁ ἀνθρωπος <u>οὑτος</u> λεγει
> *Cet homme-ci dit*
>
> <u>ἐκεινοι</u> οἱ ἀνθρωποι λεγουσιν
> *Ces hommes-là disent*

18.3 Les pronoms réfléchis

Les pronoms réfléchis (*moi-même*, *toi-même*, *lui-même*, etc.) se construisent en combinant les pronoms personnels et αὐτος. Leur déclinaison est régulière et ne pose aucun problème. Ils n'ont pas de nominatifs. Le pluriel est identique aux trois personnes à chaque cas, c'est le contexte qui permet de déterminer la personne. À la première et à la deuxième personne du singulier, seul le masculin est utilisé dans le N.T. À la troisième personne du singulier, seul le féminin est utilisé dans le N.T.

	1re pers.	2e pers.	3e pers.
Sg A	ἐμαυτον	σεαυτον	ἑαυτον -ην -ο
G	ἐμαυτου	σεαυτου	ἑαυτου -ης -ου
D	ἐμαυτῳ	σεαυτῳ	ἑαυτῳ -ῃ -ῳ
Pl A	ἑαυτους	ἑαυτους	ἑαυτους
G	ἑαυτων	ἑαυτων	ἑαυτων
D	ἑαυτοις	ἑαυτοις	ἑαυτοις

Ἐαν ἐγω μαρτυρω περι ἐμαυτου (Jn 5.31)
Si je témoigne à propos de moi-même

ἀγαπησεις τον πλησιον σου ὡς σεαυτον (Mt 19.19)
tu aimeras ton prochain comme toi-même

ἡ γαρ αὔριον μεριμνησει ἑαυτης (Mt 6.34)
car le lendemain s'inquiétera de lui-même

18.4 Le pronom réciproque

On trouve également un pronom réciproque (*les uns les autres*) dans le N.T. Il n'est utilisé qu'à l'accusatif, au génitif et au datif pluriel.

ἀλληλους παραδωσουσιν και μισησουσιν ἀλληλους (Mt 24.10)
ils se livreront les uns les autres et se haïront les uns les autres

ἐσμεν ἀλληλων μελη (Ép 4.25)
Nous sommes membres les uns des autres

Ὑποτασσομενοι ἀλληλοις ἐν φοβῳ Χριστου (Ép 5.21)
étant soumis les uns aux autres dans la crainte de Christ

18.5 Résumé

- Le démonstratif de proximité est οὗτος, celui d'éloignement ἐκεινος. Οὗτος débute toujours par un esprit rude ou un tau. Ni l'un ni l'autre n'ont de désinence au nominatif et à l'accusatif du neutre singulier. Leur déclinaison est régulière.
- Employés comme pronoms ou adjectifs, les démonstratifs suivent les règles habituelles d'accord et d'utilisation des pronoms et des adjectifs.
- La force d'un démonstratif peut être atténuée au point que ce dernier ne soit qu'un pronom personnel.

- Les pronoms réfléchis se forment à partir du pronom personnel et αὐτος. Ils se déclinent donc à partir des formes ἐμαυτον, σεαυτον, ἑαυτον -ην -ο.
- Le pronom réciproque est ἀλληλους, ἀλληλων et ἀλληλοις.

18.6 Vocabulaire

αἰων, ωνος, ὁ	âge, éternité
ἀλληλους, -ων, οις	les uns les autres
ἀλλος	autre
ἀρτος, -ου, ὁ	pain
δουλος, -ου, ὁ	serviteur
ἑαυτον, -ον, -η	lui-même, elle-même
εἰρηνη, -ης, ἡ	paix
ἐκεινος, -η, -ο	cela, celui-là, celle-là
ἐμαυτον	moi-même
θαλασσα, -ης, -ἡ	mer
θανατος, -ου, ὁ	mort
λαος, -ου, ὁ	peuple
ὁδος, -ου, ἡ	chemin (nom féminin)
ὁλος	entier
οὑτος, αὑτη, τουτο	ceci, celui-ci, celle-ci
ὀφθαλμος, -ου, ὁ	œil
πους, ποδος, ὁ	pied
σεαυτον	toi-même
στομα, -ματος, το	bouche
τοπος, -ου, ὁ	lieu, endroit
χειρ, χειρος, ἡ	main, bras

18.7 Exercices

Grammaire

Écrivez le paradigme complet de ἐκεινος, -η, -ο.

Thème

1 Car ceci est la loi et les prophètes (Mt 7.12). **2** En ce temps-là Jésus… a dit (Mt 11.25). **3** Vois-tu cette femme-ci? (Lc 7.44). **4** Il ne hait pas son propre père (Lc 14.26). **5** J'ai jugé ceci pour moi-même (2Co 2.1).

Version

1 καὶ ἰδού τινες τῶν γραμματέων εἶπαν ἐν ἑαυτοῖς· οὗτος βλασφημεῖ (Mt 9.3). **2** διὰ τοῦτο ἐν παραβολαῖς αὐτοῖς λαλῶ (Mt 13.13). **3** ὁ Ἰησοῦς εἶπεν· αὕτη ἡ ἀσθένεια οὐκ ἔστιν πρὸς θάνατον ἀλλ' ὑπὲρ τῆς δόξης τοῦ θεοῦ (Jn 11.4). **4** ἀπεκρίθη (répondit) Ἰησοῦς καὶ εἶπεν αὐτοῖς· λύσατε (détruisez) τὸν ναὸν τοῦτον καὶ ἐν τρισὶν ἡμέραις ἐγερῶ αὐτόν. εἶπαν οὖν οἱ Ἰουδαῖοι· τεσσεράκοντα καὶ ἓξ ἔτεσιν οἰκοδομήθη (fut construit) ὁ ναὸς οὗτος, καὶ σὺ ἐν τρισὶν ἡμέραις ἐγερεῖς αὐτόν; ἐκεῖνος δὲ ἔλεγεν (disait) περὶ τοῦ ναοῦ τοῦ σώματος αὐτοῦ. (Jn 2.19–21). **5** ἄνδρες Ἰσραηλῖται, τί θαυμάζετε ἐπὶ τούτῳ; (Ac 3.12) **6** διὰ τοῦ πνεύματος δίδοται (est donné) λόγος σοφίας, ἄλλῳ δὲ λόγος γνώσεως κατὰ τὸ αὐτὸ πνεῦμα ἑτέρῳ πίστις ἐν τῷ αὐτῷ πνεύματι, ἄλλῳ δὲ χαρίσματα ἰαμάτων ἐν τῷ ἑνὶ πνεύματι (1Co 12.8–9). **7** οὐκ εἰμὶ χείρ, οὐκ εἰμὶ ἐκ τοῦ σώματος, οὐ παρὰ τοῦτο οὐκ ἔστιν ἐκ τοῦ σώματος; (1Co 12.15) **8** ἐσμὲν ἀλλήλων μέλη (Ép 4.25). **9** ἐξεδίκησεν τὸ αἷμα τῶν δούλων αὐτοῦ ἐκ χειρὸς αὐτῆς (Ap 19.2). **10** ὁ θρόνος τοῦ θεοῦ καὶ τοῦ ἀρνίου ἐν αὐτῇ ἔσται, καὶ οἱ δοῦλοι αὐτοῦ λατρεύσουσιν αὐτῷ (Ap 22.3).

19 Le pronom relatif – L'adverbe

19.1 Le pronom relatif

Le pronom relatif introduit une proposition, appelée proposition subordonnée relative. Dans la phrase « les étudiants qui étudient tous les jours réussissent », le pronom « qui » introduit la proposition subordonnée « étudient tous les jours », qui, elle-même, modifie « les étudiants ».

Les pronoms relatifs sont en français « qui, que, quoi, dont, etc. ». Un pronom relatif peut avoir une forme identique à l'antécédent au singulier (« l'étudiant qui étudie... ») ou au pluriel (« les étudiants qui étudient... »).

Les propositions relatives peuvent remplir les mêmes fonctions que les noms et les adjectifs. Elles peuvent être *sujet* (« *Qui est pour moi* n'est pas contre moi »), objet direct (« Je vois l'apôtre *qui parle* »), objet d'une préposition (« Donne-le à *quiconque le demande* »).

En grec, les pronoms relatifs fonctionnent d'une manière semblable au français, si ce n'est qu'ils ont un cas, un genre et un nombre. Le pronom relatif se décline à partir de ὅς au masculin, ὅ au neutre et ἥ au féminin. Les traductions proposées dans le tableau ci-dessous ne sont données qu'à titre indicatif. Selon les exigences du contexte et du style, elles pourront bien sûr varier.

	M	F	N	Traduction
Sg N	ὅς	ἥ	ὅ	qui
A	ὅν	ἥν	ὅ	que
G	οὗ	ἧς	οὗ	dont
D	ᾧ	ᾗ	ᾧ	à qui, pour qui
Pl N	οἵ	αἵ	ἅ	qui
A	οὕς	ἅς	ἅ	que
G	ὧν	ὧν	ὧν	dont
D	οἷς	αἷς	οἷς	à qui, pour qui

Forme : la déclinaison du pronom relatif ne devrait poser aucun problème, ses désinences sont en effet fort proches de celles du nom. De plus toute la déclinaison ressemble à celle de l'article. La différence principale est que, tout comme dans le cas des démonstratifs et de αὐτος, le neutre n'a pas de omicron au nominatif et à l'accusatif singulier.

Si vous comparez le paradigme de l'article et celui du pronom relatif (voir tableau page 204), vous constaterez certaines ressemblances au nominatif singulier et au pluriel. C'est l'accent, présent dans le texte accentué du N.T., qui permettra de distinguer le pronom relatif de l'article, qui lui n'a pas d'accent et comporte souvent un τ initial. C'est pourquoi nous conservons l'accent au pronom relatif dans ce cours. Le neutre pluriel, lui, ne pose pas de problèmes.

	Singulier			Pluriel		
	M	**F**	**N**	**M**	**F**	**N**
Art.	ὁ	ἡ	το	οἱ	αἱ	τα
Pr rel.	ὅς	ἥ	ὅ	οἵ	αἵ	ἅ

Antécédent : *le pronom relatif s'accorde en genre et en nombre avec l'antécédent.* Il est donc très important de repérer l'antécédent avant de traduire. Dans certains cas l'antécédent sera assez éloigné du pronom relatif, ou même absent. C'est le contexte qui permettra de décider de la traduction appropriée.

> Ἠν το φως το ἀληθινον, ὃ φωτιζει παντα ἀνθρωπον (Jn 1.9)
> *Elle (la Parole) était la véritable lumière, qui éclaire tout homme*
>
> οἶδα ὁτι ἀληθης ἐστιν ἡ μαρτυρια ἣν μαρτυρει περι ἐμου (Jn 5.32)
> *Je sais qu'est vrai le témoignage qu'il témoigne à propos de moi*

Le cas du pronom relatif : *le cas du pronom relatif dépend de sa fonction dans la phrase.* Il se distingue donc de l'adjectif dont le cas est, lui, déterminé par le mot qu'il modifie. Dans l'exemple ci-dessous, le pronom relatif est à l'accusatif pluriel car il est l'objet du verbe ἀκουετε.

> ἀπαγγειλατε Ἰωαννῃ ἃ ἀκουετε (Mt 11.4)
> *dites à Jean les choses que vous entendez*

Dans certaines circonstances, le pronom relatif ne prend pas le cas demandé par sa fonction dans la phrase mais le cas de l'antécédent. C'est ce que l'on appelle le phénomène d'*attraction*. Le cas du pronom relatif est *attiré* par celui de l'antécédent. Ce phénomène survient lorsque le pronom relatif est très proche dans la phrase de l'antécédent, lorsque l'antécédent est au datif ou au nominatif ou lorsque le pronom relatif devrait normalement être à l'accusatif.

> ἠγγιζεν ὁ χρονος της ἐπαγγελιας ἡς ὡμολογησεν ὁ θεος (Ac 7.17)
> *Le temps s'est approché de la promesse qui a été faite par Dieu*

Dans cet exemple, ἡς *devrait* être à l'accusatif puisqu'il est l'objet direct de ὡμολογησεν, mais le cas du pronom a été attiré par le génitif de l'antécédent ἐπαγγελιας.

Le pronom relatif ὅστις, ἥτις, ὅτι

On trouve d'autres relatifs dans le N.T. Le plus fréquent, mais beaucoup moins utilisé que ὅς, ὅ, ἥ, est le relatif indéfini ὅστις, ἥτις, ὅτι, *quiconque*, *qui que ce soit qui*. Ce relatif est la combinaison du pronom relatif et de τις, τινος. Il se construit en déclinant ses deux composants. On ne retrouve que les formes suivantes dans le N.T. : ὅστις, οἵτινες, ἥτις, αἵτινες, ἅτινα, ὅτου, ὅτι. Il ne faut pas confondre cette dernière forme avec ὁτι introduisant le discours direct. Mais comme le relatif indéfini ὅτι n'apparaît qu'en 1 Jean 3.20, ce n'est guère un problème.

> τοιαυτη πορνεια ἡτις οὐδε ἐν τοις ἐθνεσιν (1Co 5.1)
> *une telle inconduite n'existe même pas parmi les nations*

19.2 L'ADVERBE

L'adverbe est un mot invariable qui modifie un adjectif, un verbe ou un autre adverbe. Si en français l'adverbe se termine souvent en *-ment*, ce n'est pas toujours le cas (ex. *très*, *vite*, *rapidement*, *trop*, etc). En grec l'adverbe est souvent formé à partir du thème de l'adjectif, mais il peut également revêtir différentes formes.

Les adverbes en -ως : près d'un tiers des adverbes du N.T. sont formés en -ως. Il s'agit bien souvent d'adverbes de manière. Dans bien des cas, il suffit de prendre le génitif pluriel de l'adjectif et de remplacer le -ν final par -ς (καλων > καλως).

κακως	*mal, d'une mauvaise manière*
καλως	*bien, d'une bonne manière*

Les autres adverbes : nombre d'adverbes sont formés à partir de la désinence de différents cas. C'est ainsi que l'on trouve des adverbes en -ς, en -ν, en -ου, etc.

ευθυς	*immédiatement*
παλιν	*à nouveau*

Nous avons déjà vu les adverbes en -(κ)ις utilisés pour les numéraux (voir page 70).

Le neutre singulier : il arrive aussi que le neutre singulier de l'adjectif soit utilisé comme adverbe. Nous avions déjà évoqué ce phénomène en parlant de l'adjectif (voir page 76).

μονον	*seul, seulement*
πρωτον	*premièrement*

19.3 Résumé

- Les pronoms relatifs sont utilisés pour introduire des propositions subordonnées relatives.
- Le pronom relatif le plus fréquent est ὅς, ἥ et ὅ. Il se décline comme αὐτος et a toujours un esprit rude et un accent.
- Tout comme c'est le cas avec les autres pronoms, le cas du pronom relatif dépend de sa fonction dans la phrase, son genre et son nombre de son antécédent.
- Les adverbes modifient un verbe, un adjectif, etc. Ils se forment de différentes manières, souvent à partir de l'adjectif. Leur terminaison peut se faire en -ως, -ς, -ν, -ου, etc.

19.4 Vocabulaire

Quelques adverbes

ἐκει	là, à cet endroit
ἐξω	sans
	prép. : hors, dehors (avec gén.)
εὐθυς	immédiatement (surtout en Marc).
μονος, -η, -ον	adv. : seulement, adj. : seul
οὑτως	ainsi, de cette manière

παλιν	à nouveau
πολλακις	souvent
τοτε	une fois, alors, autrefois
ὡδε	ici

Autre vocabulaire

αἱμα, -ματος, το	sang
ἑως	conj. : jusqu'à gén. : vers, au point de, jusqu'à
καιρος, -ου, ὁ	temps, saison, moment opportun
κεφαλη, -ης, ἡ	tête
μεν	particule indiquant l'opposition ou la continuité. On la retrouve souvent avec δε (μεν… δε) pour dire « d'une part… d'autre part ».
ὅς, ἥ, ὅ	pron. rel. : qui, que
ὅστις, ἥτις, ὅτι	pron. rel. : quiconque, qui que ce soit qui.
ὁτε	lorsque
πυρ, πυρος, το	feu
πῶς	comment ? À ne pas confondre avec πως qui signifie « de quelque manière que ce soit ».
τε	particule : et, mais, encore

19.5 Exercices

Grammaire

Donnez le paradigme complet du pronom relatif.

Thème

1 Il ne sera pas ainsi parmi vous (Mt 20.26). **2** Qui est celui-ci qui dit des blasphèmes? (Lc 5.21) **3** Car je ne fais pas le bien que je veux (Rm 7.19) **4** Qu'as-tu que tu n'as pas reçu? (1Co 4.7) **5** Le frère bien-aimé et fidèle serviteur dans le Seigneur que je vous ai envoyé (Ép 6.21–22).

Version

1 Πᾶς οὖν ὅστις ἀκούει μου τοὺς λόγους τούτους καὶ ποιεῖ αὐτούς, ὁμοιωθήσεται (sera comparé) ἀνδρὶ φρονίμῳ, ὅστις ᾠκοδόμησεν αὐτοῦ τὴν οἰκίαν ἐπὶ τὴν πέτραν (Mt 7.24). **2** σὺ τίς εἶ εἶπεν αὐτοῖς ὁ Ἰησοῦς· τὴν ἀρχὴν ὅ τι καὶ λαλῶ ὑμῖν; (Jn 8.25) **3** οὐ μόνον δέ, ἀλλὰ καὶ καυχώμενοι (nous nous glorifions) ἐν τῷ θεῷ διὰ τοῦ κυρίου ἡμῶν Ἰησοῦ Χριστοῦ δι' οὗ νῦν τὴν καταλλαγὴν ἐλάβομεν (Rm 5.11). **4** Οἴδαμεν δὲ ὅτι τοῖς ἀγαπῶσιν (ceux qui aiment) τον θεὸν πάντα συνεργεῖ εἰς ἀγαθόν, τοῖς κατὰ πρόθεσιν κλητοῖς οὖσιν (sont). ὅτι οὓς προέγνω, καὶ προώρισεν συμμόρφους τῆς εἰκόνος τοῦ υἱοῦ αὐτοῦ, εἰς τὸ εἶναι αὐτὸν (pour qu'il soit) πρωτότοκον ἐν πολλοῖς ἀδελφοῖς· οὓς δὲ προώρισεν, τούτους καὶ ἐκάλεσεν· καὶ οὓς ἐκάλεσεν, τούτους καὶ ἐδικαίωσεν· οὓς δὲ ἐδικαίωσεν, τούτους καὶ ἐδόξασεν. Τί οὖν ἐροῦμεν πρὸς ταῦτα; εἰ ὁ θεὸς ὑπὲρ ἡμῶν, τίς καθ' ἡμῶν; (Rm 8.28–31) **5** παρέδωκα (j'ai transmis) γὰρ ὑμῖν ἐν πρώτοις, ὃ καὶ παρέλαβον, ὅτι Χριστὸς ἀπέθανεν ὑπὲρ τῶν ἁμαρτιῶν ἡμῶν κατὰ τὰς γραφας (I Co 15.3). **6** ζῶ δὲ οὐκέτι ἐγώ, ζῇ δὲ ἐν ἐμοὶ Χριστός· ὃ δὲ νῦν ζῶ ἐν σαρκί, ἐν πίστει ζῶ τῇ τοῦ υἱοῦ τοῦ θεοῦ τοῦ ἀγαπήσαντός (qui a aimé) με καὶ παραδόντος (qui a livré) ἑαυτὸν ὑπὲρ ἐμοῦ (Ga 2.20). **7** καὶ αὐτός ἐστιν ἡ κεφαλὴ τοῦ σώματος τῆς ἐκκλησίας· ὅς ἐστιν ἀρχή, πρωτότοκος ἐκ τῶν νεκρῶν, ἵνα γένηται (afin d'être) ἐν πᾶσιν αὐτὸς πρωτεύων (Col 1.18). **8** Πολυμερῶς καὶ πολυτρόπως πάλαι ὁ θεὸς λαλήσας (ayant parlé) τοῖς πατράσιν ἐν τοῖς προφήταις ἐπ' ἐσχάτου τῶν ἡμερῶν τούτων ἐλάλησεν ἡμῖν ἐν υἱῷ (Hé 1.1–2).

20 Le présent indicatif médio-passif

20.1 Introduction à la voix moyenne et passive

Quant au sens, trois voix existent en grec : la voix active, la voix moyenne et la voix passive.

À la *voix active*, le sujet est l'agent de l'action ou de l'état exprimé par le verbe. C'est la voix que nous avons étudiée jusqu'à présent.

À la *voix passive*, le sujet de la phrase n'est pas l'auteur de l'action, il la subit. L'auteur de l'action, son sujet donc, est appelé l'*agent*. Il est souvent introduit en français au moyen de la préposition « par ». « L'apôtre appelle l'homme » devient, à la voix passive, « l'homme est appelé par l'apôtre ». En grec, la voix passive n'utilise pas le verbe être, elle a sa propre désinence. En outre, différentes constructions sont utilisées pour indiquer l'agent.

La troisième voix est la *voix moyenne*. À l'époque du N.T. son usage est devenu assez imprécis et tend à être repris par des constructions actives ou passives. D'une manière générale, à la voix moyenne le sujet accomplit l'action et y est personnellement intéressé. Elle indique ci et là une action que le sujet produit et subit lui-même. On la traduit alors par une construction de forme réfléchie (ex. : je me libère, il se punit lui-même).

Quant à la forme, le grec connaît pour l'essentiel deux voix : la voix active et la voix médio-passive (voir page 12). Comme nous le verrons par la suite, seuls l'aoriste et le futur ont des formes différentes à la voix moyenne et à la voix passive (voir page 213).

Il faut donc bien se garder de confondre forme et sens. Il n'est pas toujours possible de déterminer la voix quant au sens par la seule forme d'un verbe. La forme λυομαι est la première personne du singulier de l'indicatif médio-passif de λυω. Cette forme peut être traduite *je suis délié,* sens passif, ou *je me délie,* l'un des sens de la voix moyenne. Ce qui permettra de se prononcer sur la voix quant à la signification, ce n'est pas la forme du mot, mais le contexte, la syntaxe, etc.

Prenons un autre exemple. Nous l'avions signalé lors de l'étude du futur (voir page 92), de nombreux verbes ont un présent de forme active et un futur de forme moyenne. Le verbe πινω, *boire*, a une forme active au présent mais une forme moyenne au futur, πιομαι. Cela ne veut évidemment pas dire qu'au futur le verbe πινω a une autre signification. Il se trouve simplement qu'au futur il n'a pas de forme active. C'est dû à l'évolution de la langue.

En fait, on s'en rendra compte à la lecture du N.T., de très nombreux verbes ont une forme médio-passive mais un sens actif. Ces formes verbales sont appelées des formes *déponentes*. Un verbe déponent est un verbe qui a une forme médio-passive mais un sens actif. C'est le cas, par exemple, de ἐρχομαι, *venir*. Il n'apparaît pas sous la forme ἐρχω. De plus, certains verbes ont une forme active à certains temps, déponente à d'autres. C'est le cas de πινω ci-dessus.

Comme le présent, l'imparfait, le parfait et le plus-que-parfait n'ont pas de forme différente pour le moyen et le passif, décider si l'un de ces temps est au moyen ou au passif est une décision basée non pas sur la morphologie mais sur la signification du verbe, le contexte d'utilisation, la syntaxe. L'un des arguments qui permettra, par exemple, de se prononcer entre la signification passive et moyenne d'un temps médio-passif sera bien souvent la mention d'un agent pour l'action exprimée. Si l'on dit qu'une personne est tuée par une autre personne, il s'agit alors bien évidemment d'un passif. Rassurez-vous pourtant, dans la majorité des cas, distinguer entre sens passif et moyen ne pose pas de problèmes.

Voici quelques exemples.

- Forme active de sens actif.

  Ἄγουσιν αὐτον προς τους Φαρισαιους (Jn 9.13)
  Ils le conduisent vers les Pharisiens

- Forme médio-passive de sens passif. L'agent étant indiqué, le sens passif est clair.

  ὁσοι γαρ πνευματι θεου ἀγονται (Rm 8.14)
  car tous ceux qui par l'Esprit de Dieu sont conduits

- Forme médio-passive de sens actif (verbe déponent).

  Ἠλιας μεν ἐρχεται (Mt 17.11)
  Élie vient en effet

- Forme médio-passive de sens moyen réfléchi. Le contexte ne laisse guère de doute sur le sens moyen réfléchi du verbe ἀπαγχομαι, *se pendre.*

  και ἀπελθων <u>ἀπηγξατο</u> (Mt 27.5)

  et s'étant éloigné il se pendit

20.2 Les désinences actives et médio-passives

Nous avons déjà étudié les désinences actives. Nous ajoutons à présent les désinences médio-passives.

À quelques exceptions près, les désinences primaires sont réservées aux temps primaires (présent, futur, parfait), les désinences secondaires aux temps secondaires (imparfait, aoriste, plus-que-parfait). À la deuxième personne du singulier on trouve deux désinences primaires médio-passives.

Mémorisez ce tableau, entraînez-vous à reconnaître les formes verbales d'après les désinences. Un bon exercice consiste à prendre au hasard un texte du N.T. et à identifier les désinences des verbes. S'agit-il de désinences primaires? secondaires? actives ou passives? Quelle est la personne?

	Act. prim.	**Act. sec.**	**M/P prim.**	**M/P sec.**
Sg 1	-	ν	μαι	μην
2	ς	ς	σαι (ῃ)	σο
3	ι	-	ται	το
Pl 1	μεν	μεν	μεθα	μεθα
2	τε	τε	σθε	σθε
3	νσιν	ν	νται	ντο

20.3 Le présent indicatif passif et moyen

Le présent indicatif a la même forme à la voix moyenne et à la voix passive. Quant à la morphologie, il n'y a donc que deux présents : le présent actif et le présent médio-passif. Seul le contexte permet de décider de la signification. Pour ne pas alourdir la présentation, nous ne donnerons pas les formes traduites des temps médio-passifs. On pourra traduire le paradigme suivant : *je délie pour moi*, *je suis délié*, etc.

Thème du présent + vt + désinences primaires M/P

Sg 1	λυ ομαι
2	λυ ῃ
3	λυ εται
Pl 1	λυ ομεθα
2	λυ εσθε
3	λυ ονται

La deuxième personne du singulier est le résultat d'une contraction. Le sigma a été éliminé entre les deux voyelles (εσαι > εαι), les voyelles se sont ensuite contractées (εαι > ῃ).

Les règles de contraction s'appliquent. Si l'on prend l'exemple d'un verbe en -εω, on obtient :

	Composants	**Contraction**
Sg 1	φιλε ομαι	φιλουμαι
2	φιλε ῃ	φιλῃ
3	φιλε εται	φιλειται
Pl 1	φιλε ομεθα	φιλουμεθα
2	φιλε εσθε	φιλεισθε
3	φιλε ονται	φιλουνται

Expression de l'agent du passif

On trouve principalement quatre constructions pour exprimer l'agent du passif :

- ὑπο suivi d'un nom au génitif

  παραγινεται ὁ Ἰησους… προς τον Ἰωαννην του βαπτισθηναι ὑπ' αὐτου (Mt 3.13)

  Jésus vint… vers Jean pour être baptisé par lui

- δια suivi d'un génitif

  ἁγιαζεται γαρ δια λογου θεου (1Tm 4.5)

  il est sanctifié par la parole de Dieu

- ἐν suivi d'un datif

  Καθως γεγραπται εν τῳ Ἠσαΐᾳ τῳ προφητῃ (Mc 1.2)
  Comme il est écrit par (dans ?) le prophète Ésaïe

  καταλλαγεντες σωθησομεθα εν τῃ ζωῃ αὐτου (Rm 5.10)
  ayant été réconciliés, nous serons sauvés par (dans ?) sa vie

  Le sens à donner à la construction ἐν + datif n'est pas toujours clair. Dans les exemples ci-dessus, on pourrait discuter la traduction *par* ou *dans*. Souvent, seule une exégèse approfondie permettra de se prononcer.

- un simple datif.

  ὁπως μη φανῃς τοις ἀνθρωποις (Mt 6.18)
  afin de ne pas être vu par les hommes

  συνειχετο τῳ λογῳ ὁ Παυλος (Ac 18.5)
  Paul fut saisi par la parole

Les deux dernières constructions sont souvent utilisées avec un agent impersonnel. On parle alors plus d'un complément de moyen que d'un complément d'agent.

20.4 Conjugaison de δυναμαι

Le verbe δυναμαι, *je peux, je suis capable de*, est l'un des rares verbes à ne pas respecter la règle de la voyelle thématique. Sa conjugaison est donnée ci-dessous. Une autre particularité de ce verbe est la double forme que prend la 2e personne du singulier. Comme son équivalent français, δυναμαι est très souvent suivi d'un infinitif, mode que nous étudierons plus tard (page 153). On peut déjà signaler que, selon le mode et le temps, l'infinitif finira en -ειν ou en -αι.

Sg 1	δυναμαι	je peux
2	δυνασαι (δυνῃ)	tu peux
3	δυναται	il, elle peut
Pl 1	δυναμεθα	nous pouvons
2	δυνασθε	vous pouvez
3	δυνανται	ils, elles peuvent

20.5 Résumé

- La voix passive exprime une action subie par le sujet. Plusieurs constructions sont utilisées pour indiquer l'agent du verbe au passif : ὑπο + gén., δια + gén., ἐν + dat., datif seul.
- Quant au sens, la voix moyenne indique que le sujet est personnellement intéressé par l'action, y participe. Quant à la forme, elle ne se distingue du passif qu'au futur et à l'aoriste.
- Les désinences primaires du moyen-passif sont -μαι, -σαι, -ται, -μεθα, -σθε, -νται.
- Les désinences secondaires du moyen-passif sont -μην, -σο, -το, -μεθα, -σθε, -ντο.
- Le présent de l'indicatif n'a qu'un seul paradigme au moyen et au passif : λυομαι, λυῃ, λυεται, λυομεθα, λυεσθε, λυονται.
- Les règles de contraction s'appliquent au présent médio-passif.
- Les verbes de forme moyenne-passive mais de sens actif sont souvent appelés *déponents*.

20.6 Vocabulaire

Les verbes suivants sont déponents.

ἀποκρινομαι	répondre
ἀσπαζομαι	saluer
γινομαι	être, exister, devenir
δυναμαι	être capable de, pouvoir
ἐρχομαι	venir, aller
καθημαι	être assis, se trouver
πορευομαι	aller, avancer
προσευχομαι	prier
φοβεομαι	craindre, avoir peur

De nombreux verbes sont composés à partir du verbe ἐρχομαι.

ἀπερχομαι	partir
διερχομαι	traverser
εἰσερχομαι	rentrer
ἐξερχομαι	sortir
προσερχομαι	aller, s'approcher

Autre vocabulaire

δει	il est nécessaire, il faut que (verbe impersonnel souvent suivi de l'infinitif)
ἐμπροσθεν	prép. : devant (avec génitif)
ἤ	ou, ou bien. À ne pas confondre avec l'article ἡ et le pronom relatif ἥ qui, eux, prennent toujours l'esprit rude.
μενω	rester, demeurer
πιπτω	tomber

20.7 Exercices

Grammaire

Conjuguez les verbes ἐρχομαι et μισεω au présent de l'indicatif médio-passif.

Quelles sont les différentes façons d'indiquer l'agent d'un verbe passif?

Thème

1 Alors les disciples de Jean viennent vers lui (Mt 9.14). **2** Jésus leur répond (Jn 12.23). **3** Sa vie est prise de la terre (Ac 8.33). **4** Moi je serai pour lui comme un Père et lui sera pour moi comme un Fils (Hé 1.5). **5** Les choses que vous avez reçues, et vues et entendues par moi (Ph 4.9).

Version

1 οὐχ οὗτός ἐστιν ὁ τοῦ τέκτονος; υἱός οὐχ ἡ μήτηρ αὐτοῦ λέγεται Μαριαμ καὶ οἱ ἀδελφοὶ αὐτοῦ Ἰάκωβος καὶ Ἰωσηφ καὶ Σίμων καὶ Ἰούδας; (Mt 13.55) **2** Τότε σταυροῦνται σὺν αὐτῷ δύο λῃσταί, εἷς ἐκ δεξιῶν καὶ εἷς ἐξ εὐωνύμων (Mt 27.38). **3** ἔλεγεν αὐτοῖς· πῶς δύναται σατανᾶς σατανᾶν ἐκβάλλειν; (Mc 3.23) **4** διὰ τοῦτο λέγω ὑμῖν, πάντα (tout) ὅσα (ce que) προσεύχεσθε καὶ αἰτεῖσθε, πιστεύετε (impér.) ὅτι ἐλάβετε, καὶ ἔσται ὑμῖν (Mc 11.24). **5** τυφλοὶ ἀναβλέπουσιν, χωλοὶ περιπατοῦσιν, λεπροὶ καθαρίζονται καὶ κωφοὶ ἀκούουσιν, νεκροὶ ἐγείρονται, πτωχοὶ εὐαγγελίζονται (Lc 7.22). **6** καὶ ταῦτα ποιήσουσιν ὅτι οὐκ ἔγνωσαν τὸν πατέρα οὐδὲ ἐμέ (Jn 16.3). **7** ἔκραζεν ἐν τῷ συνεδρίῳ· ἄνδρες ἀδελφοί, ἐγὼ Φαρισαῖός εἰμι, υἱὸς Φαρισαίων, περὶ ἐλπίδος καὶ ἀναστάσεως νεκρῶν ἐγὼ κρίνομαι (Ac 23.6). **8** τὸ γὰρ ὄνομα τοῦ θεοῦ δι' ὑμᾶς βλασφημεῖται ἐν τοῖς ἔθνεσιν, καθὼς γέγραπται (Rm 2.24). **9** τίς ἀσθενεῖ καὶ οὐκ ἀσθενῶ; τίς σκανδαλίζεται καὶ οὐκ ἐγὼ πυροῦμαι; (2Co 11.29) **10** εἴ τις ὑμᾶς εὐαγγελίζεται παρ᾽ ὃ παρελάβετε, ἀνάθεμα ἔστω (qu'il soit, Ga 1.9).

21 L'AORISTE INDICATIF MOYEN ET PASSIF

Nous avons déjà étudié l'aoriste indicatif actif. Nous abordons à présent l'aoriste moyen et passif. Avec le futur, l'aoriste est en effet le seul temps dont la conjugaison diffère au moyen et au passif. Aux autres temps la forme moyenne est identique à la forme passive.

21.1 L'AORISTE INDICATIF MOYEN

Près de la moitié des aoristes moyens dans le N.T. se trouve en Luc et Actes. De plus, environ un tiers de ces aoristes sont la forme ἐγενετο (3e sg de l'aoriste indicatif moyen de γινομαι). Ceci montre bien qu'une grande partie des formes moyennes dans le N.T. sont des formes déponentes.

L'aoriste premier moyen

L'aoriste premier indicatif moyen est identique à l'aoriste actif, si ce n'est qu'il utilise des désinences médio-passives. Pour peu donc que l'on connaisse les désinences, ce temps ne pose pas de problèmes.

augment + thème de l'aoriste premier + σα + désinences secondaires M/P

	Aor. 1 moyen
Sg 1	ἐ λυ σα μην
2	ἐ λυ σ ω
3	ἐ λυ σα το
Pl 1	ἐ λυ σα μεθα
2	ἐ λυ σα σθε
3	ἐ λυ σα ντο

On traduira ces formes *j'ai délié (pour moi)*, etc. ou simplement par une voix active dans le cas de formes déponentes. La désinence un peu particulière de la deuxième personne du singulier (σω au lieu de σο) est le résultat d'une évolution historique.

Toutes les règles de modification des consonnes devant -σα étudiées dans le cas de l'aoriste actif sont évidemment d'application ici.

> ἠτησατο το σωμα του Ἰησου (Mc 15.43, de αἰτεω)
> *et il demanda (pour lui) le corps de Jésus*
>
> ἠρξατο δε λεγειν προς αὐτους (Lc 4.21, de ἀρχω)
> *et il commença à leur dire*

L'aoriste second moyen

Les verbes qui ont un aoriste second se construisent au moyen sur le thème de l'aoriste second. Ce temps ne pose donc guère de difficultés.

augment + thème de l'aoriste second + vt + désinences secondaires M/P

	Aor. 2 moyen
Sg 1	ἐ γεν ομην
2	ἐ γεν ου
3	ἐ γεν ετο
Pl 1	ἐ γεν ομεθα
2	ἐ γεν εσθε
3	ἐ γεν οντο

> και ἐγενετο γαληνη μεγαλη (Mt 8.26)
> *et il y eut un grand calme*

21.2 L'aoriste indicatif passif

L'aoriste premier passif

L'aoriste passif n'a pas de voyelle thématique et ses désinences sont actives, ce qui est évidemment assez surprenant pour un passif. On retrouve ici l'utilisation normale de l'augment. Le thème est souvent identique au thème du présent. Dans le cas contraire, le verbe a généralement un aoriste second. C'était déjà le cas à l'aoriste actif. La marque temporelle est θη, elle ne varie jamais. Prenez l'habitude de repérez le couple θη dans un verbe, dès que vous le voyez, vous savez que vous êtes face à un aoriste passif. Ce principe exclut évidemment les verbes dont le thème est en θη (ex. τιθημι, *mettre*, *placer*).

augment + thème de l'aoriste passif + θη + désinences secondaires actives

	Aor. 1 passif	Traduction
Sg 1	ἐ λυ θη ν	j'ai été délié
2	ἐ λυ θη ς	tu as été délié
3	ἐ λυ θη	il, elle a été délié(e)
Pl 1	ἐ λυ θη μεν	nous avons été déliés
2	ἐ λυ θη τε	vous avez été déliés
3	ἐ λυ θη σαν	ils, elles ont été délié(e)s

Les verbes à occlusives adoptent les modifications suivantes :

Labiale	(π, β, φ)	+ θη	> φθη
Gutturale	(κ, γ, χ)	+ θη	> χθη
Dentale	(τ, δ, θ)	+ θη	> σθη

βλεπ	+ θη	>	ἐβλεφθην
πλεκ	+ θη	>	ἐπλεχθην
σπευδ	+ θη	>	ἐσπευσθην

L'aoriste second passif

augment + thème de l'aoriste passif + η + désinences secondaires actives

	Aor. 2 passif	Traduction
Sg 1	ἐ γραφ η ν	j'ai été écrit
2	ἐ γραφ η ς	tu as été écrit
3	ἐ γραφ η	il, elle a été écrit(e)
Pl . 1	ἐ γραφ η μεν	nous avons été écrits
2	ἐ γραφ η τε	vous avez été écrits
3	ἐ γραφ η σαν	ils, elles ont été écrit(e)s

L'aoriste second indicatif passif est peu utilisé dans le N.T. Le thème est celui du présent et la marque temporelle η au lieu de θη.

ἀγγελος κυριου κατ' ὀναρ ἐφανη αὐτῳ (Mt 1.20)
un ange du Seigneur en songe lui apparut
Οὐκ ἐγραφη δε δι' αὐτον μονον (Rm 4.23)
mais cela n'a pas été écrit à cause de lui seulement

21.3 Résumé

- Avec le futur, l'aoriste est le seul temps dont les formes moyennes et passives diffèrent.
- L'aoriste indicatif moyen est identique à l'aoriste actif, si ce n'est qu'il utilise les désinences médio-passives.
- L'aoriste passif à son propre thème, utilise les désinences actives et se reconnaît au couple θη. À l'aoriste second, le θ est absent.
- Voici un tableau récapitulatif de l'aoriste indicatif moyen et passif.

	AOR. MOYEN		AOR. PASSIF	
	Ao 1	**Ao 2**	**Ao 1**	**Ao 2**
Sg 1	ἐλυσαμην	ἐγενομην	ἐλυθην	ἐγραφη
2	ἐλυσω	ἐγενου	ἐλυθης	ἐγραφης
3	ἐλυσατο	ἐγενετο	ἐλυθη	ἐγραφη
Pl 1	ἐλυσαμεθα	ἐγενομεθα	ἐλυθημεν	ἐγραφημεν
2	ἐλυσασθε	ἐγενεσθε	ἐλυθητε	ἐγραφητε
3	ἐλυσαντο	ἐγενοντο	ἐλυθησαν	ἐγραφησαν

- Les règles habituelles d'allongement, de contraction et les autres modifications s'appliquent à l'aoriste moyen et passif.

21.4 Vocabulaire

Il est temps de commencer à rassembler les données sur les verbes fréquemment utilisés dans le N.T. Mémorisez les formes inhabituelles de cette liste. Notez les verbes dont le présent est de forme active mais le futur de forme déponente. Un tableau plus complet figure en appendice (page 214).

Prés. ac.	Fut. ac.	Aor. ac.	Aor. pass.	
ἀγγελλω	ἀγγελω	ἠγγειλα	ἠγγελην	annoncer
ἀγω	ἀξω	ἠγαγον	ἠχθην	conduire
αἰρω	ἀρω	ἠρα	ἠρθην	lever

Prés. ac.	Fut. ac.	Aor. ac.	Aor. pass.	
ἀκουω	ἀκουσω ἀκουσομαι	ἠκουσα	ἠκουσθην	entendre
βαινω	βησομαι	ἐβην	—	marcher
βαλλω	βαλω	ἐβαλον	ἐβληθην	lancer
γινομαι	γενησομαι	ἐγενομην	ἐγενηθην	devenir
γινωσκω	γνωσομαι	ἐγνων	ἐγνωσθην	connaître
γραφω	γραψω	ἐγραψα	ἐγραφην	écrire
δυναμαι	δυνησομαι	ἐδυναμην ἠδυναμην	ἠδυνηθην ἠδυνασθην	pouvoir
ἐγειρω	ἐγερω	ἠγειρα	ἠγερθην	lever
ἐρχομαι	ἐλευσομαι	ἠλθον	—	venir
εὑρισκω	εὑρησω	εὑρον	εὑρεθην	trouver
ἐχω	ἑξω	ἐσχον	—	avoir
θελω	θελησω	ἠθελησα	—	vouloir
καλεω	καλεσω	ἐκαλεσα	ἐκληθην	appeler
κρίνω	κρινῶ	ἐκρινα	ἐκριθην	juger
λαμβανω	λημψομαι	ἐλαβον	ἐλημφθην	prendre
λεγω	ἐρω	εἰπον	ἐρρηθην ἐρρεθην	dire
λυω	λυσω	ἐλυσα	ἐλυθην	délier
ὁραω	ὀψομαι	εἰδον	ὠφθην	voir
πινω	πιομαι	ἐπιον	ἐποθην	boire
πιπτω	πεσουμαι	ἐπεσον	—	tomber
πληροω	πληρωσω	ἐπληρωσα	ἐπληρωθην	accomplir
στελλω	στελω	ἐστειλα	ἐσταλην	envoyer
σωζω	σωσω	ἐσωσα	ἐσωθην	sauver
τελεω	τελεσω	ἐτελεσα	ἐτελεσθην	finir
τιμαω	τιμησω	ἐτιμησα	ἐτιμηθην	honorer
φανεροω	φανερωσω	ἐφανερωσα	ἐφανερωθην	briller
φερω	οἰσω	ἠνεγκον	ἠνεχθην	porter
φιλεω	φιλησω	ἐφιλησα	ἐφιληθην	aimer

21.5 Exercices

Grammaire

Conjuguez les verbes suivants à l'aoriste indicatif moyen : λυω, ἀκουω

Conjuguez les verbes suivants à l'aoriste indicatif passif : ἐγειρω, ὁραω

Thème

1 Vous avez entendu qu'il a été dit (Mt 5.38). **2** Ce champ-là fut appelé champ du sang (Mt 27.8). **3** Jean a été ressuscité des morts (Lc 9.7). **4** Et il n'a pas été écrit à cause de lui uniquement (Rm 4.23). **5** Leur Seigneur fut crucifié (Ap 11.8).

Version

Vous devriez pouvoir traduire les versets ci-dessous à l'aide d'un petit dictionnaire.

1 τὸ πνεῦμα ὅπου θέλει πνεῖ καὶ τὴν φωνὴν αὐτοῦ ἀκούεις, ἀλλ' οὐκ οἶδας πόθεν ἔρχεται καὶ ποῦ ὑπάγει· οὕτως ἐστὶν πᾶς ὁ γεγεννημένος (qui est né) ἐκ τοῦ πνεύματος. ἀπεκρίθη Νικόδημος καὶ εἶπεν αὐτῷ· πῶς δύναται ταῦτα γενέσθαι (être); ἀπεκρίθη Ἰησοῦς καὶ εἶπεν αὐτῷ· σὺ εἶ ὁ διδάσκαλος τοῦ Ἰσραὴλ καὶ ταῦτα οὐ γινώσκεις; (Jn 3.8–10) **2** εἰ γὰρ Ἀβραὰμ ἐξ ἔργων ἐδικαιώθη, ἔχει καύχημα, ἀλλ' οὐ πρὸς θεόν. τί γὰρ ἡ γραφὴ λέγει; ἐπίστευσεν δὲ Ἀβραὰμ τῷ θεῷ καὶ ἐλογίσθη αὐτῷ εἰς δικαιοσύνην... καθάπερ καὶ Δαυὶδ λέγει τὸν μακαρισμὸν τοῦ ἀνθρώπου ᾧ ὁ θεὸς λογίζεται δικαιοσύνην χωρὶς ἔργων· μακάριοι ὧν ἀφέθησαν (sont pardonnées) αἱ ἀνομίαι καὶ ὧν ἐπεκαλύφθησαν αἱ ἁμαρτίαι· μακάριος ἀνὴρ οὗ οὐ μὴ λογίσηται (compte) κύριος ἁμαρτίαν. Ὁ μακαρισμὸς οὖν οὗτος ἐπὶ τὴν περιτομὴν ἢ καὶ ἐπὶ τὴν ἀκροβυστίαν; λέγομεν γάρ· ἐλογίσθη τῷ Ἀβραὰμ ἡ πίστις εἰς δικαιοσύνην (Rm 4.2–3, 6–9). **3** Γνωρίζω δὲ ὑμῖν, ἀδελφοί, τὸ εὐαγγέλιον ὃ εὐηγγελισάμην ὑμῖν, ὃ καὶ παρελάβετε, ἐν ᾧ καὶ ἑστήκατε (demeurez), δι' οὗ καὶ σῴζεσθε... παρέδωκα (je vous ai transmis) γὰρ ὑμῖν ἐν πρώτοις, ὃ καὶ παρέλαβον, ὅτι Χριστὸς ἀπέθανεν ὑπὲρ τῶν ἁμαρτιῶν ἡμῶν κατὰ τὰς γραφὰς καὶ ὅτι ἐτάφη καὶ ὅτι ἐγήγερται (est ressuscité) τῇ ἡμέρᾳ τῇ τρίτῃ κατὰ τὰς γραφὰς καὶ ὅτι ὤφθη Κηφᾷ εἶτα τοῖς δώδεκα (1Co 15.1–5).

22 L'ADJECTIF DE LA DEUXIÈME ET DE LA TROISIÈME CLASSE – LA NÉGATION

Nous avons déjà étudié les adjectifs de la première classe, formés sur le modèle des deux premières déclinaisons (page 73). Ce sont les adjectifs les plus fréquents. Il nous reste à apprendre la formation des adjectifs des deuxième et troisième classes et quelques adjectifs irréguliers. Ces adjectifs respectent les règles relatives à la place et à la fonction des adjectifs que nous avons apprises auparavant.

22.1 ADJECTIFS DE LA DEUXIÈME CLASSE

Les adjectifs de la deuxième classe sont les adjectifs qui au masculin, au féminin et au neutre suivent la troisième déclinaison. Ce sont les adjectifs en ον, ων et les adjectifs en ης, ες. Dans cette classe le féminin est identique au masculin. Puisque nous connaissons déjà les désinences de la troisième déclinaison, l'identification de ces adjectifs ne pose aucun problème. Si nous prenons l'exemple de πλειων, *plus nombreux*, et ἀληθης, *vrai*, on aura les formes suivantes :

	M, F	N	M, F	N
Sg N	πλειων	πλειον	ἀληθης	ἀληθες
A	πλειονα	πλειον	ἀληθη	ἀληθες
G	πλειονος	πλειονος	ἀληθους	ἀληθους
D	πλειονι	πλειονι	ἀληθει	ἀληθει
Pl . N	πλειονες	πλειονα	ἀληθεις	ἀληθη
A	πλειονας	πλειονα	ἀληθεις	ἀληθη
G	πλειονων	πλειονων	ἀληθων	ἀληθων
D	πλειοσιν	πλειοσιν	ἀληθεσιν	ἀληθεσιν

η γαρ ψυχη πλειον ἐστιν της τροφης (Lc 12.23)
car la vie est plus que la nourriture

ἡ μαρτυρια ἡμων ἀληθης ἐστιν (3Jn 12).
notre témoignage est vrai

22.2 Adjectifs de la troisième classe

Les adjectifs de la troisième classe suivent au masculin et au neutre la troisième déclinaison, au féminin la première. L'adjectif de la troisième classe de loin le plus fréquent dans le N.T. est πας, *tout*. Les autres adjectifs de cette classe étant relativement peu fréquents, nous vous renvoyons pour leur étude aux grammaires plus avancées.

Πας, πασα, παν

	M	F	N
Sg N	πας	πασα	παν
A	παντα	πασαν	παν
G	παντος	πασης	παντος
D	παντι	παση	παντι
Pl N	παντες	πασαι	παντα
A	παντας	πασας	παντα
G	παντων	πασων	παντων
D	πασιν	πασαις	πασιν

Le thème de l'adjectif est παντ, on le voit au masculin et au neutre. Une fois πας, πασα, παν appris, le reste du paradigme est régulier.

Σολομων ἐν παση τη δοξη αὐτου (Mt 6.29)
Salomon dans toute sa gloire

παντες γαρ ἐσχον αὐτην (Mt 22.28)
Car tous l'ont eue

Ce paradigme est important. Les mêmes terminaisons se retrouveront en effet dans les participes aoristes (voir page 178).

22.3 Résumé des classes d'adjectifs

On peut résumer l'emploi des déclinaisons par les adjectifs selon les classes et les genres ainsi :

	M	F	N
Classe 1	2	1	2
2	3	3	3
3	3	1	3

Les adjectifs de la première classe emploient les terminaisons de la première et de la deuxième déclinaison, ceux de la deuxième classe les terminaisons de la troisième déclinaison, ceux de la troisième classe les terminaisons de la première et de la troisième déclinaison.

22.4 Quelques adjectifs irréguliers

Deux adjectifs très fréquents dans le N.T. sont irréguliers en ce qu'ils suivent parfois la première, la deuxième ou la troisième déclinaison. Il s'agit de μεγας, *grand*, et πολυς, *beaucoup*.

Μεγας, μεγαλη, μεγα

	M	F	N
Sg N V	μεγας	μεγαλη	μεγα
A	μεγαν	μεγαλην	μεγα
G	μεγαλου	μεγαλης	μεγαλου
D	μεγαλῳ	μεγαλῃ	μεγαλῳ
Pl N	μεγαλοι	μεγαλαι	μεγαλα
A	μεγαλους	μεγαλας	μεγαλα
G	μεγαλων	μεγαλων	μεγαλων
D	μεγαλοις	μεγαλαις	μεγαλοις

Le féminin suit le paradigme en -η de la première déclinaison, le nominatif et l'accusatif singulier du masculin et du neutre la troisième déclinaison et les autres formes la deuxième déclinaison. Dès lors que l'on reconnaît le radical μεγ, cet adjectif ne pose pas de problèmes.

πολις ἐστιν του μεγαλου βασιλεως (Mt 5.35)
c'est la ville du grand roi

και φωνῃ μεγαλῃ εἰπεν (Lc 8.28)
et d'une voix puissante il dit

Πολυς, πολλη, πολυ

	M	F	N
Sg N	πολυς	πολλη	πολυ
A	πολυν	πολλην	πολυ
G	πολλου	πολλης	πολλου
D	πολλῳ	πολλῃ	πολλῳ
Pl N	πολλοι	πολλαι	πολλα
A	πολλους	πολλας	πολλα
G	πολλων	πολλων	πολλων
D	πολλοις	πολλαις	πολλοις

Le féminin suit le paradigme en -η de la première déclinaison, le nominatif et l'accusatif singulier du masculin et du neutre la troisième déclinaison, les autres formes la deuxième déclinaison.

πολλα γαρ ἐπαθον σημερον (Mt 27.19)
j'ai souffert beaucoup de choses aujourd'hui

οἱ πολλοι ἀπεθανον (Rm 5.15)
beaucoup sont morts

22.5 La négation

À l'instar du français, le grec exprime la négation de diverses manières. Nous en reparlerons lors de l'étude du subjonctif et de l'impératif. La négation s'exprime à l'aide de οὐ (οὐκ, οὐχ) et de μη, ou de leurs composés (οὐτε, μητε, οὐδεις, μηδεις, etc.). La règle générale, qui souffre des exceptions, veut que οὐ soit utilisé avec l'indicatif, μη avec tous les autres modes.

Il faut veiller à ne pas confondre οὐ et μη dans les propositions interrogatives et οὐ et μη utilisés pour exprimer la négation. Dans ce dernier cas, ils sont placés en général devant le nom, le verbe ou la proposition niés (voir aussi page 132).

- οὐ et ses composés sont employés avec l'indicatif pour nier la réalité ou la possibilité d'un fait, son interdiction.

  το οὐ φονευσεις, οὐ μοιχευσεις, οὐ κλεψεις, οὐ ψευδομαρτυρησει (Mt 19.18)
  Tu ne tueras pas, tu ne commettras pas d'adultère, tu ne voleras pas, tu ne porteras pas de faux témoignage.

- μη et ses composés sont utilisés avec les autres modes dans le champ de la subjectivité, pour nier un désir, une volonté, un but, etc. Dans l'exemple qui suit, les verbes sont au subjonctif, alors que dans l'exemple précédent ils étaient au futur indicatif actif. C'est donc μη qui est utilisé.

  μη μοιχευσῃς, μη φονευσῃς, μη κλέψῃς, μη ψευδομαρτυρησῃς (Lc 18.20)
  tu ne commettras pas d'adultère, tu ne tueras pas, tu ne voleras pas, tu ne porteras pas de faux témoignage

On trouve fréquemment la construction οὐ μη suivie de l'indicatif ou, plus souvent, du subjonctif, pour exprimer une négation appuyée (« certainement pas »).

οὐ μη ἐσται σοι τουτο (Mt 16.22)
cela ne t'arrivera certainement pas

22.6 Résumé

- Les adjectifs de la deuxième classe suivent la troisième déclinaison, ceux de la troisième classe la troisième déclinaison au masculin et au neutre, la première au féminin. L'adjectif de la troisième classe le plus fréquent est πας, πασα, παν, *tout*.
- D'autres adjectifs suivent différentes déclinaisons. Les deux exemples les plus fréquents sont μεγας, μεγαλη, μεγα, *grand*, et πολυς, πολλη, πολυ, *beaucoup*.
- La négation s'exprime au moyen de οὐ (ou ses composés) pour l'indicatif et μη (ou ses composés) pour les autres modes. Il ne faut pas les confondre avec οὐ et μη utilisés dans les propositions interrogatives.

22.7 Vocabulaire

Quelques adjectifs des différentes classes

ἀληθης, -ες	vrai
δικαιος, -α, -ον	juste
ἑκαστος, -η, -ον	chaque, chacun
μεγας, μεγαλη, μεγα	grand
μεσος, -η, -ον	au milieu, du milieu
μικρος, -α, -ον	petit
πας, πασα, παν	chaque, tout
πλειων, πλειον	plus grand
πολυς, πολλη, πολυ	beaucoup, souvent

Autre vocabulaire

ἀναβαινω	monter
ἀνοιγω	ouvrir
ἐνωπιον	prép. : devant (avec gén)
καταβαινω	descendre
ὁσος, -η, -ον	aussi grand que, autant que

22.8 Exercice

Thème

1 Il a vu une grande lumière (Mt 4.16). **2** Car il sera grand devant le Seigneur (Lc 1.15). **3** Et beaucoup crurent en lui là (Jn 10.42). **4** Il vint donc et emporta son corps (Jn 19.38). **5** Vous n'êtes pas dans la chair mais dans l'Esprit (Rm 8.9).

Version

1 καὶ κατέβη μετ' αὐτῶν καὶ ἦλθεν εἰς Ναζαρὲθ καὶ ἦν ὑποτασσόμενος (soumis) αὐτοῖς. καὶ ἡ μήτηρ αὐτοῦ διετήρει (gardait) πάντα τὰ ῥήματα ἐν τῇ καρδίᾳ αὐτῆς (Lc 2.51). **2** ἕκαστον γὰρ δένδρον ἐκ τοῦ ἰδίου καρποῦ γινώσκεται (Lc 6.44). **3** Ἔστιν δὲ καὶ ἄλλα πολλὰ ἃ ἐποίησεν ὁ Ἰησοῦς (Jn 21.25). **4** οὐ γὰρ Δαυὶδ ἀνέβη εἰς τοὺς οὐρανούς, λέγει δὲ αὐτός· εἶπεν ὁ κύριος τῷ κυρίῳ μου· κάθου (assieds-toi) ἐκ δεξιῶν μου (Ac 2.34). **5** οὐκ ἔστιν δίκαιος οὐδὲ εἷς (Rm 3.10). **6** Διὰ τοῦτο ὥσπερ δι' ἑνὸς ἀνθρώπου ἡ ἁμαρτία εἰς τὸν κόσμον εἰσῆλθεν καὶ διὰ τῆς ἁμαρτίας ὁ θάνατος, καὶ οὕτως εἰς πάντας ἀνθρώπους ὁ θάνατος διῆλθεν (Rm 5.12). **7** οἱ πάντες γὰρ τὰ ἑαυτῶν ζητοῦσιν, οὐ τὰ Ἰησοῦ Χριστοῦ (Ph 2.21). **8** Τὰ κατ' ἐμὲ πάντα γνωρίσει ὑμῖν Τύχικος ὁ ἀγαπητὸς ἀδελφὸς καὶ πιστὸς διάκονος καὶ σύνδουλος ἐν κυρίῳ, ὃν ἔπεμψα πρὸς ὑμᾶς εἰς αὐτὸ τοῦτο... σὺν Ὀνησίμῳ τῷ πιστῷ καὶ ἀγαπητῷ ἀδελφῷ, ὅς ἐστιν ἐξ ὑμῶν· πάντα ὑμῖν γνωρίσουσιν τὰ ὧδε (Col 4.7–9). **9** πάλιν ἐντολὴν καινὴν γράφω ὑμῖν, ὅ ἐστιν ἀληθὲς ἐν αὐτῷ καὶ ἐν ὑμῖν, ὅτι ἡ σκοτία παράγεται καὶ τὸ φῶς τὸ ἀληθινὸν ἤδη φαίνει (1Jn 2.8). **10** ὑμῖν δὲ λέγω τοῖς λοιποῖς τοῖς ἐν Θυατείροις, ὅσοι οὐκ ἔχουσιν τὴν διδαχὴν ταύτην, οἵτινες οὐκ ἔγνωσαν τὰ βαθέα τοῦ σατανᾶ ὡς λέγουσιν· οὐ βάλλω ἐφ' ὑμᾶς ἄλλο βάρος (Ap 2.24).

23 La comparaison – L'interrogation

23.1 Les degrés de comparaison

On présente en général les degrés de comparaison sous trois catégories : le *positif* (beau), le *comparatif* (plus beau que) et le *superlatif* (le plus beau). Si le français utilise diverses constructions pour exprimer le comparatif (Jacques est plus fort que Jean) ou le superlatif (Jacques est le plus fort), le grec, lui, ajoute simplement un suffixe aux adjectifs. Le complément de la comparaison est introduit de différentes façons.

Le N.T. utilise peu le comparatif et encore moins le superlatif. Nous étudierons d'abord les degrés de comparaison de l'adjectif puis ceux de l'adverbe.

Les degrés de comparaison de l'adjectif

Le comparatif est formé par l'ajout du suffixe -τερος, -τερα, -τερον éventuellement précédé d'un ο ou d'un ω. C'est la construction la plus fréquente. Certains comparatifs se forment en -(ι)ων. Il s'agit donc là de l'un des rares cas où la terminaison -ων n'indique pas un génitif pluriel.

> ἑπτα ἑτερα πνευματα πονηροτερα ἑαυτου (Mt 12.45)
> *sept autres esprits plus mauvais que lui*
>
> και ἁ δοκουμεν ἀτιμοτερα εἰναι του σωματος (1Co 12.23)
> *et celles que nous estimons être les moins honorables du corps*

Le superlatif est formé par l'ajout du suffixe -ιστος régulièrement décliné. Certains superlatifs se forment aussi en-τατος, -τατη, -τατον éventuellement précédé d'un ο ou d'un ω, mais ils sont moins fréquents dans le N.T.

> κρατιστε Θεοφιλε (Lc 1.3)
> *très excellent Théophile*
>
> ἐν ἐλαχιστῳ πιστος ἐγενου (Lc 19.17)
> *dans les moindres choses tu as été fidèle*

ἐποικοδομουντες ἑαυτους τη <u>ἁγιωτατῃ</u> ὑμων πιστει (Jd 20)
vous édifiant les uns les autres sur votre foi la plus sainte

	Positif	**Comparatif**	**Superlatif**
juste	δικαιος	δικαιοτερος	δικαιοτατος
saint	ἁγιος	ἁγιωτερος	ἁγιωτατος
précieux	τιμιος	τιμιωτερος	τιμιωτατος

Dans le N.T. le superlatif a en fait presque disparu pour être remplacé par le comparatif. Ainsi, dans l'exemple suivant, la forme comparative en -τερος est utilisée comme superlatif.

ὁ γαρ <u>μικροτερος</u> ἐν πασιν ὑμιν ὑπαρχων (Lc 9.48)
car celui qui devient le plus petit d'entre vous

En français, certains degrés de comparaison sont irréguliers (bien, meilleur; mauvais, pire). Le même phénomène existe en grec. Voici les principaux degrés de comparaison irréguliers du N.T. Certains n'ont pas de superlatifs. Retenez cette liste, surtout les comparatifs. Le superlatif de μεγας, μεγιστα, n'apparaît qu'en 2 Pierre 1.4.

	Positif	**Comparatif**	**Superlatif**
bon	ἀγαθος	κρεισσων, κρεισσον	κρατιστος
mauvais	κακος	χειρων, χειρον	-
grand	μεγας	μειζων, μειζον	μεγιστα
petit	μικρος	μικροτερος, ἐλασσων	ἐλαχιστος
beaucoup	πολυς	πλειον	πλειστος

ὁ <u>μειζων</u> δουλευσει τῳ <u>ἐλασσονι</u> (Rm 9.12)
le plus grand servira le plus petit

᾿Εγω γαρ εἰμι ὁ <u>ἐλαχιστος</u> των ἀποστολων (1Co 15.9)
car je suis le moindre des apôtres

Les degrés de comparaison de l'adverbe

Le comparatif de l'adverbe se forme à partir du neutre accusatif singulier du comparatif de l'adjectif, le superlatif à partir du neutre accusatif pluriel du superlatif de l'adjectif.

	Positif	Comparatif	Superlatif
justement	δικαιως	δικαιοτερον	δικαιοτατα
bien	καλως	καλλιον	καλλιστα
plus, surtout	-	μαλλον	μαλιστα

ἠγαπησαν οἱ ἀνθρωποι μαλλον το σκοτος ἢ το φως (Jn 3.19)
Les hommes ont aimé les ténèbres plus que la lumière

ὡς και συ καλλιον ἐπιγινωσκεις (Ac 25.10)
comme toi aussi tu le sais très bien

Le complément du comparatif

Le complément du comparatif est souvent introduit par *que* en français (Jacques est plus grand *que* Pierre). Différentes constructions sont utilisées en grec. Le complément peut être

- un simple génitif

  οὐκ ἐστιν δουλος μειζων του κυριου αὐτου (Jn 13.16)
  Le serviteur n'est pas plus grand que son maître.

- introduit par ἤ. Les deux termes de la comparaison sont alors souvent au même cas.

  Ἰησους πλειονας μαθητας ποιει και βαπτιζει ἢ Ἰωαννης (Jn 4.1)
  Jésus fait et baptise plus de disciples que Jean.

- introduit par les prépositions ὑπερ ou παρα.

  Πιστει πλειονα θυσιαν Ἀβελ παρα Καϊν προσηνεγκεν (Hé 11.4)
  Par la foi Abel offrit un meilleur sacrifice que Caïn.

  οἱ υἱοι του αἰωνος τουτου φρονιμωτεροι ὑπερ τους υἱους του φωτος (Lc 16.8)
  Les fils de ce siècle sont plus sensés que les fils de la lumière.

23.2 Les constructions interrogatives

La proposition interrogative se construit de diverses manières. Nous en reparlerons lors de l'étude des autres modes du verbe. Pour l'instant, on peut se contenter des principes qui suivent.

Rappelons tout d'abord que l'équivalent grec du point d'interrogation est « ; » en fin de phrase.

Plusieurs particules, adjectifs, pronoms ou adverbes sont utilisés dans la construction des phrases interrogatives : τίς, τίνος (qui ? quoi ? etc.), ποῦ (où ?), πότε (quand ?), πόσος (combien ?), etc.

> τί ζητειτε;... διδασκαλε, ποῦ μενεις; (Jn 1.38)
> *Que cherchez-vous ?... Maître, où demeures-tu ?*

Le grec utilise différentes constructions qui permettent d'ouvrir ou de limiter les réponses possibles. Il faut essayer de rendre ces nuances dans la traduction.

- Aucune particule interrogative n'est utilisée. La réponse attendue est ouverte. Elle peut être négative ou positive.

  λογιζῃ δε τουτο,... ὁτι συ ἐκφευξῃ το κριμα του θεου; (Rm 2.3)
  Penses-tu... que tu échapperas au jugement de Dieu ?

- Οὐ (οὐκ, οὐχ) ou οὐχι est employé, la réponse attendue est positive. La présence de οὐ n'indique une interrogation que s'il est accompagné d'un point d'interrogation (;). En d'autres cas il peut s'agir, comme nous l'avons vu, d'une simple négation (voir page 125).

  Οὐκ εἰμι ἐλευθερος; οὐκ εἰμι ἀποστολος; (1Co 9.1)
  Ne suis-je pas libre ? Ne suis-je pas apôtre ?

- Si μη ou μητι est utilisé, la réponse attendue est en général négative. Ici aussi il faut distinguer l'emploi de μη dans une négation et une interrogation.

  μη δυναται ἡ πιστις σωσαι αὐτον; (Ja 2.14)
  la foi peut-elle le sauver ?

23.3 Résumé

- Le comparatif de l'adjectif se forme en -τερος, -τερα, -τερον, éventuellement précédé de ο ou ω, ou en -ιων.

- Le superlatif de l'adjectif se forme en -ιστος ou en -τατος, -τατη, -τατον éventuellement précédé de ο ou ω.
- Le comparatif de l'adverbe se forme en prenant le neutre accusatif singulier du comparatif de l'adjectif; le superlatif en prenant le neutre accusatif pluriel du superlatif de l'adjectif.
- Les comparatifs et superlatifs se déclinent normalement.
- Le complément des degrés du comparatif est soit au génitif, soit introduit par ἤ, soit par les prépositions παρα ou ὑπερ.
- L'interrogation en grec se construit à l'aide d'un adjectif, d'un pronom ou d'un adverbe interrogatif ou simplement du point d'interrogation. Sans particule interrogative, la réponse attendue est ouverte; avec οὐ elle est positive; avec μη elle est négative.

23.4 Vocabulaire

ἀποκτεινω	tuer
ἀρχη, ης, ἡ	commencement, début, autorité
ἀρχω	commander. Au moyen : ἀρχομαι, commencer (souvent avec l'infinitif). L'aoriste indicatif moyen à la 3e personne est ἠρξατο et ἠρξαντο.
ἐκβαλλω	expulser, renvoyer
ἐλαχιστος, -η, -ον	le plus petit, superlatif de μικρος
ἐτι	adv. : encore
εὐ	adv. : bien (préfixe fréquent : εὐαγγελιον, εὐλογεω, etc.).
ἤ	ou bien, que (après comparatif)
μαλιστα	surtout, superlatif de μαλλον
μαλλον	adv. : plus
μειζων, -ον	plus grand, comparatif de μεγας souvent employé comme superlatif.
νεος, -α, -ον	nouveau, jeune
ὁπου	adv. : où, là
οὐδε	et ne pas, non plus
πλειστος, -η, -ον	le plus nombreux, superlatif de πολυς
πρεσβυτερος, -α, -ον	ancien, litt. « plus âgé, plus ancien ». Le mot pour vieillard, personne âgée est πρεσβυτης.
ὑπαγω	quitter, partir
ὑψιστος, -η, -ον	le plus élevé, superlatif de ὑψηλος, haut

23.5 Exercices

Thème

N'oubliez pas que bien souvent le comparatif est utilisé à la place du superlatif et que le complément du comparatif est souvent un simple génitif.

1 Il le renvoya immédiatement (Mc 1.43). **2** Gloire au Dieu très-haut et paix sur la terre (Lc 2.14). **3** Le disciple n'est pas plus grand que son maître (Jn 13.16). **4** Sommes-nous plus forts que lui (1Co 10.22, réponse négative attendue) ? **5** Tes dernières œuvres sont plus nombreuses que tes premières (Ap 2.19).

Version

1 πολλοὶ ἐροῦσίν μοι ἐν ἐκείνῃ τῇ ἡμέρᾳ· κύριε κύριε, οὐ τῷ σῷ ὀνόματι ἐπροφητεύσαμεν, καὶ τῷ σῷ ὀνόματι δαιμόνια ἐξεβάλομεν, καὶ τῷ σῷ ὀνόματι δυνάμεις πολλὰς ἐποιήσαμεν; (Mt 7.22) **2** εἶπέν τε· εἰς τί οὖν ἐβαπτίσθητε; οἱ δὲ εἶπαν· εἰς τὸ Ἰωάννου βάπτισμα. εἶπεν δὲ Παῦλος· Ἰωάννης ἐβάπτισεν βάπτισμα μετανοίας (Ac 19.3–4). **3** λέγω δὲ τοῦτο ὅτι ἕκαστος ὑμῶν λέγει· ἐγὼ μέν εἰμι Παύλου, ἐγὼ δὲ Ἀπολλῶ, ἐγὼ δὲ Κηφᾶ, ἐγὼ δὲ Χριστοῦ. μεμέρισται (a été divisé) ὁ Χριστός; μὴ Παῦλος εσταυρώθη ὑπὲρ ὑμῶν, ἢ εἰς τὸ ὄνομα Παύλου ἐβαπτίσθητε; εὐχαριστῶ τῷ θεῷ ὅτι οὐδένα ὑμῶν ἐβάπτισα εἰ μὴ Κρίσπον καὶ Γάϊον, ἵνα μή τις εἴπῃ (puisse dire) ὅτι εἰς τὸ ἐμὸν ὄνομα ἐβαπτίσθητε. ἐβάπτισα δὲ καὶ τὸν Στεφανᾶ οἶκον, λοιπὸν οὐκ οἶδα εἴ τινα ἄλλον ἐβάπτισα (1Co 1.12–16). **4** Πρεσβυτέρῳ μὴ ἐπιπλήξῃς (ne reprends pas) ἀλλὰ παρακάλει ὡς πατέρα, νεωτέρους ὡς ἀδελφούς, πρεσβυτέρας ὡς μητέρας, νεωτέρας ὡς ἀδελφὰς ἐν πάσῃ ἁγνείᾳ (1Tm 5.1). **5** ὑμεῖς ἐκ τοῦ θεοῦ ἐστε, τεκνία, καὶ νενικήκατε (avez vaincu) αὐτούς, ὅτι μείζων ἐστὶν ὁ ἐν ὑμῖν ἢ ὁ ἐν τῷ κόσμῳ. αὐτοὶ ἐκ τοῦ κόσμου εἰσίν, διὰ τοῦτο ἐκ τοῦ κόσμου λαλοῦσιν καὶ ὁ κόσμος αὐτῶν ἀκούει. ἡμεῖς ἐκ τοῦ θεοῦ ἐσμεν, ὁ γινώσκων (celui qui connaît) τὸν θεὸν ἀκούει ἡμῶν, ὃς οὐκ ἔστιν ἐκ τοῦ θεοῦ οὐκ ἀκούει ἡμῶν. ἐκ τούτου γινώσκομεν τὸ πνεῦμα τῆς ἀληθείας καὶ τὸ πνεῦμα τῆς πλάνης (1Jn 4.4–6).

24 L'IMPARFAIT

L'étude de l'imparfait grec ne pose guère de problèmes, non seulement parce que sa signification est assez semblable à celle qu'il a en français, mais également parce qu'il n'est utilisé qu'à l'indicatif dans le N.T. De plus, les formes des voix moyenne et passive sont identiques. Deux paradigmes suffisent donc. En outre, l'imparfait médio-passif est beaucoup moins utilisé que l'actif. L'imparfait est surtout utilisé dans les récits narratifs. On le retrouve principalement dans les Évangiles et le livre des Actes.

Quant au sens, en grec l'imparfait est essentiellement l'équivalent du présent mais dans le passé.

24.1 L'IMPARFAIT DE L'INDICATIF ACTIF

Rappelons que l'imparfait est un temps secondaire, il prend donc les désinences secondaires. L'imparfait de l'indicatif actif se construit à partir du thème du présent.

augment + thème du présent + vt + désinences secondaires actives

	Imparfait	**Traduction**
Sg 1	ἐ λυ ον	je déliais
2	ἐ λυ ες	tu déliais
3	ἐ λυ εν	il, elle déliait
Pl 1	ἐ λυ ομεν	nous déliions
2	ἐ λυ ετε	vous déliiez
3	ἐ λυ ον	ils, elles déliaient

<u>ἐδιδασκεν</u> αὐτους ἐν τῃ συναγωγῃ αὐτων (Mt 13.54)
il les enseignait dans leur synagogue

Καθως δε ἠγγιζεν ὁ χρονος της ἐπαγγελιας (Ac 7.17)
Et comme approchait le temps de la promesse

Comme on peut le voir, la première personne du singulier et la troisième personne du pluriel sont identiques. La troisième du pluriel est de loin la plus fréquente. Les éléments contextuels font que cette identité de forme ne pose en général pas de problèmes.

L'augment : les règles de l'augment sont les mêmes que celles que nous avons apprises pour l'aoriste (voir page 45). On aura donc

ἀγοραζω	>	ἠγοραζον
ἐγγιζω	>	ἠγγιζον

Les verbes θελω, *vouloir*, et μελλω, *être sur le point de*, ont η et non ε pour augment (ἠθελον, ἠμελλον). Le verbe ἐχω, *avoir*, fait son imparfait en εἰχεν (εἰχον, εἰχες, etc.).

Dans le cas des verbes composés, l'augment se place après la préposition.

ἐκβαλλω	>	ἐξεβαλλον
καταβαινω	>	κατεβαινον

Les verbes contractes : aucune consonne n'étant insérée entre la voyelle thématique et la désinence, les verbes contractes connaissent le même phénomène de contraction qu'au présent de l'indicatif actif.

προσκυνεω	προσεκυνε	+ ε	> προσεκύνει
ἐρωταω	ἠρωτα	+ ον	> ἠρώτων
πληροω	ἐπληρο	+ ε	> ἐπλήρου

On peut parfois confondre l'imparfait et l'aoriste indicatif actif, surtout dans le cas de l'aoriste second. L'imparfait se construit sur le thème du présent, ce qui n'est pas le cas de l'aoriste. De plus, l'imparfait n'a pas la marque temporelle -σα de l'aoriste premier.

Présent	Imparfait	Aoriste
βαλλω	ἐβαλλον	ἐβαλον
γινωσκω	ἐγινωσκον	ἐγνων
διδασκω	ἐδιδασκον	ἐδιδαξα
λαλεω	ἐλαλουν	ἐλαλησα

Présent	**Imparfait**	**Aoriste**
λεγω	ἐλεγον	εἰπον
προσκυνεω	προσεκυνουν	προσεκυνησα

On trouve à l'imparfait quelques formes irrégulières en -σαν, notamment à la troisième personne du pluriel. C'est le cas du verbe εἰμι (voir ci-dessous) mais également d'autres verbes (συνησαν en Lc 9.18, εἰχοσαν en Jn 15.22, 24, etc.).

24.2 L'IMPARFAIT DE L'INDICATIF MÉDIO-PASSIF

L'imparfait de l'indicatif médio-passif se forme ainsi :

augment + thème du présent + vt + désinences secondaires M/P

Sg 1	ἐ λυ ομην
2	ἐ λυ ου
3	ἐ λυ ετο
Pl 1	ἐ λυ ομεθα
2	ἐ λυ εσθε
3	ἐ λυ οντο

Selon le contexte on traduira par une construction passive, moyenne, ou même active dans le cas de verbes déponents. Puisqu'il s'agit de l'imparfait médio-passif, ce sont les désinences secondaires médio-passives qui sont utilisées (μην, σο, το, μεθα, σθε, ντο). La forme de la deuxième personne du singulier résulte d'une évolution historique. La grande majorité des imparfaits M/P dans le N.T. sont à la troisième personne du singulier ou du pluriel.

και ἐβαπτιζοντο ἐν τῳ Ἰορδανῃ ποταμῳ ὑπ' αὐτου (Mt 3.6)
et ils étaient baptisés dans le fleuve du Jourdain par lui

πολλας τε κωμας των Σαμαριτων εὐηγγελιζοντο (Ac 8.25)
à beaucoup de villages des Samaritains ils annonçaient la bonne nouvelle

24.3 L'imparfait de εἰμι

Le verbe εἰμι n'est employé qu'au présent, à l'imparfait et au futur dans le N.T. Le présent est de loin le plus fréquent. À l'imparfait, le N.T. utilise le plus souvent la troisième personne du singulier et du pluriel. On trouve deux formes à la deuxième du singulier et à la première du pluriel.

Sg 1	ἤμην	j'étais
2	ἦς, ἦσθα	tu étais
3	ἦν	il, elle était
Pl 1	ἦμεν, ἤμεθα	nous étions
2	ἦτε	vous étiez
3	ἦσαν	ils, elles étaient

24.4 Résumé

- L'imparfait est uniquement utilisé à l'indicatif.
- L'imparfait est l'équivalent du présent dans le passé.
- L'imparfait actif prend les désinences secondaires actives : ἐλυον, ἐλυες, ἐλυεν, ἐλυομεν, ἐλυετε, ἐλυον.
- L'imparfait moyen-passif prend les désinences secondaires médio-passives : ἐλυομην, ἐλυου, ἐλυετο, ἐλυομεθα, ἐλυεσθε, ἐλυοντο.
- L'imparfait indicatif actif de εἰμι est ἤμην, ἦς (ἦσθα), ἦν, ἦμεν (ἤμεθα), ἦτε, ἦσαν.

24.5 Vocabulaire

ἀναβλεπω	voir à nouveau
ἀπολυω	délivrer
δοκεω	penser, paraître
δοξαζω	glorifier
ἐσθιω	manger
εὐαγγελιζω	annoncer une bonne nouvelle
Ἰερουσαλημ, ἡ	Jérusalem
λογιζομαι	compter, prendre en compte
οὔτε	adv. : pas, ni
πινω	boire
χαιρω	se réjouir
φοβος, -ου, -ὁ	peur

24.6 Exercices

Grammaire

Conjuguez ἐχω à l'imparfait.

Thème

1 Il enseignait ses disciples et leur disait (Mc 9.31). **2.** Et ils glorifiaient le Seigneur et étaient remplis de peur (Lc 5.26). **3** Un certain homme avait deux fils (Lc 15.11). **4** Jésus lui-même ne baptisait pas mais ses disciples (Jn 4.2). **5** Pierre et Jean montaient vers le temple (Ac 3.1).

Version

1 Καὶ γίνεται κατακεῖσθαι αὐτὸν (alors qu'il était assis) ἐν τῇ οἰκίᾳ αὐτοῦ, καὶ πολλοὶ τελῶναι καὶ ἁμαρτωλοὶ συνανέκειντο (étaient assis à table avec) τῷ Ἰησοῦ καὶ τοῖς μαθηταῖς αὐτοῦ· ἦσαν γὰρ πολλοὶ καὶ ἠκολούθουν αὐτῷ. καὶ οἱ γραμματεῖς τῶν Φαρισαίων ἰδόντες (voyant) ὅτι ἐσθίει μετὰ τῶν ἁμαρτωλῶν καὶ τελωνῶν ἔλεγον τοῖς μαθηταῖς αὐτοῦ· ὅτι μετὰ τῶν τελωνῶν καὶ ἁμαρτωλῶν ἐσθίει; (Mc 2.15–16) **2** Καὶ τοιαύταις παραβολαῖς πολλαῖς ἐλάλει αὐτοῖς τὸν λόγον καθὼς ἠδύναντο ἀκούειν (entendre)· χωρὶς δὲ παραβολῆς οὐκ ἐλάλει αὐτοῖς, κατἰδίαν δὲ τοῖς ἰδίοις μαθηταῖς ἐπέλυεν πάντα (Mc 4.33–34). **3** ἤσθιον, ἔπινον, ἐγάμουν, ἐγαμίζοντο, ἄχρι ἧς ἡμέρας εἰσῆλθεν Νῶε εἰς τὴν κιβωτὸν καὶ ἦλθεν ὁ κατακλυσμὸς καὶ ἀπώλεσεν (détruisit) πάντας. ὁμοίως καθὼς ἐγένετο ἐν ταῖς ἡμέραις Λώτ· ἤσθιον, ἔπινον, ἠγόραζον, ἐπώλουν, ἐφύτευον, ᾠκοδόμουν (Lc 17.27–28). **4** Ἦν δὲ καὶ ὁ Ἰωάννης βαπτίζων (baptisant, le Baptiste) ἐν Αἰνὼν ἐγγὺς τοῦ Σαλείμ, ὅτι ὕδατα πολλὰ ἦν ἐκεῖ, καὶ παρεγίνοντο καὶ ἐβαπτίζοντο (Jn 3.23). **5** τὰ ἔθνη ἔχαιρον καὶ ἐδόξαζον τὸν λόγον τοῦ κυρίου καὶ ἐπίστευσαν ὅσοι ἦσαν τεταγμένοι (destinés) εἰς ζωὴν αἰώνιον (Ac 13.48). **6** Κρίσπος δὲ ὁ ἀρχισυνάγωγος ἐπίστευσεν τῷ κυρίῳ σὺν ὅλῳ τῷ οἴκῳ αὐτοῦ, καὶ πολλοὶ τῶν Κορινθίων ἀκούοντες (en entendant) ἐπίστευον καὶ ἐβαπτίζοντο (Ac 18.8). **7** ὅτε γὰρ ἦμεν ἐν τῇ σαρκί, τὰ παθήματα τῶν ἁμαρτιῶν τὰ διὰ τοῦ νόμου ἐνηργεῖτο ἐν τοῖς μέλεσιν ἡμῶν, εἰς τὸ καρποφορῆσαι τῷ θανάτῳ (Rm 7.5). **8** ὅτε ἤμην νήπιος, ἐλάλουν ὡς νήπιος, ἐφρόνουν ὡς νήπιος, ἐλογιζόμην ὡς νήπιος (1Co 13.11). **9** βλέπεις ὅτι ἡ πίστις συνήργει τοῖς ἔργοις αὐτοῦ καὶ ἐκ τῶν ἔργων ἡ πίστις ἐτελειώθη, καὶ ἐπληρώθη ἡ γραφὴ (Ja 2.22–23). **10** καὶ ὅτε ἐλάλησαν αἱ ἑπτὰ βρονταί, ἤμελλον γράφειν (écrire), καὶ ἤκουσα φωνὴν ἐκ τοῦ οὐρανοῦ (Ap 10.4).

25 LE FUTUR INDICATIF MOYEN ET PASSIF

Nous avons déjà étudié le futur de l'indicatif actif. Il nous reste à découvrir l'utilisation du futur à la voix passive et à la voix moyenne. Avec l'aoriste, le futur est le seul temps dont les formes diffèrent au moyen et au passif. Comme c'était le cas à la voix active, au médio-passif le futur est surtout utilisé à l'indicatif.

25.1 LE FUTUR INDICATIF MOYEN

Le futur indicatif moyen est facile à apprendre. À l'instar de la voix active, il suffit d'ajouter un sigma au présent pour obtenir le futur. À proprement parler, c'est au thème du futur que l'on ajoute le sigma. Mais ce dernier et le thème du présent sont souvent identiques. Les règles de contraction et d'allongement sont d'application. Le futur étant un temps primaire, il utilise les désinences primaires.

Thème du futur + σ + vt + désinences primaires du M/P

	Futur
Sg 1	λυ σ ομαι
2	λυ σ ῃ
3	λυ σ εται
Pl 1	λυ σ ομεθα
2	λυ σ εσθε
3	λυ σ ονται

Le verbe εἰμι représente plus de la moitié des utilisations du futur indicatif moyen dans le N.T. (voir conjugaison page 92).

Rappelons que la voix moyenne est de traduction parfois malaisée. On pourrait proposer *je délierai pour moi*, etc. pour le paradigme ci-dessus. Dans de nombreux cas pourtant, le futur moyen est déponent.

> μακαριοι οἱ καθαροι τῃ καρδιᾳ, ὁτι αὐτοι τον θεον ὀψονται (Mt 5.8)
> *Heureux les purs de cœur, car ils verront Dieu*
>
> ὁ δε δικαιος ἐκ πιστεως ζησεται (Rm 1.17)
> *Le juste vivra par la foi*

Voici quelques verbes de forme active au présent et moyenne au futur. D'autres exemples figurent dans le tableau des verbes (voir page 214). En outre, à l'instar de ζαω dans l'exemple ci-dessus, certains verbes ont un futur tantôt actif, tantôt moyen, sans qu'une différence de sens soit perceptible. On trouve en effet le futur actif ζησει en Jean 6.58.

Prés. A.	**Fut. M.**	**Traduction**
γινωσκω	γνωσομαι	connaître
ἐσθιω	φαγομαι	manger
λαμβανω	λημψομαι	prendre
ὁραω	ὀψομαι	voir
πινω	πιομαι	boire
πιπτω	πεσουμαι	tomber

25.2 Le futur indicatif passif

En français le *futur passif* s'exprime par le futur du verbe « être » et le participe passé : « Je serai rassuré par votre présence ». En grec, il existe une marque temporelle propre au futur passif. Celle-ci est spécifique et facilement identifiable, il s'agit de θησ (à ne pas confondre avec celle de l'aoriste passif qui est θη).

Le futur passif a son propre thème, qui est souvent identique à celui de l'aoriste passif, et utilise les désinences médio-passives primaires. Le futur passif est donc identique au futur moyen (λυσομαι), si ce n'est que l'on ajoute θη avant le sigma (λυθησομαι).

thème du futur passif + θησ + vt + désinences primaires M/P

	Futur passif	Traduction
Sg 1	λυ θησ ομαι	je serai délié
2	λυ θησ ῃ	tu seras délié
3	λυ θησ εται	il, elle sera délié(e)
Pl 1	λυ θησ ομεθα	nous serons déliés
2	λυ θησ εσθε	vous serez déliés
3	λυ θησ ονται	ils, elles seront délié(e)s

οὑτος ἐσται μεγας και υἱος ὑψιστου <u>κληθησεται</u> (Lc 1.32)
Celui-ci sera grand et sera appelé Fils du Très-Haut.

<u>σωθησομεθα</u> ἐν τῃ ζωῃ αὐτου (Rm 5.10)
Nous serons sauvés par sa vie.

Il existe un futur passif second. Il est identique au futur passif premier mais prend la marque temporelle ησ au lieu de θησ.

κρουετε και <u>ἀνοιγησεται</u> ὑμιν (Mt 7.7)
Frappez et il vous sera ouvert

25.3 Résumé

- Pour former le futur moyen, il suffit en général d'ajouter un sigma au présent moyen : λυσομαι, λυσῃ, λυσεται, λυσομεθα, λυσεσθε, λυσονται.
- La marque caractéristique du futur passif est θησ : λυθησομαι, λυθησῃ, λυθησεται, λυθησομεθα, λυθησεσθε, λυθησονται.

25.4 Vocabulaire

γλωσσα, -ης, ἡ	langue, langage
γραμματευς, -εως, ὁ	scribe
θρονος, -ου, ὁ	trône
διδασκαλος, -ου, ὁ	enseignant
δικαιοω	déclarer juste, justifier
ἐπαγγελια, -ας, ἡ	promesse
καρπος, -ου, ὁ	fruit
κριμα, -ατος, το	jugement

λιθος, -ου, ὁ	pierre
νυξ, νυκτος, ἡ	nuit
ὀρος, ὀρους, το	montagne
παραβολη, -ης, ἡ	parabole
ῥημα, -ατος, το	parole
σοφια, -ας, ἡ	sagesse
συναγωγη, -ης, ἡ	synagogue
φαρισαιος, -ου, ὁ	pharisien
χαρα, -ας, ἡ	joie, plaisir
χρονος, -ου, ὁ	temps

25.5 Exercices

Thème

1 Il sera appelé le plus petit dans le royaume des cieux (Mt 5.19). **2** Du jugement dont vous jugez vous serez jugés (Mt 7.2). **3** Le Saint-Esprit viendra sur toi (Lc 1.35). **4** Je prierai par l'Esprit (1Co 14.15). **5** Nous recevrons un plus grand jugement (Ja 3.1).

Version

1 ὅπου γάρ ἐστιν ὁ θησαυρός σου, ἐκεῖ ἔσται καὶ ἡ καρδία σου (Mt 6.21). **2** ὁ δεχόμενος (celui qui reçoit) προφήτην εἰς ὄνομα προφήτου μισθὸν προφήτου λήμψεται, καὶ ὁ δεχόμενος δίκαιον εἰς ὄνομα δικαίου μισθὸν δικαίου λήμψεται (Mt 10.41). **3** ὁ δὲ μείζων ὑμῶν ἔσται ὑμῶν διάκονος. ὅστις δὲ ὑψώσει ἑαυτὸν ταπεινωθήσεται καὶ ὅστις ταπεινώσει ἑαυτὸν ὑψωθήσεται (Mt 23.11–12). **4** Καὶ σὺ δέ, παιδίον, προφήτης ὑψίστου κληθήσῃ· προπορεύσῃ γαρ ἐνώπιον κυρίου ἑτοιμάσαι (pour préparer) ὁδοὺς αὐτοῦ (Lc 1.76). **5** Ὅσοι γὰρ ἀνόμως ἥμαρτον, ἀνόμως καὶ ἀπολοῦνται (de ἀπόλλυμι, détruire), καὶ ὅσοι ἐν νόμῳ ἥμαρτον, διὰ νόμου κριθήσονται· οὐ γὰρ οἱ ἀκροαταὶ νόμου δίκαιοι παρὰ τῷ θεῷ, ἀλλ' οἱ ποιηταὶ νόμου δικαιωθήσονται (Rm 2.12–13). **6** ἑκάστου τὸ ἔργον φανερὸν γενήσεται, ἡ γὰρ ἡμέρα δηλώσει, ὅτι ἐν πυρὶ ἀποκαλύπτεται· καὶ ἑκάστου τὸ ἔργον ὁποῖόν ἐστιν τὸ πῦρ αὐτὸ δοκιμάσει (1Co 3.13–14). **7** Ἡ ἀγάπη οὐδέποτε πίπτει· εἴτε δὲ προφητεῖαι, καταργη- θήσονται· εἴτε γλῶσσαι, παύσονται· εἴτε γνῶσις, καταργηθήσεται (1Co 13.8). **8** καὶ ἤκουσα φωνῆς μεγάλης ἐκ τοῦ θρόνου λεγούσης (qui disait)· ἰδοὺ ἡ σκηνὴ τοῦ θεοῦ μετὰ τῶν ἀνθρώπων, καὶ σκηνώσει μετ᾽ αὐτῶν, καὶ αὐτοὶ λαοὶ αὐτοῦ ἔσονται, καὶ αὐτὸς ὁ θεὸς μετ᾽ αὐτῶν ἔσται αὐτῶν θεός, καὶ ἐξαλείψει πᾶν δάκρυον ἐκ τῶν ὀφθαλμῶν αὐτῶν (Ap 21.3–4).

26 Le parfait et le plus-que-parfait

Nous abordons dans cette leçon les deux derniers temps utilisés en grec, le parfait et le plus-que-parfait. Une fois ce chapitre terminé, vous connaîtrez toutes les formes de l'indicatif.

26.1 Le parfait

Le parfait décrit une action accomplie dans le passé et présentée dans son état de complétude, de permanence. Quelquefois, le contexte laisse entendre que les conséquences de l'action ou de l'état se font encore sentir dans le présent. Mais ce n'est pas toujours le cas. Le parfait est parfois difficile à rendre en français sans utiliser des constructions qui explicitent les nuances du grec. Il est souvent traduit par un imparfait, un passé composé ou même un présent. C'est ainsi que γεγραπται (parfait de γραφω), formule fréquemment utilisée pour introduire une citation de l'A.T. dans le N.T., est parfois traduit *il est écrit* et non *il a été écrit*. Puisque nous parlons du verbe γραφω, signalons que celui-ci et οἰδα (page 40) représentent près d'un quart des parfaits du N.T.

Le parfait indicatif actif

redoublement + thème du parfait + κα + désinences primaires actives

	Parfait actif	Traduction
Sg 1	λ ε λυ κα	j'ai délié
2	λ ε λυ κα ς	tu as délié
3	λ ε λυ κε ν	il, elle a délié
Pl 1	λ ε λυ κα μεν	nous avons délié
2	λ ε λυ κα τε	vous avez délié
3	λ ε λυ κα σιν	ils, elles ont délié

Le parfait est l'un des trois temps primaires, il utilise donc les désinences primaires. Il a également son propre thème (voir page 14). Les thèmes du parfait et du présent sont toutefois souvent identiques. La caractéristique morphologique du parfait est le couple κα avant la désinence.

Rappelons que le parfait indicatif actif de οἰδα (voir page 40) est οἰδα, οἰδας, οἰδεν, οἰδαμεν, οἰδατε, οἰδασιν.

Quelques verbes dans le N.T. ont un *parfait actif second*. Au parfait second, le κ est absent, la marque temporelle est donc α et non κα. Ces verbes sont très fréquents. Mémorisez-les.

ἀκουω	ἀκηκοα	*écouter*
γινομαι	γεγονα	*être, devenir*
γραφω	γεγραφα	*écrire*
ἐρχομαι	ἐληλυθα	*venir*
κραζω	κεκραγα	*crier*
λαμβανω	εἰληθα	*prendre, recevoir*

Le parfait indicatif médio-passif

Le parfait indicatif médio-passif n'a pas de marque temporelle, ni de voyelle thématique. Le moyen et le passif sont identiques. Encore une fois, étant données les multiples possibilités de traduction des formes médio-passives, nous ne proposons pas de traduction type. Les exemples ci-dessous en indiquent quelques possibilités.

redoublement + thème du parfait + désinences primaires M/P

	Parfait M/P
Sg 1	λ ε λυ μαι
2	λ ε λυ σαι
3	λ ε λυ ται
Pl 1	λ ε λυ μεθα
2	λ ε λυ σθε
3	λ ε λυ νται

Γεγραπται, *il est écrit* (3e sg parfait indicatif médio-passif de γραφω), représente près de la moitié des parfaits médio-passifs du N.T.

Remarques sur la construction du parfait

Redoublement : avec κα, l'autre élément caractéristique du parfait est le redoublement de la consonne initiale. Voici les principales règles concernant le redoublement.

- Si le verbe *débute par une consonne*, celle-ci est redoublée tout en la faisant suivre d'un ε, comme le montre le paradigme ci-dessus. Les consonnes occlusives aspirées φ, χ et θ sont redoublées au moyen des occlusives sourdes correspondantes, π, κ et τ. On obtiendra donc πεφανερωκα (de φανεροω), κεχαρισμαι (de χαριζομαι), τεθεραπευμαι (de θεραπευω).
- Si le verbe *débute par deux consonnes,* il y aura soit ajout d'une voyelle sans redoublement de la consonne initiale (ἐγνωκα), soit redoublement si la deuxième consonne est la liquide λ ou ρ (γραφω > γεγραφα).
- Si le verbe *débute par une voyelle ou une diphtongue*, celle-ci est allongée (ἐγγιζω > ἠγγικα). L'allongement est identique d'un point de vue morphologique à l'augment de l'imparfait ou de l'aoriste mais il ne s'agit pas d'un augment. Au contraire de l'augment, cet allongement sera présent à tous les modes et non pas seulement à l'indicatif. Étant donné que la majorité des verbes débute par une consonne, le problème est peu fréquent.
- Dans le cas des *verbes composés*, le redoublement se place entre la préposition et le thème (ἐκβαλλω > ἐκβεβληκα).
- La voyelle finale des *verbes contractes* est allongée tant dans le cas du parfait actif que du parfait médio-passif. Ainsi ἀγαπαω devient ἠγαπηκα au parfait actif et ἠγαπημαι au parfait moyen-passif.

Que toutes ces règles ne vous effraient pas. Il n'est pas nécessaire de les mémoriser. Dans la majorité des cas, le parfait est assez facile à reconnaître.

Exemples de verbes au parfait

PARFAIT ACTIF

ἡ πιστις σου <u>σεσωκεν</u> σε (Mt 9.22, de σωζω)
ta foi t'a sauvée

καλως παντα <u>πεποιηκεν</u> (Mc 7.37, de ποιεω)
il a fait toutes choses bien

Mais

> ἤγγικεν γαρ ἡ βασιλεια των οὐρανων (Mt 3.2, de ἐγγιζω)
> *le royaume de Dieu s'est approché*
>
> Οἴδαμεν γαρ ὅτι ὁ νομος πνευματικος ἐστιν (Rm 7.14)
> *car nous savons que la loi est spirituelle*
>
> τοις πασιν γεγονα παντα (1Co 9.22, de γινομαι)
> *pour tous je suis devenu toutes choses*

PARFAIT MÉDIO-PASSIF

> οὕτως γαρ γεγραπται δια του προφητου (Mt 2.5, de γραφω)
> *ainsi qu'il est écrit par le prophète*
>
> και δεδοξασμαι ἐν αὐτοις (Jn 17.10, de δοξαζω)
> *et je suis (j'ai été?) glorifié en eux*

26.2 LE PLUS-QUE-PARFAIT

Le plus-que-parfait de l'indicatif actif

Le plus-que-parfait dénote une action passée par rapport à un autre fait dans le passé et présentée dans son état durable, sa permanence, sa complétude. Il est essentiellement au parfait ce que l'imparfait est au présent. Son emploi est donc proche de celui du passé antérieur en français. Le plus-que-parfait est souvent traduit par l'imparfait.

Des six temps que nous avons étudiés, le plus-que-parfait est le temps le moins utilisé dans le N.T. (moins de quatre-vingt-dix fois). On le trouve surtout dans les Évangiles et les Actes. Il n'est employé qu'à l'indicatif, presque exclusivement à la voix active. Le verbe le plus fréquent au plus-que-parfait actif est οἶδα. En dehors du verbe οἶδα, le plus-que-parfait est utilisé uniquement à la troisième personne du singulier et du pluriel. La seule exception est la deuxième du pluriel ἐγνωκειτε en Matthieu 12.7. On peut donc se concentrer sur les troisièmes personnes dans le paradigme ci-dessous.

(augment) + redoublement + thème du parfait + κει
+ désinences secondaires actives

	P-q-p actif	Traduction
Sg1	ἐ λε λυ κει ν	j'avais délié
2	ἐ λε λυ κει ς	tu avais délié
3	ἐ λε λυ κει	il, elle avait délié
Pl 1	ἐ λε λυ κει μεν	nous avions délié
2	ἐ λε λυ κει τε	vous aviez délié
3	ἐ λε λυ κει σαν	ils, elles avaient délié

Le plus-que-parfait est un temps secondaire, il utilise donc les désinences secondaires. L'augment est mis entre parenthèses dans la formule ci-dessus car il est souvent absent.

ᾔδεις ὁτι ἐγω ἀνθρωπος αὐστηρος εἰμι (Lc 19.22, de οἰδα)
tu savais que je suis un homme sévère

παρ ἧς ἐκβεβληκει ἑπτα δαιμονια (Mc 16.9, de ἐκβαλλω)
de qui il avait expulsé sept démons

La déclinaison de οἰδα au plus-que-parfait est ᾔδειν, ᾔδεις, ᾔδει, ᾔδειμεν, ᾔδειτε, ᾔδεισαν.

Le plus-que-parfait indicatif médio-passif

Le plus-que-parfait est si peu utilisé au médio-passif qu'on peut se contenter d'en relever les quelques emplois. Tous sont à la troisième personne du singulier, à l'exception de Jean 9.22, qui est à la troisième personne du pluriel. Le plus-que-parfait médio-passif se forme à partir du parfait médio-passif auquel on ajoute l'augment et les désinences secondaires.

ἠδη γαρ συνετεθειντο οἱ Ἰουδαιοι (Jn 9.22, de συντιθημι, *être d'accord*)
car les Juifs s'étaient déjà mis d'accord

εἰ μη ἐπεκεκλητο Καισαρα (Ac 26.32, de ἐπικαλεω, *invoquer*)
s'il n'avait pas fait appel à César

τεθεμελιωτο γαρ ἐπι την πετραν (Mt 7.25, de θεμελιοω, *fonder*)
car elle était fondée sur la pierre

ἐφ' οὗ ἡ πολις ᾠκοδομητο αὐτων (Lc 4.29, de οἰκοδομεω, *bâtir*)
sur laquelle leur ville était bâtie

πτωχος δε τις ὀνοματι Λαζαρος ἐβεβλητο (Lc 16.20, de βαλλω, *placer*)
un certain pauvre nommé Lazare était placé

ἡ ὀψις αὐτου σουδαριῳ περιεδεδετο (Jn 11.44, de περιδεω, *entourer*)
son visage était enveloppé d'un linceul

εὑρον και βωμον ἐν ᾧ ἐπεγεγραπτο (Ac 17.23, de ἐπιγραφω, *écrire sur*)
j'ai aussi trouvé un autel sur lequel était inscrit

26.3 Résumé

- Le parfait décrit une action accomplie dans le passé présentée comme complète.
- Le parfait indicatif actif se forme avec un redoublement, la marque κα et les désinences primaires actives : λελυκα, λελυκας, λελυκεν, λελυκαμεν, λελυκατε, λελυκασιν.
- Le parfait indicatif médio-passif se forme avec un redoublement et les désinences primaires médio-passives : λελυμαι, λελυσαι, λελυται, λελυμεθα, λελυσθε, λελυνται
- Le plus-que-parfait est très peu utilisé dans le N.T. Quand il l'est, c'est surtout à l'indicatif actif et, à part οἰδα, à la troisième personne (ἐλελυκει, ἐλελυκεισαν). Il indique une action complète antérieure à un autre fait passé. Sa marque caractéristique à l'actif est κει.
- Le plus-que-parfait médio-passif est rare dans le N.T.

26.4 Vocabulaire

δεξιος, -ια, -ιον	droit (opposé de gauche)
δεχομαι	prendre, recevoir
εἰτε	si
ἐλεος, ους, το	pitié, miséricorde
ἐρημος, -ον	désert, solitaire (pas de forme féminine)
ἡδη	maintenant, déjà
θεωρεω	regarder, contempler
κηρυσσω	annoncer
κραζω	crier, appeler
ὀψια, -ας, ἡ	soirée
προσκυνεω	adorer, s'agenouiller
σπειρω	semer
συναγω	rassembler

τοιουτος, -αυτη, -ουτον	tel, de telle sorte
τυφλος, -η, -ον	aveugle
ὑπαρχω	être, exister

26.5 Exercices

Thème

1 Car le royaume des cieux s'est approché (parfait actif, Mt 4.17). **2** Je vous ai tout dit d'avance (parfait actif, Mc 13.23). **3** Et moi j'ai vu et j'ai témoigné que celui-ci est le Fils de Dieu (Jn 1.34, les deux verbes au parfait actif indicatif). **4** Le mari incroyant est sanctifié (parfait passif) par la femme (1Co 7.14). **5** Votre vie a été cachée avec le Christ en Dieu (parfait passif, Col 3 3).

Version

1 τί ὧδε ἑστήκατε ὅλην τὴν ἡμέραν ἀργοί ; (Mt 20.6) **2** ἰδοὺ προείρηκα ὑμῖν (Mt 24.25). **3** ἦλθεν ὁ Ἰησοῦς εἰς τὴν Γαλιλαίαν κηρύσσων (annonçant) τὸ εὐαγγέλιον τοῦ θεοῦ καὶ λέγων (disant) ὅτι πεπλήρωται ὁ καιρὸς καὶ ἤγγικεν ἡ βασιλεία τοῦ θεοῦ (Mc 1.14–15). **4** ἄλλος ἐστὶν ὁ μαρτυρῶν περὶ ἐμοῦ, καὶ οἶδα ὅτι ἀληθής ἐστιν ἡ μαρτυρία ἣν μαρτυρεῖ περὶ ἐμοῦ. ὑμεῖς ἀπεστάλκατε πρὸς Ἰωάννην, καὶ μεμαρτύρηκεν τῇ ἀληθείᾳ (Jn 5.32–33). **5** Οὐχ οἷον δὲ ὅτι ἐκπέπτωκεν ὁ λόγος τοῦ θεοῦ (Rm 9.6). **6** λαλοῦμεν θεοῦ σοφίαν... ἣν οὐδεὶς τῶν ἀρχόντων τοῦ αἰῶνος τούτου ἔγνωκεν· εἰ γὰρ ἔγνωσαν, οὐκ ἂν τὸν κύριον τῆς δόξης ἐσταύρωσαν. ἀλλὰ καθὼς γέγραπται· ἃ ὀφθαλμὸς οὐκ εἶδεν καὶ οὖς οὐκ ἤκουσεν καὶ ἐπὶ καρδίαν ἀνθρώπου οὐκ ἀνέβη, ἃ ἡτοίμασεν ὁ θεὸς τοῖς ἀγαπῶσιν αὐτόν (1Co 2.7–9). **7** ὁ πλοῦτος ὑμῶν σέσηπεν καὶ τὰ ἱμάτια ὑμῶν σητόβρωτα γέγονεν, ὁ χρυσὸς ὑμῶν καὶ ὁ ἄργυρος κατίωται καὶ ὁ ἰὸς αὐτῶν εἰς μαρτύριον ὑμῖν ἔσται καὶ φάγεται τὰς σάρκας ὑμῶν ὡς πῦρ. ἐθησαυρίσατε ἐν ἐσχάταις ἡμέραις (Ja 5.2–3). **8** Ὃ ἦν ἀπ' ἀρχῆς, ὃ ἀκηκόαμεν, ὃ ἑωράκαμεν τοῖς ὀφθαλμοῖς ἡμῶν, ὃ ἐθεασάμεθα καὶ αἱ χεῖρες ἡμῶν ἐψηλάφησαν περὶ τοῦ λόγου τῆς ζωῆς – καὶ ἡ ζωὴ ἐφανερώθη, καὶ ἑωράκαμεν καὶ μαρτυροῦμεν καὶ ἀπαγγέλλομεν ὑμῖν τὴν ζωὴν τὴν αἰώνιον ἥτις ἦν πρὸς τὸν πατέρα καὶ ἐφανερώθη ἡμῖν – ὃ ἑωράκαμεν καὶ ἀκηκόαμεν, ἀπαγγέλλο- μεν καὶ ὑμῖν, ἵνα (afin que) καὶ ὑμεῖς κοινωνίαν ἔχητε (ayez) μεθ' ἡμῶν. καὶ ἡ κοινωνία δὲ ἡ ἡμετέρα μετὰ τοῦ πατρὸς καὶ μετὰ τοῦ υἱοῦ αὐτοῦ Ἰησοῦ Χριστοῦ (1Jn 1.1–3).

27 L'INFINITIF

Après l'indicatif et le participe, l'infinitif est le troisième mode le plus utilisé dans le N.T. Fort heureusement, ses formes et sa syntaxe sont assez simples.

27.1 Paradigme de l'infinitif

On trouve l'infinitif à la voix active, moyenne et passive, mais à quelques temps seulement.

	Présent	Futur	Aoriste 1	Aoriste 2	Parfait
Actif	λυ ειν		λυ σαι	βαλ ειν	λε λυ κεναι
Moyen	λυ εσθαι	λυ σεσθαι	λυ σασθαι	βαλ εσθαι	λε λυ σθαι
Passif	λυ εσθαι		λυ θηναι	βλη θηναι	λε λυ σθαι

Les temps de loin les plus fréquents sont encore une fois le présent et l'aoriste, surtout à la voix active. Toutes les formes, à l'exception du présent et de l'aoriste second actif, se terminent en αι. L'infinitif présent de εἰμι est εἶναι.

L'infinitif parfait est peu utilisé dans le N.T. et se reconnaît à son redoublement.

À l'instar de l'indicatif, le moyen diffère du passif à l'aoriste et au futur. Il n'y a pas de futurs infinitifs passifs dans le N.T. Quant à l'infinitif futur moyen, on ne le trouve qu'à cinq reprises : ἐσεσθαι (déponent) en Actes 11.18, 23.30, 24.15 et 27.10 et εἰσελευσεσθαι en Hébreux 3.18. On peut donc, pour l'infinitif, se concentrer sur le présent et l'aoriste.

Rappelez-vous aussi que la *notion de temps* n'est présente qu'à l'indicatif. L'infinitif n'exprimant pas la notion de temps, il n'a pas d'augment. La traduction de la notion de temps en français dépend donc de la relation de l'infinitif avec le verbe principal de la phrase et du contexte global.

À l'infinitif, la *négation* s'exprime au moyen de la particule μη et non pas de la particule οὐ, utilisée pour l'essentiel uniquement à l'indicatif.

27.2 Emploi et traduction de l'infinitif

L'infinitif et l'accusatif

Bien que l'infinitif n'ait pas à proprement parler un sujet, il est souvent accompagné d'un nom à l'accusatif qui fait office de sujet, d'où la règle selon laquelle *le sujet de l'infinitif est à l'accusatif*. Retenez-bien cette règle.

> δει ὑμας γεννηθηναι ἀνωθεν (Jn 3.7)
> *il faut que vous naissiez de nouveau*
>
> εἰς το εἰναι αὐτους ἀναπολογητους (Rm 1.20)
> *pour qu'ils soient sans excuses*

L'infinitif est souvent accompagné d'un objet à l'accusatif. Il arrive donc que l'infinitif soit accompagné de deux accusatifs, l'un étant le sujet, l'autre l'objet. En général, le premier accusatif est le sujet; le second, l'objet de l'infinitif.

> προ του ὑμας (sujet) αἰτησαι αὐτον (objet, Mt 6.8)
> *avant que vous le lui demandiez*

L'infinitif avec certains verbes

Certains verbes marquent une préférence pour l'infinitif. C'est le cas

- de verbes impersonnels (ex. δει, ἐξεστιν);
- de verbes de commandement, de souhait, de désir (ex. δεομαι, θελω);
- de verbes tels que ἀρχομαι, δυναμαι.

> διδασκαλε, θελομεν ἀπο σου σημειον ἰδειν (Mt 12.38)
> *Maître, nous voulons voir un signe de ta part*
>
> ἐγνω καθως δει γνωναι (1Co 8.2)
> *il n'a pas connu comme il doit connaître*

L' infinitif substantivé

Il est fréquent en français de transformer un infinitif en nom en y attachant un article (*le manger, le boire, etc.*). Le même phénomène existe en grec. Accompagné de l'article, l'infinitif est un nom neutre. La traduction de l'infinitif substantivé varie selon le contexte.

το γαρ θελειν παρακειται μοι, τὸ δε κατεργαζεσθαι το καλον οὐ (Rm 7.18)
Car le vouloir est présent en moi, mais (l') accomplir le bien ne l'est pas

L'infinitif avec une préposition

L'infinitif est souvent utilisé avec une préposition et un article neutre. Les constructions les plus fréquentes utilisent εἰς et μετα. Pourvu que l'on se souvienne de la signification des prépositions, la portée de ces constructions est en général assez claire.

- δια – το (accusatif neutre) + infinitif = car, parce que (cause)
  και δια το μη ἐχειν ῥιζαν ἐξηρανθη (Mt 13.16)
  et parce qu'ils n'avaient pas de racine, ils séchèrent

- εἰς + το (accusatif neutre) + infinitif = afin que, pour que (but)
  εἰς το εἰναι αὐτους ἀναπολογητους (Rm 1.20)
  pour qu'ils soient sans excuses

- ἐν + τῳ (datif neutre) + infinitif = lorsque, pendant que (temps, durée)
  και ἐγενετο ἐν τῳ σπειρειν (Mc 4.4)
  et il arriva pendant qu'il semait

- μετα + το (accusatif neutre) + infinitif = après que (temps)
  μετα δε το παραδοθηναι τον Ἰωαννην (Mc 1.14)
  après que Jean eut été livré

- προ + του (génitif neutre) + infinitif = avant que (temps)
  προ του ὑμας αἰτησαι αὐτον (Mt 6.8)
  avant que vous le lui demandiez

- προς + το (accusatif neutre) + infinitif = afin que (but)
  ὁ βλεπων γυναικα προς το ἐπιθυμησαι αὐτην (Mt 5.28)
  celui qui regarde une femme pour la convoiter

L'infinitif avec une conjonction

L'infinitif est aussi utilisé avec diverses conjonctions.

- πριν (ἤ) + acc. + infinitif = avant que
  πριν ἢ δις ἀλεκτορα φωνησαι (Mc 14.30)
  avant que le coq chante deux fois

- ὥστε + infinitif = de sorte que, pour que (résultat, conséquence, but)

  ὥστε δουλευειν ἡμας ἐν καινοτητι πνευματος (Rm 7.6)

  de sorte que nous servons en nouveauté d'Esprit

L'infinitif pour exprimer le but

L'infinitif peut exprimer le but de quatre manières différentes. Nous avons déjà appris deux d'entre elles : εἰς το et προς το + infinitif. On trouve aussi :

- l'infinitif seul

  οὐκ ἠλθον καλεσαι δικαιους ἀλλα ἁμαρτωλους (Mc 2.17)

  je ne suis pas venu (pour) appeler des justes mais des pécheurs

- του + infinitif

  μελλει γαρ Ἡρῳδης ζητειν το παιδιον του ἀπολεσαι αὐτο (Mt 2.13)

  Car Hérode est sur le point de chercher l'enfant pour le tuer

27.3 Résumé

- L'infinitif est surtout utilisé au présent et à l'aoriste dans le N.T. Ses terminaisons sont -αι ou -ειν (aoriste 2 et présent actif).
- Le sujet de l'infinitif est souvent à l'accusatif.
- Certains verbes préfèrent l'infinitif.
- L'infinitif peut être substantivé, il est alors en général accompagné de l'article.
- L'infinitif est souvent utilisé
  - avec une préposition, surtout εἰς et μετα, et l'article neutre pour exprimer différentes notions liées à la signification de la préposition;
  - avec certaines conjonctions;
  - seul, avec του, εις το ou προς το pour exprimer le but.

27.4 Vocabulaire

ἀρα	c'est pourquoi
ἀχρι	prép. : jusqu'à ce que (avec gén.) conj. : jusqu'à ce que
Γαλιλαια, -ας, ἡ	Galilée
διο	c'est pourquoi

ἐτος, -ους, το	an, année
κρισις, -εως, ἡ	jugement
Ἰσραηλ, ὁ	Israël
λοιπος, -η, -ον	adj. : reste
	adv. : au reste
μακαριος, -ια, -ιον	béni, heureux
ὁπως	pour que, afin que
παιδευω	instruire, corriger
χρεια, -ας, ἡ	besoin

27.5 Exercice

À partir de ce chapitre, nous n'incluons plus de thèmes. Dès lors que nous apprenons les autres modes, les possibilités de traduction du grec vers le français deviennent, en effet, trop nombreuses.

1 Καὶ ἐλάλησεν αὐτοῖς πολλὰ ἐν παραβολαῖς λέγων (disant)· ἰδοὺ ἐξῆλθεν ὁ σπείρων (le semeur) τοῦ σπείρειν. καὶ ἐν τῷ σπείρειν αὐτὸν ἃ μὲν ἔπεσεν παρὰ τὴν ὁδόν (Mt 13.3–4). **2** ὁ δὲ εἶπεν αὐτῷ· τί με ἐρωτᾷς περὶ τοῦ ἀγαθοῦ; εἷς ἐστιν ὁ ἀγαθός· εἰ δὲ θέλεις εἰς τὴν ζωὴν εἰσελθεῖν, τήρησον (garde) τὰς ἐντολάς (Mt 19.17). **3** πάλιν δὲ λέγω ὑμῖν, εὐκοπώτερόν ἐστιν κάμηλον διὰ τρυπήματος ῥαφίδος διελθεῖν ἢ πλούσιον εἰσελθεῖν εἰς τὴν βασιλείαν τοῦ θεοῦ (Mt 19.24). **4** Ανέβη δὲ καὶ Ἰωσὴφ ἀπὸ τῆς Γαλιλαίας ἐκ πόλεως Ναζαρὲθ εἰς τὴν Ἰουδαίαν εἰς πόλιν Δαυὶδ ἥτις καλεῖται Βηθλέεμ, διὰ τὸ εἶναι αὐτὸν ἐξ οἴκου καὶ πατριᾶς Δαυίδ (Lc 2.4). **5** Ἐν δὲ τῷ πορεύεσθαι ἐγένετο αὐτὸν ἐγγίζειν τῇ Δαμασκῷ, ἐξαίφνης τε αὐτὸν περιήστραψεν φῶς ἐκ τοῦ οὐρανοῦ (Ac 9.3). **6** Καθώς ἐστιν δίκαιον ἐμοὶ τοῦτο φρονεῖν ὑπὲρ πάντων ὑμῶν διὰ τὸ ἔχειν με ἐν τῇ καρδίᾳ ὑμᾶς (Ph 1.7). **7** καὶ εἶδον ἄγγελον ἰσχυρὸν κηρύσσοντα (proclamant) ἐν φωνῇ μεγάλῃ· τίς ἄξιος ἀνοῖξαι τὸ βιβλίον καὶ λῦσαι τὰς σφραγῖδας αὐτοῦ; καὶ οὐδεὶς ἐδύνατο ἐν τῷ οὐρανῷ οὐδὲ ἐπὶ τῆς γῆς οὐδὲ ὑποκάτω τῆς γῆς ἀνοῖξαι τὸ βιβλίον οὔτε βλέπειν αὐτό. καὶ ἔκλαιον πολύ, ὅτι οὐδεὶς ἄξιος εὑρέθη ἀνοῖξαι τὸ βιβλίον οὔτε βλέπειν αὐτό. καὶ εἷς ἐκ τῶν πρεσβυτέρων λέγει μοι· μὴ κλαῖε (ne pleure pas), ἰδοὺ ἐνίκησεν ὁ λέων ὁ ἐκ τῆς φυλῆς Ἰούδα, ἡ ῥίζα Δαυίδ, ἀνοῖξαι τὸ βιβλίον καὶ τὰς ἑπτὰ σφραγῖδας αὐτοῦ (Ap 5.2–5).

28 Le subjonctif

Le subjonctif est le mode du doute, du questionnement, du désir, de la contingence. Il n'affirme pas la réalité des choses, il la souhaite ou la met en question.

28.1 Paradigme du subjonctif

Pour l'essentiel, on ne trouve, dans le N.T., que des subjonctifs présents et aoristes. Quant à la morphologie, les désinences du subjonctif sont identiques à celles de l'indicatif et sont toutes des désinences primaires, *même à l'aoriste.* La seule différence avec l'indicatif réside en l'allongement de la voyelle thématique : omicron devient oméga, epsilon devient êta.

Le présent du subjonctif actif et médio-passif

thème du présent + vt allongée + désinences primaires

	Actif	M/P
Sg 1	λυ ω	λυ ωμαι
2	λυ ῃς	λυ ῃ
3	λυ ῃ	λυ ηται
Pl 1	λυ ωμεν	λυ ωμεθα
2	λυ ητε	λυ ησθε
3	λυ ωσιν	λυ ωνται

Observez ce tableau et comparez-le au présent de l'indicatif. Si l'on se rappelle que la voyelle thématique est allongée et si l'on évite de confondre la deuxième personne du singulier du médio-passif et la troisième personne du singulier du subjonctif actif, aucune nouvelle désinence n'est à mémoriser.

Les verbes contractes appliquent les règles habituelles de contractions. On aura donc, par exemple, au présent actif φιλω, φιλῃς, φιλῃ, φιλωμεν, φιλητε, φιλωσιν et au présent médio-passif φιλωμαι, φιλῃ, φιληται, φιλωμεθα, φιλησθε, φιλωνται.

L'aoriste du subjonctif

Le subjonctif aoriste actif se forme sans augment et avec les mêmes désinences que le présent du subjonctif, c'est-à-dire des désinences primaires, même si l'aoriste est un temps secondaire. Ici encore, la voyelle thématique est allongée.

Le subjonctif aoriste passif utilise des désinences actives, tout comme l'aoriste indicatif passif. Le subjonctif aoriste utilise le thème de l'aoriste du verbe et la marque temporelle, si elle existe. À l'aoriste second, rare au passif, on remarque la modification du thème. Si l'on connaît ces quelques règles, il n'y a pas de déclinaison à apprendre.

Comme l'augment n'apparaît qu'à l'indicatif, le subjonctif aoriste n'a pas d'augment et ressemble au futur de l'indicatif. Veillez à ne pas les confondre!

thème de l'aoriste + vt allongée + désinences primaires

	Actif		Moyen		Passif	
	Ao 1	**Ao 2**	**Ao 1**	**Ao 2**	**Ao 1**	**Ao 2**
Sg 1	λυσω	λαβω	λυσωμαι	γενωμαι	λυθω	γραφω
2	λυσῃς	λαβῃς	λυσῃ	γενῃ	λυθῃς	γραφῃς
3	λυσῃ	λαβῃ	λυσηται	γενηται	λυθῃ	γραφῃ
Pl 1	λυσωμεν	λαβωμεν	λυσωμεθα	γενωμεθα	λυθωμεν	γραφωμεν
2	λυσητε	λαβητε	λυσησθε	γενησθε	λυθητε	γραφητε
3	λυσωσιν	λαβωσιν	λυσωνται	γενωνται	λυθωσιν	γραφωσιν

Le subjonctif parfait actif

On trouve, dans le N.T., quelques subjonctifs parfaits actifs. Il s'agit de quatre formes de οἰδα : εἰδω (1 sg), εἰδῃς (2 sg), εἰδωμεν (1 pl), εἰδητε (2 pl).

28.2 Le subjonctif du verbe εἰμι

Le verbe εἰμι n'a pas de forme moyenne ou passive au subjonctif. Il n'est utilisé qu'au présent actif du subjonctif dans le N.T. On le voit, le subjonctif du verbe εἰμι est identique aux terminaisons du présent du subjonctif actif étudié en début de leçon.

Sg 1	ὦ	**Pl 1**	ὦμεν
2	ᾖς	**2**	ἦτε
3	ᾖ	**3**	ὦσιν

28.3 L'EMPLOI DU SUBJONCTIF

Le subjonctif est employé de façons très diverses en grec : pour exprimer la probabilité, l'ordre, l'interdiction, le but, dans certaines constructions conditionnelles, etc. Il est utilisé soit dans la proposition principale, soit dans la subordonnée. Nous étudierons ici l'emploi du subjonctif dans la principale pour laisser l'emploi du subjonctif dans la subordonnée pour la leçon suivante.

Dans la proposition principale

L'impossibilité : la construction οὐ μη + aoriste subjonctif est souvent utilisée dans le N.T., surtout dans les Évangiles et l'Apocalypse. Elle exprime une forte négation de la possibilité qu'un fait survienne.

> ἰωτα ἑν ἢ μια κεραια <u>οὐ μη παρελθῃ</u> ἀπο του νομος (Mt 5.18)
> *il ne disparaîtra pas un seul iota ou trait de cette loi*

La défense, l'interdiction : μη + aoriste du subjonctif exprime parfois une interdiction.

> <u>μη δοξητε</u> λεγειν ἐν ἑαυτοις (Mt 3.9)
> *Ne pensez pas dire en vous-mêmes*

L'ordre, l'exhortation : le subjonctif est alors à la première personne (le plus souvent du pluriel) et en général en début de phrase. Il se traduit fréquemment par un impératif.

> <u>ἀγωμεν</u> ἀλλαχου εἰς τας ἐχομενας κωμοπολεις (Mc 1.38)
> *allons ailleurs dans les villages voisins*

Le doute, la délibération : ici aussi le subjonctif est le plus souvent à la première personne. On le traduit de diverses manières selon les exigences stylistiques et le contexte.

τί ποιησωμεν, ἀνδρες ἀδελφοι; (Actes 2.37)
Hommes, frères, que ferons-nous ? (ou « que devons-nous faire ? »)

28.4 Résumé

- Le subjonctif est utilisé dans la principale pour exprimer une possibilité, une probabilité, une exhortation, une défense, un doute.
- Le présent du subjonctif se forme à partir du thème du présent. L'aoriste du subjonctif se forme à partir du thème de l'aoriste et sans augment.
- Le signe distinctif du subjonctif est l'allongement de la voyelle thématique. Les désinences du présent et de l'aoriste sont identiques. Le subjonctif se forme donc avec une voyelle thématique allongée et les désinences primaires.

28.5 Exercice

1 ἰδοὺ ἄγγελος κυρίου κατ' ὄναρ ἐφάνη αὐτῷ λέγων· Ἰωσὴφ υἱὸς Δαυίδ, μὴ φοβηθῇς παραλαβεῖν Μαρίαν τὴν γυναῖκά σου (Mt 1.20). **2** μὴ οὖν μεριμνήσητε λέγοντες (disant)· τί φάγωμεν; ἤ· τί πίωμεν; ἤ· τί περιβαλώμεθα; (Mt 6.31) **3** ἐλεύσονται δὲ ἡμέραι ὅταν ἀπαρθῇ ἀπ' αὐτῶν ὁ νυμφίος, καὶ τότε νηστεύσουσιν ἐν ἐκείνῃ τῇ ἡμέρᾳ (Mc 2.20). **4** Καὶ ἔλεγεν· οὕτως ἐστὶν ἡ βασιλεία τοῦ θεοῦ ὡς ἄνθρωπος βάλῃ τὸν σπόρον ἐπὶ τῆς γῆς καὶ καθεύδῃ καὶ ἐγείρηται νύκτα καὶ ἡμέραν, καὶ ὁ σπόρος βλαστᾷ καὶ μηκύνηται ὡς οὐκ οἶδεν αὐτός. αὐτομάτη ἡ γῆ καρποφορεῖ, πρῶτον χόρτον εἶτα στάχυν εἶτα πλήρης σῖτον ἐν τῷ στάχυϊ. (Mc 4.26–28) **5** εἶπον οὖν πρὸς αὐτόν· τί ποιῶμεν ἵνα ἐργαζώμεθα τὰ ἔργα τοῦ θεοῦ; ἀπεκρίθη (ὁ) Ἰησοῦς καὶ εἶπεν αὐτοῖς· τοῦτό ἐστιν τὸ ἔργον τοῦ θεοῦ, ἵνα πιστεύητε εἰς ὃν ἀπέστειλεν ἐκεῖνος. Εἶπον οὖν αὐτῷ· τί οὖν ποιεῖς σὺ σημεῖον, ἵνα ἴδωμεν καὶ πιστεύσωμέν σοι; τί ἐργάζῃ; (Jn 6.28–30) **6** ἡ δὲ ἐκ πίστεως δικαιοσύνη οὕτως λέγει· μὴ εἴπῃς ἐν τῇ καρδίᾳ σου· τίς ἀναβήσεται εἰς τὸν οὐρανόν; τοῦτ' ἔστιν Χριστὸν καταγαγεῖν (Rm 10.6). **7** Πῶς οὖν ἐπικαλέσωνται εἰς ὃν οὐκ ἐπίστευσαν; πῶς δὲ πιστεύσωσιν οὗ οὐκ ἤκουσαν; πῶς δὲ ἀκούσωσιν χωρὶς κηρύσσοντος; (personne qui annonce, Rm 10.14) **8** ὅστις γὰρ ὅλον τὸν νόμον τηρήσῃ πταίσῃ δὲ ἐν ἑνί, γέγονεν πάντων ἔνοχος. ὁ γὰρ εἰπών (a dit)· μὴ μοιχεύσῃς, εἶπεν καί· μὴ φονεύσῃς (Ja 2.10–11).

29 Le but et la conséquence – La condition

29.1 Autres emplois du subjonctif

L'expression du but et de la conséquence

Nous avons abordé, dans la leçon précédente, l'emploi du subjonctif dans la proposition principale. Le subjonctif est également utilisé dans la proposition subordonnée. On le trouve avec ἱνα ou ὅπως pour indiquer le but ou la conséquence. Il n'est pas toujours facile de clairement distinguer but et conséquence. La construction avec ὅπως est beaucoup moins fréquente et se trouve surtout en Matthieu et Actes.

> δεηθητε οὐν του κυριου του θερισμου ὁπως ἐκβαλῃ ἐργατας (Mt 9.38)
> *priez donc le maître de la moisson afin qu'il envoie des ouvriers*
>
> ἐπιποθω γαρ ἰδειν ὑμας, ἱνα τι μεταδω χαρισμα ὑμιν πνευματικον (Rm 1.11)
> *Car je désire vous voir afin de vous communiquer quelque don spirituel.*

La construction ἱνα μη est employée pour exprimer l'interdiction et se traduira « de peur que », « afin que… ne pas » ou de façon équivalente.

> Μη κρινετε, ἱνα μη κριθητε (Mt 7.1)
> *Ne jugez pas, afin que vous ne soyez pas jugés.*

Les propositions temporelles

Le subjonctif est utilisé dans des propositions temporelles introduites par des adverbes tels que ἑως, ἀχρι, *jusqu'à*, ou la conjonction ὁταν, *lorsque*.

> Και ὁταν προσευχησθε (Mt 6.5)
> *Et lorsque vous priez*
>
> οὐ μη παρελθῃ ἡ γενεα αὑτη ἑως ἀν παντα γενηται (Lc 21.32)
> *cette génération ne passera pas jusqu'à ce que tout soit arrivé*

29.2 Le but et la conséquence : résumé

Le moment est venu de résumer les différentes façons d'exprimer le but ou la conséquence dans le N.T. étudiées lors de l'étude de l'infinitif et dans cette leçon-ci. Nous rassemblons but et conséquence dans une seule présentation car il est des cas où la limite entre les deux est fluide.

Avec l'infinitif

- εἰς + το + infinitif = afin que, pour que
- προς + το + infinitif = afin que
- ὥστε + infinitif = de sorte que, pour que
- l'infinitif seul
- l'infinitif précédé de του

Avec le subjonctif dans la subordonnée

- ὅπως + subjonctif
- ἱνα + subjonctif

29.3 Les propositions conditionnelles

L'étude des propositions conditionnelles exige une connaissance plus approfondie de la syntaxe. Nous nous bornons ici à quelques remarques en renvoyant aux ouvrages plus avancés.

Les propositions conditionnelles sont composées de deux parties : la proposition subordonnée, appelée aussi la *protase* (Si tu étudies…), et la proposition principale, ou l'*apodose* (tu réussiras…), conséquence de la conditionnelle.

Les différents types de conditionnelles

On trouve différents systèmes de classification des conditionnelles. Soit on les groupe par le type de condition envisagée, soit par la structure de la phrase. Quel que soit le système de classification que l'on préfère, l'essentiel est de pouvoir discerner le rôle et la portée des propositions conditionnelles. Nous présentons ci-dessous une classification par structure.

Les types 1 et 2 utilisent l'indicatif, le type 3 le subjonctif et le type 4 l'optatif. La construction la plus fréquente est la première, la quatrième est rare.

	Protase	Apodose	Nuance
Type 1	εἰ + indicatif Tous temps Négation : οὐ	Tous temps et modes	La protase est supposée *réelle*, ne fût-ce que pour l'argument.
Type 2	εἰ + indicatif Temps secondaires Négation : μη	ἀν + indic, temps identique à la protase	Condition supposée *irréelle* pour l'argument. Aussi appelée « condition contraire aux faits ».
Type 3	ἐαν + subjonctif Négation : μη	Tous temps et modes	Diverses nuances : la protase peut être *réelle* dans le futur, situation hypothétique, connexion logique dans le présent, etc.
Type 4	εἰ + optatif	ἀν + optatif	Condition possible mais peu probable.

Exemples de phrases conditionnelles

Nous ne donnons des exemples que des trois premiers types de conditionnelles. Le quatrième type utilise l'optatif, mode très peu utilisé dans le N.T. Il est présenté à la fin de ce cours (voir page 199). Analysez aussi les conditionnelles qui se trouvent dans l'exercice.

Type 1 : la protase est supposée vraie pour l'argumentation. Dans les exemples suivants on suppose que la condition est vraie, réelle, pour que l'apodose se réalise. On pourrait dire *si…, et supposons que cela soit vrai, alors…*

> εἰ υἱος εἶ του θεου (Mt 4.3)
> *Si tu es le Fils de Dieu*
>
> εἰ δε πνευματι τας πραξεις του σωματος θανατουτε, ζησεσθε (Rm 8.13)
> *si par l'Esprit vous faites mourir les actions du corps, vous vivrez*

Type 2 : la protase est supposée irréelle pour l'argument, qu'elle le soit en réalité ou non. Dans l'exemple qui suit, aux yeux de Jésus, les Juifs ne croient pas Moïse.

εἰ γαρ ἐπιστευετε (imparfait) Μωϋσει, ἐπιστευετε ἀν ἐμοι (Jn 5.46)
si vous croyiez Moïse, vous me croiriez

εἰ ὁ θεος πατηρ ὑμων ἦν ἠγαπατε ἀν ἐμε (Jn 8.42)
si Dieu était votre Père, vous m'aimeriez

Type 3 : les significations sont variées. Bien souvent la protase peut être supposée réelle même si elle reste hypothétique. Mais de nombreuses exceptions et nuances existent. Dans les exemples qui suivent, la construction est du type 3 et la condition supposée réelle pour l'argument.

ἐαν θελῃς δυνασαι με καθαρισαι (Mt 8.2)
si tu le veux, tu peux me rendre pur

ἡ πιστις, ἐαν μη ἐχῃ ἐργα, νεκρα ἐστιν καθ' ἑαυτην (Ja 2.17)
la foi, si elle n'a pas les œuvres, est morte en elle-même

29.4 Résumé

- Le subjonctif est en général utilisé avec ἀν, ἀχρι, ἐαν, ἱνα, ὁταν, ἑως.
- Le but et la conséquence s'expriment en grec par des constructions utilisant l'infinitif ou le subjonctif.
- La phrase conditionnelle peut indiquer une éventualité qui peut ou non se réaliser. Quatre structures sont employées : avec l'indicatif (type 1–2), avec le subjonctif (type 3), avec l'optatif (type 4).

29.5 Vocabulaire

θηριον, -ου, το	bête, animal sauvage
καθιζω	(s')asseoir
κρατεω	saisir, arrêter
οὗ	adv. : où, là où
ποῦ	où ?
ποραλαμβανω	recevoir
προσφερω	apporter, offrir
τριτος, -η, -on	troisième
φυλακη, -ης, ἡ	prison, veille, garde

29.6 Exercice

1 οὕτως λαμψάτω (faites briller) τὸ φῶς ὑμῶν ἔμπροσθεν τῶν ἀνθρώπων, ὅπως ἴδωσιν ὑμῶν τὰ καλὰ ἔργα καὶ δοξάσωσιν τὸν πατέρα ὑμῶν τὸν ἐν τοῖς οὐρανοῖς. Μὴ νομίσητε ὅτι ἦλθον καταλῦσαι τὸν νόμον ἢ τοὺς προφήτας· οὐκ ἦλθον καταλῦσαι ἀλλὰ πληρῶσαι. ἀμὴν γὰρ λέγω ὑμῖν· ἕως ἂν παρέλθῃ ὁ οὐρανὸς καὶ ἡ γῆ, ἰῶτα ἓν ἢ μία κεραία οὐ μὴ παρέλθῃ ἀπὸ τοῦ νόμου, ἕως ἂν πάντα γένηται. ὃς ἐὰν οὖν λύσῃ μίαν τῶν ἐντολῶν τούτων τῶν ἐλαχίστων καὶ διδάξῃ οὕτως τοὺς ἀνθρώπους, ἐλάχιστος κληθήσεται ἐν τῇ βασιλείᾳ τῶν οὐρανῶν· ὃς δ᾽ ἂν ποιήσῃ καὶ διδάξῃ, οὗτος μέγας κληθήσεται ἐν τῇ βασιλείᾳ τῶν οὐρανῶν. Λέγω γὰρ ὑμῖν ὅτι ἐὰν μὴ περισσεύσῃ ὑμῶν ἡ δικαιοσύνη πλεῖον τῶν γραμματέων καὶ Φαρισαίων, οὐ μὴ εἰσέλθητε εἰς τὴν βασιλείαν τῶν οὐρανῶν (Mt 5.16–20). **2** ἔσται δὲ πᾶσα ψυχὴ ἥτις ἐὰν μὴ ἀκούσῃ τοῦ προφήτου ἐκείνου ἐξολεθρευθήσεται ἐκ τοῦ λαοῦ (Ac 3.23). **3** Ἐὰν οὖν συνέλθῃ ἡ ἐκκλησία ὅλη ἐπὶ τὸ αὐτὸ καὶ πάντες λαλῶσιν γλώσσαις, εἰσέλθωσιν δὲ ἰδιῶται ἢ ἄπιστοι, οὐκ ἐροῦσιν ὅτι μαίνεσθε; ἐὰν δὲ πάντες προφητεύωσιν, εἰσέλθῃ δέ τις ἄπιστος ἢ ἰδιώτης, ἐλέγχεται ὑπὸ πάντων, ἀνακρίνεται ὑπὸ πάντων (1Co 14.23–24).

30 L'IMPÉRATIF

Avec l'optatif, l'impératif est le mode le moins fréquent dans le N.T. Il est presque uniquement utilisé au présent et à l'aoriste. On ne trouve que quatre cas au parfait (Mc 4.39; Ac 15.29; Ép 5.5 et Ja 1.19).

L'impératif est utilisé en grec comme en français pour exprimer un commandement, un ordre, un souhait.

30.1 CONSTRUCTION DE L'IMPÉRATIF

L'impératif présent se construit sur le thème du présent, l'impératif aoriste sur le thème de l'aoriste, sans augment puisque l'augment ne se trouve qu'à l'indicatif. L'impératif utilise ses propres désinences.

L'impératif est aussi utilisé en grec à la deuxième et à la troisième personne. Dans ce cas il est traduit au moyen d'une paraphrase : « qu'il mange, qu'elles travaillent », etc.

Voix active

	Présent	Aoriste 1	Aoriste 2
Sg 2	λυ ε	λυ σ ον	βαλ ε
3	λυ ετω	λυ σ ατω	βαλ ετω
Pl 2	λυ ετε	λυ σ ατε	βαλ ετε
3	λυ ετωσαν	λυ σ ατωσαν	βαλ ετωσαν

Voix moyenne et passive

	M/P	Moyenne		Passive
	Présent	**Aoriste 1**	**Aoriste 2**	**Aoriste 1**
Sg 2	λυ ου	λυ σ αι	βαλ ου	λυ θη τι
3	λυ εσθω	λυ σ ασθω	βαλ εσθω	λυ θη τω
Pl 2	λυ εσθε	λυ σ ασθε	βαλ εσθε	λυ θη τε
3	λυ εσθωσαν	λυ σ ασθωσαν	βαλ εσθωσαν	λυ θη τωσαν

Le présent n'a qu'un seul paradigme pour le médio-passif. Les désinences de l'aoriste second sont identiques à celles du présent mais ajoutées, comme d'habitude, au thème de l'aoriste second. À la voix passive, l'aoriste second est identique à l'aoriste premier si ce n'est qu'il perd le θ (ex. καταλλαγητω en 1Co 7.11). Il est peu fréquent dans le N.T.

Formes identiques

Dans certains cas, l'impératif est identique à l'indicatif. En général le contexte permet de faire la différence. Voici quelques cas où la confusion est possible :

- λυετε peut être 2ᵉ pl du présent de l'indicatif actif, *vous déliez*, ou de l'impératif, *déliez*.
- λυεσθε peut être 2ᵉ pl du présent M/P de l'indicatif ou de l'impératif.
- l'aoriste est sans augment à l'impératif (ἐλυσατε est à l'indicatif, λυσατε à l'impératif).
- λυσαι peut être infinitif aoriste actif ou 2ᵉ sg de l'impératif aoriste moyen.
- λυου est 2ᵉ sg de l'impératif présent M/P et ἐλυου la 2ᵉ sg de l'imparfait de l'indicatif M/P. La présence ou l'absence de l'augment permet de se prononcer.

Verbes contractes

Les verbes contractes suivent les règles habituelles de contraction.

> <u>τιμα</u> τον πατερα (Mt 15.4, τιμα + ε > τιμα)
> *Honore ton père*

Le verbe εἰμι

Il ne se rencontre qu'au présent à l'impératif actif dans le N.T. Les désinences régulières de l'impératif présent s'ajoutent à la racine εσ.

Sg 2	ἰσθι
3	ἐστω
Pl 2	ἐστε
3	ἐστωσαν

30.2 Signification de l'impératif

L'impératif est surtout utilisé pour donner un ordre, un commandement, pour exprimer une demande. On le trouve aussi, dans une moindre mesure et avec la particule μη, pour exprimer une interdiction.

En accord avec la signification de base des thèmes, l'impératif présent est, à maintes reprises, utilisé pour commander une action, un état dans la durée, pour ordonner une action continue. L'impératif aoriste est, lui, utilisé pour commander une action sans indication de continuité. Mais, souvent, ce n'est pas le cas. Le contexte primera lors du choix de la traduction appropriée.

On a souvent affirmé que l'impératif négatif, l'interdiction, a une portée différente selon que l'impératif présent ou aoriste est utilisé. Le présent imposerait de cesser une action qui a déjà commencé, l'aoriste imposerait de ne pas débuter une action. De nombreux travaux récents ont montré que cette distinction n'est en général pas valable. Encore une fois, le contexte aura le dernier mot.

30.3 Le commandement et l'interdiction

Le moment est venu de résumer les différentes constructions utilisées pour exprimer le commandement ou l'interdiction.

Le commandement

- Impératif présent

    <u>φευγε</u> εἰς Αἰγυπτον (Mt 2.13)
    fuis en Égypte

- Impératif aoriste

  μετανοησατε και βαπτισθητω ἑκαστος ὑμων (Ac 2.38)
  convertissez-vous et que chacun de vous soit baptisé

- Futur indicatif

  και καλεσεις το ὀνομα αὐτου Ἰησουν (Mt 1.21)
  tu appelleras son nom Jésus

L'interdiction

- οὐ + indicatif

  οὐ φονευσεις (Mt 19.18)
  tu ne tueras pas

- μη + autres modes

  μη φοβηθης παραλαβειν Μαριαν την γυναικα σου (Mt 1.20)
  Ne crains pas de prendre Marie ta femme

30.4 Résumé

- L'impératif est utilisé presque uniquement au présent et à l'aoriste.
- L'impératif utilise ses propres désinences : -τω, -τε, -τωσαν à la voix active et σθω, σθε, σθωσαν au médio-passif. À l'aoriste passif les désinences sont θητι, θητω, θητε, θητωσαν.
- À l'impératif le verbe εἰμι n'est utilisé qu'au présent : ἰσθι, ἐστω, ἐστε, ἐστωσαν.
- L'impératif est employé pour exprimer un commandement ou une interdiction.

30.5 Vocabulaire

ἁμαρτωλος, -ον, ὁ	pécheur (nom et adjectif)
ἀπαγγελλω	annoncer, rapporter
διωκω	poursuivre, persécuter
ἐπιγινωσκω	reconnaître, comprendre
θλιψις, -εως, ἡ	tribulation, épreuve
κατοικεω	habiter, demeurer
ναος, -ου, ὁ	temple, sanctuaire
ὁμοιος, -οια, -οιον	semblable

οὐαι	interj. : malheur, hélas
σωτηρια, -ας, ἡ	salut

30.6 Exercice

1 εἰ δὲ ὁ ὀφθαλμός σου ὁ δεξιὸς σκανδαλίζει σε, ἔξελε αὐτὸν καὶ βάλε ἀπὸ σοῦ·…καὶ εἰ ἡ δεξιά σου χεὶρ σκανδαλίζει σε, ἔκκοψον αὐτὴν καὶ βάλε ἀπὸ σοῦ (Mt 5.29–30). **2** μελλήσετε δὲ ἀκούειν πολέμους καὶ ἀκοὰς πολέμων· ὁρᾶτε μὴ θροεῖσθε· δεῖ γὰρ γενέσθαι, ἀλλ' οὔπω ἐστὶν τὸ τέλος (Mt 24.6). **3** καὶ ἐρῶ τῇ ψυχῇ μου, ψυχή, ἔχεις πολλὰ ἀγαθὰ κείμενα εἰς ἔτη πολλά· ἀναπαύου, φάγε, πίε, εὐφραίνου (Lc 12.19). **4** Μὴ οὖν βασιλευέτω ἡ ἁμαρτία ἐν τῷ θνητῷ ὑμῶν σώματι εἰς τὸ ὑπακούειν ταῖς ἐπιθυμίαις αὐτοῦ (Rm 6.12). **5** διὰ τοῦτο μὴ γίνεσθε ἄφρονες, ἀλλὰ συνίετε τί τὸ θέλημα τοῦ κυρίου. καὶ μὴ μεθύσκεσθε οἴνῳ, ἐν ᾧ ἐστιν ἀσωτία, ἀλλὰ πληροῦσθε ἐν πνεύματι (Ép 5.17–18). **6** ταῦτα μελέτα, ἐν τούτοις ἴσθι, ἵνα σου ἡ προκοπὴ φανερὰ ᾖ (soit) πᾶσιν. ἔπεχε σεαυτῷ καὶ τῇ διδασκαλίᾳ, ἐπίμενε αὐτοῖς (1 Tm 4.15–16). **7** Ὅσοι εἰσὶν ὑπὸ ζυγὸν δοῦλοι, τοὺς ἰδίους δεσπότας πάσης τιμῆς ἀξίους ἡγείσθωσαν, ἵνα μὴ τὸ ὄνομα τοῦ θεοῦ καὶ ἡ διδασκαλία βλασφημῆται (1 Tm 6.1). **8** Ἴστε, ἀδελφοί μου ἀγαπητοί· ἔστω δὲ πᾶς ἄνθρωπος ταχὺς εἰς τὸ ἀκοῦσαι, βραδὺς εἰς τὸ λαλῆσαι, βραδὺς εἰς ὀργήν. ὀργὴ γὰρ ἀνδρὸς δικαιοσύνην θεοῦ οὐκ ἐργάζεται (Ja 1.19–20). **9** Μὴ πολλοὶ διδάσκαλοι γίνεσθε, ἀδελφοί μου (Ja 3.1). **10** ὑποτάγητε οὖν τῷ θεῷ, ἀντίστητε δὲ τῷ διαβόλῳ καὶ φεύξεται ἀφ' ὑμῶν, ἐγγίσατε τῷ θεῷ καὶ ἐγγιεῖ ὑμῖν. καθαρίσατε χεῖρας, ἁμαρτωλοί, καὶ ἁγνίσατε καρδίας, δίψυχοι (Ja 4.7–8).

31 Introduction aux participes

Les participes sont très fréquemment utilisés dans le Nouveau Testament, plus de six mille fois. Ce sont des *adjectifs verbaux*, c'est-à-dire qu'ils fonctionnent à la fois comme des adjectifs et comme des verbes. En tant que verbes, ils se conjuguent : ils ont un mode (participe), un temps et une voix. En tant qu'adjectifs, ils se déclinent : ils ont un nombre, un genre et un cas, mais ils n'ont pas de personnes.

L'analyse des participes comporte donc huit données : mode (participe), temps, voix, cas, genre, nombre, forme lexicale et traduction.

Au premier abord, la maîtrise des participes peut sembler un défi insurmontable. Il est vrai qu'ils sont très fréquents, combinent des données morphologiques relatives aux adjectifs et aux verbes, apparaissent sous plusieurs paradigmes et peuvent avoir des fonctions syntaxiques bien diverses. Pour simplifier les choses, nous débutons par un survol des données relatives aux participes. Ces données maîtrisées, l'approfondissement ultérieur du participe ne devrait guère poser de problèmes. Dans un même souci pédagogique nous divisons l'étude des participes en trois leçons : la première est consacrée à une introduction générale, la deuxième aux paradigmes et la troisième aux données élémentaires de syntaxe.

31.1 Le temps des participes

Du point de vue de la morphologie, le participe est utilisé à quatre temps : le présent, l'aoriste, le futur et le parfait. Le présent et l'aoriste sont les plus fréquents. Le futur n'est que très peu utilisé dans le N.T. On peut donc presque l'oublier au moment de l'apprentissage des paradigmes et se concentrer sur le présent, l'aoriste et, dans une moindre mesure, le parfait.

Globalement, voici la portée des temps des participes :

Le temps des participes

Présent	action ayant lieu en général en même temps que le verbe principal
Aoriste	action ayant eu lieu en général avant le verbe principal
Parfait	action achevée avant le verbe principal
Futur	action planifiée, prévue dans le futur par rapport au verbe principal.

L'action exprimée par le participe est, souvent, subordonnée par rapport au verbe principal de la phrase, qui sera souvent à l'indicatif. D'habitude, le participe n'exprime pas l'idée principale de la phrase. Cela entraîne des débats exégétiques quant à la relation exacte du participe avec le verbe principal. Nous en verrons des exemples dans les exercices.

31.2 Formation des participes

Le grec du N.T. utilise cinq terminaisons pour les participes. Elles sont reprises dans le tableau ci-dessous avec les temps qui les utilisent. Nous reviendrons en détail sur les flexions des participes par la suite. Apprenez ce tableau par cœur, il vous facilitera grandement la tâche. Nous indiquons les terminaisons du masculin, du féminin, du neutre singulier et du génitif masculin singulier.

Terminaison	Temps
-ων -ουσα -ον -οντος	Présent, Futur et Aoriste 2 A, εἰμι
-σας -σασα -σαν -σαντος	Aoriste 1 A
-θεις -θεισα -θεν -θεντος	Aoriste 1 P
-κως -κυια -κος -κοτος	Parfait A
-μενος -η -ον -μενου	Présent, Futur, Parfait M/P, Aoriste M

Les verbes contractes : au participe, les verbes contractes suivent les règles normales de contraction apprises auparavant.

ἀγαπα + οντος > ἀγαπωντος
φιλε + οντας > φιλουντας

L'emploi des participes

Pour débuter, on peut répartir l'emploi du participe selon qu'il est utilisé seul ou avec l'article.

- **Avec l'article** : en règle générale, employé avec l'article, le participe fait office d'adjectif épithète ou substantivé.
- **Sans article** : sans article le participe est utilisé
    - comme adjectif s'il modifie un nom ou un pronom;
    - comme adverbe s'il modifie un verbe. Dans ce dernier cas c'est le caractère verbal du participe qui domine. Il fait alors office de proposition circonstancielle de temps, de cause, etc.

31.3 Exercice

Apprenez les deux tableaux ci-dessus ainsi que les données de base de l'emploi du participe par cœur.

32 La formation des participes

Maintenant que nous avons appris les principes de base des participes, nous pouvons examiner leur morphologie. Les tableaux donnés ci-dessous ne le sont que pour information. Si l'on connaît les désinences du nom et les principes de formation des participes, il n'est pas nécessaire de les mémoriser.

32.1 Les participes en -ων -ουσα -ον -οντος

Les participes qui utilisent ces désinences sont :

- le participe présent actif
- le participe aoriste 2 actif
- le participe présent de εἰμι
- le participe futur actif

Le participe présent actif

Le participe présent actif se construit à partir du thème du présent du verbe. Pour exemple, nous prendrons le verbe λεγω, qui représente un septième de ces participes.

Si l'on connaît les désinences du nom et la marque caractéristique du participe présent actif (ντ, ουσ), ces participes ne posent pas de problèmes.

Le nominatif masculin singulier se termine en -ων. C'est l'une des rares formes où la désinence -ων n'indique pas un génitif pluriel. Nous l'avons déjà signalé à plusieurs reprises au cours des commentaires des exercices.

Le datif pluriel du masculin et du neutre est identique à la 3e personne du pluriel du présent de l'indicatif actif. La forme de l'indicatif est plus fréquente que celle du participe.

thème du présent + vt + marque du participe (ντ) + désinence du nom

	M	F	N
Sg N	λεγ ων	λεγ ουσα	λεγ ον
A	λεγ οντα	λεγ ουσαν	λεγ ον
G	λεγ οντος	λεγ ουσης	λεγ οντος
D	λεγ οντι	λεγ ουσῃ	λεγ οντι
Pl N	λεγ οντες	λεγ ουσαι	λεγ οντα
A	λεγ οντας	λεγ ουσας	λεγ οντα
G	λεγ οντων	λεγ ουσων	λεγ οντων
D	λεγ ουσιν	λεγ ουσαις	λεγ ουσιν

ἐδιδασκεν αὐτους λεγων (Mt 5.2)
il les enseignait disant

ὦ ἀνθρωπε ὁ κρινων τους τα τοιαυτα πρασσοντας (Rm 2.3)
ô homme qui juge ceux qui font de telles choses

Le participe aoriste second actif

thème de l'aoriste + vt + marque du participe (ντ) + désinences du nom

	M	F	N
Sg N	βαλ ων	βαλ ουσα	βαλ ον
A	βαλ οντα	βαλ ουσαν	βαλ ον
G	βαλ οντος	βαλ ουσης	βαλ οντος
D	βαλ οντι	βαλ ουσῃ	βαλ οντι
Pl N	βαλ οντες	βαλ ουσαι	βαλ οντα
A	βαλ οντας	βαλ ουσας	βαλ οντα
G	βαλ οντων	βαλ ουσων	βαλ οντων
D	βαλ ουσιν	βαλ ουσαις	βαλ ουσιν

Signalons que près de quatre-vingt-dix pour cent des participes aoristes dans le N.T. sont au nominatif. Il vaut donc la peine de bien connaître le nominatif.

και ἐλθοντες εἰς την οἰκιαν εἰδον το παιδιον (Mt 2.11)
et allant vers la maison ils virent l'enfant

την τε ἐπαγγελιαν του πνευματος του ἁγιου λαβων (Ac 2.33)
et ayant reçu la promesse de l'Esprit Saint

Le participe futur actif

Le participe futur actif ajoute simplement un σ devant la désinence du participe. On retrouve donc ici les phénomènes d'allongement des voyelles des verbes contractes et de modifications consonantiques des verbes à consonne occlusive et liquide.

Le participe futur indique une action planifiée, prévue dans le futur par rapport au verbe principal. On ne trouve qu'une dizaine de participes futurs actifs dans le N.T. Comme ces formes sont assez évidentes, il ne vaut guère la peine de s'y attarder.

Le participe futur se retrouve dans les versets suivants : Mt 27.49; Jn 6.64; Ac 8.27, 20.22, 22.5, 24.11, 17; Rm 8.34; 1Co 15.37; Hé 13.17; 1P 3.13. Examinez les participes de ces versets.

> ὃς ἐληλυθει <u>προσκυνησων</u> εἰς Ἰερουσαλημ (Ac 8.27)
> *qui était allé pour adorer à Jérusalem*
>
> τίς ὁ <u>κατακρινῶν</u>; (Rm 8.34)
> *Qui condamnera?*

Le participe présent actif de εἰμι

Au participe, le verbe εἰμι n'est utilisé qu'à la voix active. Le paradigme consiste en les terminaisons des participes présents actifs.

	M	F	N
Sg N	ὢν	οὖσα	ὄν
A	ὄντα	οὖσαν	ὄν
G	ὄντος	οὔσης	ὄντος
D	ὄντι	οὔσῃ	ὄντι
Pl N	ὄντες	οὖσαι	ὄντα
A	ὄντας	οὔσας	ὄντα
G	ὄντων	οὐσῶν	ὄντων
D	οὖσιν	οὔσαις	οὖσιν

> Ἰωσηφ δε ὁ ἀνηρ αὐτης, δικαιος <u>ὢν</u> (Mt 1.19)
> *et Joseph son mari, étant un homme juste*

32.2 Les participes en -σας -σασα -σαν -σαντος

Il s'agit ici uniquement du participe aoriste premier actif. Il se reconnaît très facilement grâce à la marque de l'aoriste -σα, que nous connaissons déjà, et du couple ντ. Rappelons que plus de quatre-vingt-dix pour cent des participes aoristes actifs dans le N.T. sont au nominatif.

Le participe aoriste premier actif

thème de l'aoriste 1 + marque de l'aoriste (σα) + marque du participe (ντ) + désinences du nom

	M	F	N
Sg N	λυ σας	λυ σασα	λυ σαν
A	λυ σαντα	λυ σασαν	λυ σαν
G	λυ σαντος	λυ σασης	λυ σαντος
D	λυ σαντι	λυ σασῃ	λυ σαντι
Pl N	λυ σαντες	λυ σασαι	λυ σαντα
A	λυ σαντας	λυ σασας	λυ σαντα
G	λυ σαντων	λυ σασων	λυ σαντων
D	λυ σασιν	λυ σασαις	λυ σασιν

La marque du participe est ντ, qui se combine à la marque de l'aoriste pour former σαντ. Au féminin, pour des raisons de phonétique, le ντ est remplacé par σα, ce qui donne un σασ caractéristique de ce participe. En général donc, σαντ et σασ indiqueront un participe aoriste premier actif. Le -ν du datif pluriel est le -ν euphonique.

Rappelons que les terminaisons de ces participes sont celles de l'adjectif πας (voir page 123).

<u>ἀκουσας</u> δε ὁ Ἰησους ἐθαυμασεν (Mt 8.10)
et ayant entendu cela Jésus fut émerveillé

32.3 Les participes en -θεις -θεισα -θεν -θεντος

Cette construction n'est utilisée que pour le participe aoriste passif.

Le participe aoriste premier passif

La marque du participe à la voix passive est ντ. Le η de la marque temporelle de l'aoriste passif est raccourci en ε. La marque du participe combinée à la marque de l'aoriste donne donc θεντ. Au féminin le ντ est remplacé par ισα.

thème de l'aoriste + marque de l'aoriste passif modifiée (θε)
+ marque du participe (ντ) + désinences du nom

	M	F	N
Sg N	λυ θεις	λυ θεισα	λυ θεν
A	λυ θεντα	λυ θεισαν	λυ θεν
G	λυ θεντος	λυ θεισης	λυ θεντος
D	λυ θεντι	λυ θειση̨	λυ θεντι
Pl N	λυ θεντες	λυ θεισαι	λυ θεντα
A	λυ θεντας	λυ θεισας	λυ θεντα
G	λυ θεντων	λυ θεισων	λυ θεντων
D	λυ θεισιν	λυ θεισαις	λυ θεισιν

βαπτισθεις δε ὁ Ἰησους εὐθυς ἀνεβη ἀπο του ὑδατος (Mt 3.16)
Et Jésus ayant été baptisé sortit immédiatement de l'eau

Un tiers de ces participes est la forme ἀποκριθεις, du verbe ἀποκρινομαι, *répondre*.

ἀποκριθεις δε ὁ Ἰησους εἰπεν προς αὐτον (Mt 3.15)
Et répondant Jésus lui dit

Le participe aoriste second passif

Le participe aoriste second est identique à l'aoriste premier si ce n'est que le θ est absent.

ὁ δε στραφεις εἰπεν τῳ Πετρῳ (Mt 16.23)
Et s'étant tourné il dit à Pierre

32.4 Les participes en -κως -κυια -κος -κοτος

Cette terminaison n'est utilisée que pour le participe parfait actif

Le participe parfait se forme à partir du thème du parfait actif et indique, comme ce dernier, une action présentée comme complète.

Le redoublement n'étant pas une marque de temps mais du parfait, il est conservé au participe.

L'absence de la marque temporelle et de la voyelle thématique est un trait distinctif du participe parfait médio-passif.

Si un verbe a un parfait indicatif premier, c'est le thème de ce temps qui est utilisé pour former le participe parfait premier.

redoublement + thème du parfait + κ + marque du participe + désinences du nom

	M	F	N
Sg N	λε λυ κως	λε λυ κυια	λε λυ κος
A	λε λυ κοτα	λε λυ κιαν	λε λυ κος
G	λε λυ κοτος	λε λυ κυιας	λε λυ κοτος
D	λε λυ κοτι	λε λυ κυιᾳ	λε λυ κοτι
Pl N	λε λυ κοτες	λε λυ κυιαι	λε λυ κοτα
A	λε λυ κοτας	λε λυ κυιας	λε λυ κοτα
G	λε λυ κοτων	λε λυ κυιων	λε λυ κοτων
D	λε λυ κοσιν	λε λυ κυιαις	λε λυ κοσιν

Ἐλεγεν δε και τῳ κεκληκοτι αὐτον (Lc 14.12)
Et il dit à celui qui l'avait appelé

Le participe parfait second est formé de manière identique mais sans κ.

εὑρον το προβατον μου το ἀπολωλος (Lc 15.6)
j'ai retrouvé ma brebis qui était perdue

32.5 Les participes en -μενος -η -ον -μενου

Cette construction est utilisée pour :

- le participe présent médio-passif
- le participe aoriste moyen
- le participe parfait médio-passif
- le participe futur moyen et passif

Le participe présent médio-passif

Le participe présent médio-passif se construit à partir du thème du présent.

thème du présent + vt + marque du participe présent M/P (μεν)
+ désinences du nom

	M	F	N
Sg N	λυ ομενος	λυ ομενη	λυ ομενον
A	λυ ομενον	λυ ομενην	λυ ομενον
G	λυ ομενου	λυ ομενης	λυ ομενου
D	λυ ομενῳ	λυ ομενῃ	λυ ομενῳ
Pl N	λυ ομενοι	λυ ομεναι	λυ ομενα
A	λυ ομενους	λυ ομενας	λυ ομενα
G	λυ ομενων	λυ ομενων	λυ ομενων
D	λυ ομενοις	λυ ομεναις	λυ ομενοις

αἰτειτω δε ἐν πιστει μηδεν <u>διακρινομενος</u>· ὁ γαρ <u>διακρινομενος</u> (Ja 1.6)
qu'il demande avec foi, sans douter. Car celui qui doute

Le participe aoriste premier moyen

Si un verbe a un aoriste premier, il utilise le thème de cet aoriste premier au participe.

thème de l'aoriste premier + σα + marque du participe (μεν) + désinence

	M	F	N
Sg N	λυ σαμενος	λυ σαμενη	λυ σαμενον
A	λυ σαμενον	λυ σαμενην	λυ σαμενον
G	λυ σαμενου	λυ σαμενης	λυ σαμενου
D	λυ σαμενῳ	λυ σαμενῃ	λυ σαμενῳ
Pl N	λυ σαμενοι	λυ σαμεναι	λυ σαμενα
A	λυ σαμενους	λυ σαμενας	λυ σαμενα
G	λυ σαμενων	λυ σαμενων	λυ σαμενων
D	λυ σαμενοις	λυ σαμεναις	λυ σαμενοις

Le participe aoriste second moyen

Le verbe γινομαι représente environ un tiers des participes aoristes moyens. Rappelez-vous que par « moyen » il faut souvent comprendre « déponent ». On voit qu'il s'agit d'un aoriste par la présence du thème de l'aoriste γεν au lieu du thème du présent γιν.

	M	F	N
Sg N	γενομενος	γενομενη	γενομενον
A	γενομενον	γενομενην	γενομενον
G	γενομενου	γενομενης	γενομενου
D	γενομενῳ	γενομενῃ	γενομενῳ
Pl N	γενομενοι	γενομεναι	γενομενα
A	γενομενους	γενομενας	γενομενα
G	γενομενων	γενομενων	γενομενων
D	γενομενοις	γενομεναις	γενομενοις

ὀψιας γενομενης λεγετε (Mt 16.2)
lorsque la soirée est venue vous dites

ἐπιλαβομενοι τε αὐτου ἐπι τον Ἀρειον παγον ἠγαγον (Ac 17.19)
et s'étant emparés de lui ils le menèrent à l'Aréopage

Le participe parfait médio-passif

redoublement + thème du parfait + marque du participe (μεν)
+ désinences du nom

	M	F	N
Sg N	λε λυ μενος	λε λυ μενη	λε λυ μενον
A	λε λυ μενον	λε λυ μενην	λε λυ μενον
G	λε λυ μενου	λε λυ μενης	λε λυ μενου
D	λε λυ μενῳ	λε λυ μενῃ	λε λυ μενῳ
Pl N	λε λυ μενοι	λε λυμεναι	λε λυ μενα
A	λε λυ μενους	λε λυμενας	λε λυ μενα
G	λε λυ μενων	λε λυμενων	λε λυ μενων
D	λε λυ μενοις	λε λυμεναις	λε λυ μενοις

κατεβη οὑτος <u>δεδικαιωμενος</u> εἰς τον οἰκον αὐτου (passif, Lc 18.14)
celui-ci redescendit vers sa maison justifié

Le participe futur moyen et passif

Le participe futur est rare. On trouve un participe futur moyen en Luc 22.49 (ἐσομενον) et 1Corinthiens 15.37 (γενησομενον) et un participe futur passif en Hébreux 3.5 (λαληθησομενων). Tous les autres sont à l'actif.

32.6 Résumé

- Les participes sont des adjectifs verbaux très fréquents dans le N.T.
- Ils sont employés aux trois voix (active, moyenne et passive) et à quatre temps : le présent, l'aoriste, le parfait et le futur. Le futur est rare.
- Les participes ne prennent pas d'augment. Ils suivent l'un des cinq modèles suivants :

Terminaison	Temps
-ων -ουσα -ον -οντος	Présent, Futur et Aoriste 2 A, εἰμι
-σας -σασα -σαν -σαντος	Aoriste 1 A
-θεις -θεισα -θεν -θεντος	Aoriste 1 P
-κως -κυια -κος -κοτος	Parfait A
-μενος -η -ον -μενου	Présent, Futur, Parfait M/P, Aoriste M

- Les participes suivent les désinences du nom. Reconnaître leurs cas, genre et nombre ne pose donc en général pas de difficulté.

32.7 Exercice

Analysez et traduisez les participes suivants. N'essayez pas de faire cet exercice sans avoir mémorisé les principes de base de formation des participes. Essayez de procéder de manière logique. Repérez la terminaison, les temps possibles pour chaque terminaison, le cas, le genre, le nombre, la racine du verbe. Le but est de produire certains automatismes d'analyse et d'identification des participes.

1 ἐλθων
2 ἀκολουθουσιν
3 ἐγερθεις
4 θελοντι
5 γεγονος
6 δεδεμενος
7 εἰδως
8 πιστευοντων
9 γεννηθεντος
10 ἰδων
11 ἐκβληθεντος
12 σπαρεις
13 γινωσκοντες
14 ἀρξαμενος
15 εἰληφως
16 ἀκουσαντες
17 κρατησας
18 ἐσταυρωμενον
19 ὀντων
20 μελλοντα

33 L'EMPLOI DU PARTICIPE

Nous avons étudié les différentes formes que peut prendre le participe. Il est temps à présent de nous pencher sur son utilisation. Le participe est très fréquemment employé dans le Nouveau Testament et de manières diverses. Nous nous attacherons ici à faire ressortir les grandes lignes de la syntaxe du participe. Une connaissance plus fine de cette syntaxe ne s'acquiert qu'avec la fréquentation des textes bibliques.

33.1 GÉNÉRALITÉS

Comme nous l'avons dit dans l'introduction aux participes, on peut, pour l'essentiel, répartir leur emploi en deux grandes catégories : soit le participe est utilisé avec un article, il est alors épithète ou substantivé; soit il est utilisé sans article, il est alors adjectif ou adverbe.

Avec article

Le participe utilisé avec l'article peut être soit épithète, soit substantivé. C'est de toute façon le caractère adjectival du participe qui domine. Dans ce cas, le participe modifie un nom ou un pronom dans la phrase et, comme tout adjectif, s'accorde avec lui en cas, en nombre et en genre. Il sera souvent traduit par un participe en français ou à l'aide du pronom relatif.

ÉPITHÈTE

Utilisé avec un nom, le participe accompagné de l'article qualifie ce nom et est épithète.

> εὗρον το προβατον μου το ἀπολωλος (Lc 15.6)
> *j'ai retrouvé ma brebis (la) qui était perdue*

SUBSTANTIF

Comme tout adjectif, le participe peut faire office de nom. C'est ce que l'on appelle le *participe substantivé.*

> ὦ ἀνθρωπε ὁ κρινων τους τα τοιαυτα πρασσοντας (Rm 2.3)
> *ô homme qui juge ceux qui font de telles choses*

La phrase précédente contient deux participes substantivés.

Le cas du participe substantivé est déterminé par la fonction du participe dans la phrase. Dans l'exemple ci-dessus, le premier participe est au nominatif, donc sujet, le second est à l'accusatif car il est objet de la phrase. Le genre et le nombre sont déterminés par l'antécédent du participe.

Il n'existe pas une seule façon de traduire le participe grec en français. Parmi toutes les possibilités, il faut choisir celle qui reflète le mieux le sens du participe tout en respectant le style français.

Sans article

Utilisé sans article le participe est soit adjectif, soit adverbe.

ADJECTIF

Si le participe modifie un nom ou un pronom, il est adjectif.

> ἀλλ' ἐπι παντι ῥηματι ἐκπορευομενῳ δια στοματος θεου (Mt 4.4)
> *mais de toute parole sortant (qui sort) de la bouche de Dieu*

> Ὁμοια ἐστιν ἡ βασιλεια των οὐρανων θησαυρῳ κεκρυμμενῳ ἐν τῳ ἀγρῳ (Mt 13.44)
> *le royaume des cieux est semblable à un trésor (qui a été) caché dans le champ*

Dans ces deux exemples, le participe modifie le nom qui le précède. Même si on peut le traduire par une proposition relative, en grec le participe est bien un adjectif d'un point de vue syntaxique. Il faut donc bien veiller à ne pas confondre le rôle du participe dans la phrase grecque et dans la traduction.

ADVERBE

Si le participe modifie un verbe, il est adverbe. C'est le caractère verbal du participe qui domine. Le participe explique alors les modalités d'accomplissement du verbe principal. Il fait alors office de proposition circonstancielle de temps, de manière, de cause, etc. Très souvent la signification du participe est claire dans le contexte, mais il arrive que ce ne soit pas le cas. Une exégèse plus poussée du passage doit alors être réalisée. Selon le style recherché, la traduction française fera appel à différentes formules.

Dans les exemples suivants, tirés de la leçon précédente, le participe a une valeur temporelle.

> βαπτισθεις δε ὁ Ἰησους εὐθυς ἀνεβη ἀπο του ὑδατο (Mt 3.16)
> *Ayant été baptisé* (ou *après avoir été baptisé) Jésus sortit immédiatement de l'eau*
>
> και ἐλθοντες εἰς την οἰκιαν εἶδον το παιδιον (Mt 2.11)
> *et allant* (ou *en allant, alors qu'ils allaient) vers la maison ils virent l'enfant*

Le participe peut aussi avoir une valeur causale, explicative, de manière, etc. Dans l'exemple suivant, on pourrait arguer que le participe répond à la question « comment Dieu a-t-il exercé sa puissance? ».

> Ἣν ἐνηργησεν ἐν τῳ Χριστῳ ἐγειρας αὐτον ἐκ νεκρων (Ép 1.20)
> *qu'il a exercée en ressuscitant Christ d'entre les morts*

Pour prendre un exemple plus compliqué, on peut considérer que dans les versets suivants les participes expliquent les modalités selon lesquelles la plénitude de l'Esprit est envisagée. Il s'agit d'une plénitude communautaire explicitée par les participes.

> και μη μεθυσκεσθε οἰνῳ... ἀλλα πληρουσθε ἐν πνευματι... λαλουντες...
> ᾀδοντες και ψαλλοντες... εὐχαριστουντες... Ὑποτασσομενοι ἀλληλοις (Ép 5.18–21).
> *et ne vous enivrez pas de vin... mais soyez remplis de l'Esprit... en parlant... en célébrant et en louant... en rendant grâce.... en étant soumis les uns aux autres.*

Vous aurez remarqué que tous les participes donnés en exemple pour l'emploi adverbial, sont au nominatif. En fait le participe adverbial est soit au nominatif, soit au génitif dans le cas du génitif absolu (voir ci-dessous).

On le voit donc, les participes peuvent avoir des fonctions syntaxiques diverses qui demanderont une connaissance plus fine des auteurs bibliques et de leur style. Mais, dans de nombreux cas, la fonction circonstancielle des participes sera assez claire.

33.2 Le génitif absolu

Une construction « absolue » (séparée) est une construction sans lien syntaxique direct avec son contexte. Le génitif absolu est le nom donné à *une construction combinant un nom ou un pronom au génitif accompagné d'un participe au génitif dont le sujet est différent du sujet du verbe principal.* Le nom/pronom et le participe semblent sans lien syntaxique direct avec le reste de la phrase. Ce n'est pas tout à fait le cas. Le génitif absolu fait partie syntaxiquement de la phrase, mais son sujet est différent du sujet du verbe principal.

> Καταβαντος δε αὐτου ἀπο του ὀρους ἠκολουθησαν αὐτῳ ὀχλοι πολλοι (Mt 8.1)
> *lorsqu'il fut descendu de la montagne, de grandes foules le suivirent*
> Και εὐθυς ἐτι αὐτου λαλουντος παραγινεται Ἰουδας (Mc 14.43)
> *Et aussitôt, alors qu'il parle encore, survient Judas.*

On le voit dans ces exemples, αὐτου est le sujet du participe. Cela illustre bien que le nom ou le pronom sujet de l'action du participe diffère du sujet du verbe principal de la phrase.

La traduction du génitif absolu exige souvent le recours à une expression idiomatique ou une paraphrase en français, comme c'est d'ailleurs fréquemment le cas avec les participes.

33.3 Les constructions périphrastiques

Le participe sans article accompagné du verbe εἰμι est à maintes reprises utilisé pour exprimer une seule idée. C'est ce que l'on appelle une construction périphrastique. Par définition, une périphrase est, en effet, une construction qui dit en plusieurs mots ce qui pourrait se dire en un mot. La construction périphrastique se traduit par un temps ordinaire de l'indicatif. On remarque que, dans le N.T., les constructions périphrastiques combinent le verbe εἰμι avec un participe présent ou un participe parfait. De plus, le participe est en général au nominatif.

Voici les différents ensembles périphrastiques du N.T. Plusieurs mots peuvent être insérés entre εἰμι et le participe.

Temps périphrastique	Construction	
Présent	présent de εἰμι	+ participe présent
Imparfait	imparfait de εἰμι	+ participe présent
Futur	futur de εἰμι	+ participe présent
Parfait	présent de εἰμι	+ participe parfait
Plus-que-parfait	imparfait de εἰμι	+ participe parfait
Futur parfait	futur de εἰμι	+ participe parfait

ὅ <u>ἐστιν μεθερμηνευομενον</u> μεθ' ἡμων ὁ θεος (Mt 1.23)
ce qui interprété veut dire Dieu est avec nous.

ὁσα ἐαν δησητε ἐπι της γης <u>ἐσται δεδεμενα</u> ἐν οὐρανῳ (Mt 18.18)
*tout ce que vous lierez sur la terre sera (*ou *aura été) lié dans le ciel*

33.4 Résumé

- Utilisé avec l'article, le participe est adjectif épithète ou substantivé. Utilisé sans article, il est adjectif s'il modifie un nom ou pronom, adverbe s'il modifie un verbe.
- Le génitif absolu est une construction combinant un nom ou un pronom au génitif accompagné d'un participe au génitif dont le sujet est différent du sujet du verbe principal.
- Un temps périphrastique est constitué d'un participe présent ou parfait, sans article et en général au nominatif, accompagné d'une forme de εἰμι et utilisé à la place d'un verbe défini pour exprimer en plusieurs mots ce qui peut se dire en un mot.

33.5 Vocabulaire

ἁμαρτανω	pécher
ἐγγιζω	s'approcher
ἐργάζομαι	travailler
ἑτοιμάζω	préparer
εὐλογεω	bénir
θαυμαζω	(s') émerveiller, (s') étonner
θεραπευω	guérir

κλαιω	pleurer
οἰκοδομέω	bâtir, construire, édifier
πασχω	souffrir
φωνεω	appeler, crier

33.6 Exercice

Analysez et traduisez les participes des versets suivants ainsi que toutes les formes que vous ne connaissez pas. Essayez de déterminer la fonction syntaxique de ces participes. Vous devriez pouvoir traduire de façon rudimentaire ces passages à l'aide du dictionnaire.

1 Οἱ δὲ ἕνδεκα μαθηταὶ ἐπορεύθησαν εἰς τὴν Γαλιλαίαν εἰς τὸ ὄρος οὗ ἐτάξατο (de τασσω) αὐτοῖς ὁ Ἰησοῦς, καὶ ἰδόντες αὐτὸν προσεκύνησαν, οἱ δὲ ἐδίστασαν. καὶ προσελθὼν ὁ Ἰησοῦς ἐλάλησεν αὐτοῖς λέγων· ἐδόθη μοι πᾶσα ἐξουσία ἐν οὐρανῷ καὶ ἐπὶ τῆς γῆς. πορευθέντες οὖν μαθητεύσατε πάντα τὰ ἔθνη, βαπτίζοντες αὐτοὺς εἰς τὸ ὄνομα τοῦ πατρὸς καὶ τοῦ υἱοῦ καὶ τοῦ ἁγίου πνεύματος, διδάσκοντες αὐτοὺς τηρεῖν πάντα ὅσα ἐνετειλάμην ὑμῖν· καὶ ἰδοὺ ἐγὼ μεθ' ὑμῶν εἰμι πάσας τὰς ἡμέρας ἕως τῆς συντελείας τοῦ αἰῶνος (Mt 28.16–20). **2** καθ' ἡμέραν τε προσκαρτεροῦντες ὁμοθυμαδὸν ἐν τῷ ἱερῷ, κλῶντές τε κατ' οἶκον ἄρτον, μετελάμβανον τροφῆς ἐν ἀγαλλιάσει καὶ ἀφελότητι καρδίας αἰνοῦντες τὸν θεὸν καὶ ἔχοντες χάριν πρὸς ὅλον τὸν λαόν. ὁ δὲ κύριος προσετίθει τοὺς σῳζομένους καθ' ἡμέραν ἐπὶ τὸ αὐτό (Ac 2.46–47). **3** Μακάριος ἀνὴρ ὃς ὑπομένει πειρασμόν, ὅτι δόκιμος γενόμενος λήμψεται τὸν στέφανον τῆς ζωῆς ὃν ἐπηγγείλατο τοῖς ἀγαπῶσιν αὐτόν. Μηδεὶς πειραζόμενος λεγέτω ὅτι ἀπὸ θεοῦ πειράζομαι· ὁ γὰρ θεὸς ἀπείραστός ἐστιν κακῶν, πειράζει δὲ αὐτὸς οὐδένα. ἕκαστος δὲ πειράζεται ὑπὸ τῆς ἰδίας ἐπιθυμίας ἐξελκόμενος καὶ δελεαζόμενος· εἶτα ἡ ἐπιθυμία συλλαβοῦσα τίκτει ἁμαρτίαν, ἡ δὲ ἁμαρτία ἀποτελεσθεῖσα ἀποκύει θάνατον (Ja 1.12–15).

34 Les verbes en -μι

34.1 Introduction

Le moment est venu d'aborder le second groupe du système verbal grec. Jusqu'à présent nous ne nous sommes occupés que du premier groupe, le plus fréquent dans le N.T., les verbes en -ω. La seconde conjugaison, celles des verbes en -μι, ne représente qu'une trentaine de verbes, mais ils sont fréquemment utilisés.

Des deux systèmes de conjugaison, celui en -μι est le plus ancien. Mais, petit à petit, il se fait supplanter par la conjugaison en -ω. La transition est encore en cours à l'époque du N.T., à tel point que certains verbes sont parfois conjugués en -ω, parfois en -μι (δεικνυω, δεικνυμι, *montrer*). De la conjugaison en -μι, il ne subsiste en grec moderne que le verbe εἰμι.

La forme des verbes en -μι varie tellement qu'ils sont parfois méconnaissables. Heureusement, ces variations surviennent essentiellement au présent. Pour les autres temps, nombre de règles apprises jusqu'à présent vous permettront de rapidement maîtriser la seconde conjugaison. De plus, la terminaison des verbes en -μι ne diffère de celle des verbes en -ω qu'au présent, à l'aoriste second et à l'imparfait. Pour le reste, les désinences sont identiques à celles de la première conjugaison.

Ici encore, plutôt que de mémoriser des paradigmes entiers, il est préférable d'apprendre quelques règles qui permettront de comprendre le fonctionnement des verbes et donc leur emploi dans le N.T.

La meilleure chose à faire pour les verbes en -μι est de prendre une copie de leurs paradigmes, de les analyser, de comprendre ce qui se passe, de distinguer les constantes, les ressemblances, les choses qui paraissent étonnantes. L'essentiel est de se rappeler qu'au présent de l'indicatif et du subjonctif on trouve un redoublement. Aux autres temps, une fois le vocabulaire appris et la conjugaison des verbes en -ω maîtrisée, peu de difficultés subsistent.

Les verbes en -μι les plus fréquents sont les verbes διδωμι, *donner*, τιθημι, *mettre*, ἱστημι, *se tenir debout* et δεικνυμι, *montrer*. D'autres verbes en -μι sont des composés de ces verbes. Selon la voyelle présente dans leur thème, il existe quatre catégories de verbes en -μι : en ε, ο, α et en υ.

	Thème	voyelle	Thème du présent
δεικνυμι	δεικνυ	υ	δεικν
διδωμι	δο	ο	διδο
ἱστημι	στα	α	ἱστα
τιθημι	θε	ε	τιθε

Règles de base pour les verbes en -μι

- *Les verbes en -μι n'ont en général pas de voyelle thématique avant la désinence.* Une voyelle thématique est toutefois ajoutée au singulier de l'imparfait et du futur de l'indicatif actif.
- *Pour former leur présent, les verbes en -μι redoublent la consonne initiale de leur thème et ajoutent un iota entre ces deux consonnes.* Ainsi, le thème de διδωμι est δο. Dans le cas de ἱστημι, l'esprit rude remplace le sigma redoublé. Au lieu d'avoir σιστα, on obtient ἱστα.
- Au parfait, comme c'est le cas pour les verbes en -ω, la consonne initiale est redoublée, mais celle-ci est suivie d'un ε (διδωμι > δεδοκα).
- *La voyelle du thème des verbes en -μι peut parfois être allongée, raccourcie ou éliminée.* Ainsi δο devient δω dans la conjugaison.
- *En général l'aoriste des verbes en -μι se fait en ajoutant* κα *après le thème.* Attention donc de ne pas penser qu'il s'agit d'un parfait.

34.2 Le verbe διδωμι (donner)

Paradigme de διδωμι à la voix active

Nous ne présentons que les temps où la conjugaison en -μι se distingue de la conjugaison en -ω. Certaines des formes données ci-dessous n'apparaissent pas dans le N.T.

		Indicatif	Subjonctif	Impératif	Infinitif
Présent	Sg 1	διδωμι	διδω		διδοναι
	2	διδως	διδῳς	διδου	**Participe**
	3	διδωσιν	διδῳ	διδοτω	διδους - διδουσα
	Pl 1	διδομεν	διδωμεν		διδον - διδοντος
	2	διδοτε	διδωτε	διδοτε	διδουσης - διδοντος
	3	διδοασιν	διδωσιν	διδοτωσαν	
Aoriste	Sg 1	ἐδωκα	δω		**Infinitif**
	2	ἐδωκας	δῳς	δος	δουναι
	3	ἐδωκεν	δῳ	δοτω	**Participe**
	Pl 1	ἐδωκαμεν	δωμεν		δους - δουσα
	2	ἐδωκατε	δωτε	δοτε	δον - δοντος
	3	ἐδωκαν	δωσιν	δοτωσαν	δουσης - δοντος
Imparfait	Sg 1	ἐδιδουν			
	2	ἐδιδους			
	3	ἐδιδου			
	Pl 1	ἐδιδομεν			
	2	ἐδιδοτε			
	3	ἐδιδουν			

Paradigme de διδωμι au médio-passif

Comme nous l'avons fait pour la voix active, nous ne donnons que les formes qui se distinguent de la conjugaison en -ω. Le tableau indique uniquement l'aoriste moyen. L'aoriste passif de διδωμι suit la conjugaison de λυω, c'est-à-dire qu'il se conjugue sur le modèle de ἐδοθην.

		Indicatif	Subjonctif	Impératif	Infinitif
Prés. M/P	Sg 1	διδομαι	διδωμαι		διδοσθαι
	2	διδοσαι	διδῳ	διδοσο	**Participe**
	3	διδοται	διδωται	διδοσθω	διδομενος -η -ον
	Pl 1	διδομεθα	διδωμεθα		
	2	διδοσθε	διδωσθε	διδοσθε	
	3	διδονται	διδωνται	διδοσθωσαν	

Aor. M	Sg 1	ἐδομην	δω(σ)μαι		**Infinitif**
	2	ἐδου	δ(σ)ῳ	δου	δοσθαι
	3	ἐδοτο	δωται	δοσθω	**Participe**
	Pl 1	ἐδομεθα	δωμεθα		δομενος -η -ον
	2	ἐδοσθε	δωσθε	δοσθε	
	3	ἐδοντο	δωνται	δοσθωσαν	

Impar. M/P	Sg 1	ἐδιδομην
	2	ἐδιδοσο
	3	ἐδιδοτο
	Pl 1	ἐδιδομεθα
	2	ἐδιδοσθε
	3	ἐδιδοντο

34.3 Résumé

- La seconde conjugaison regroupe les verbes en -μι.
- Ces verbes sont peu nombreux mais très fréquents. Ils se distinguent en général de la première conjugaison au présent, à l'aoriste et à l'imparfait.

34.4 Vocabulaire

ἀποδιδωμι	act. : rendre, payer; moyen : vendre
διδωμι	donner
παραδιδωμι	confier, livrer

34.5 Exercice

1 τὸν ἄρτον ἡμῶν τὸν ἐπιούσιον δὸς ἡμῖν σήμερον (Mt 6.11). **2** καὶ ὅταν ἄγωσιν ὑμᾶς παραδιδόντες, μὴ προμεριμνᾶτε τί λαλήσητε, ἀλλ' ὃ ἐὰν δοθῇ ὑμῖν ἐν ἐκείνῃ τῇ ὥρᾳ τοῦτο λαλεῖτε· οὐ γάρ ἐστε ὑμεῖς οἱ λαλοῦντες ἀλλὰ τὸ πνεῦμα τὸ ἅγιον. καὶ παραδώσει ἀδελφὸς ἀδελφὸν εἰς θάνατον καὶ πατὴρ τέκνον, καὶ ἐπαναστήσονται τέκνα ἐπὶ γονεῖς καὶ θανατώσουσιν αὐτούς (Mc 13.11–12). **3** εἰρήνην τὴν ἐμὴν δίδωμι ὑμῖν· οὐ καθὼς ὁ κόσμος δίδωσιν ἐγὼ δίδωμι ὑμῖν (Jn 14.27). **4** ἔδωκας αὐτῷ ἐξουσίαν πάσης σαρκός, ἵνα πᾶν ὃ δέδωκας αὐτῷ δώσῃ αὐτοῖς ζωὴν αἰώνιον (Jn 17.2). **5** ἰδὼν δὲ ὁ Σίμων ὅτι διὰ τῆς ἐπιθέσεως τῶν χειρῶν τῶν ἀποστόλων δίδοται τὸ πνεῦμα, προσήνεγκεν αὐτοῖς χρήματα λέγων· δότε κἀμοὶ τὴν ἐξουσίαν ταύτην (Ac 8.18–19). **6** ὁ οὖν νόμος κατὰ τῶν ἐπαγγελιῶν τοῦ θεοῦ; μὴ γένοιτο. εἰ γὰρ ἐδόθη νόμος ὁ δυνάμενος ζῳοποιῆσαι, ὄντως ἐκ νόμου ἂν ἦν ἡ δικαιοσύνη. ἀλλὰ συνέκλεισεν ἡ γραφὴ τὰ πάντα ὑπὸ ἁμαρτίαν, ἵνα ἡ ἐπαγγελία ἐκ πίστεως Ἰησοῦ Χριστοῦ δοθῇ τοῖς πιστεύουσιν (Ga 3.21–22). **7** διὰ τοῦ εὐαγγελίου, οὗ ἐγενήθην διάκονος κατὰ τὴν δωρεὰν τῆς χάριτος τοῦ θεοῦ τῆς δοθείσης μοι κατὰ τὴν ἐνέργειαν τῆς δυνάμεως αὐτοῦ. Ἐμοὶ τῷ ἐλαχιστοτέρῳ πάντων ἁγίων ἐδόθη ἡ χάρις αὕτη (Ép 3.7–8). **8** Καὶ ἐδόθη αὐτῷ δοῦναι πνεῦμα τῇ εἰκόνι τοῦ θηρίου, ἵνα καὶ λαλήσῃ ἡ εἰκὼν τοῦ θηρίου (Ap 13.15).

35 Les verbes en -μι (suite)

Nous allons à présent étudier les trois autres catégories de verbes en -μι (θε, στα, δεικνυ) à partir de ce que nous avons appris dans la leçon précédente. Les règles apprises pour διδωμι s'appliquent également aux autres verbes en -μι.

À nouveau, nombre de formes données dans les tableaux ci-dessous n'apparaissent pas dans le N.T. L'apprentissage des thèmes et les connaissances acquises jusqu'à présent devraient permettre une acquisition assez facile de la seconde conjugaison.

35.1 Le verbe δεικνυμι (montrer)

Le verbe lui-même est peu fréquent dans le N.T. Mais il est utilisé en composition avec les prépositions ἀνα, ἀπο, ἐν, ἐπι, ὑπο. On trouve aussi quelques autres verbes en νυμμι : ἀμφιεννυμι, ζωννυμι, σβεννυμι. Ils sont le plus souvent utilisés à l'aoriste. Le futur et l'aoriste de ces verbes se forment comme les verbes en -ω.

PRÉSENT

		Indicatif	Impératif	Infinitif
Actif	Sg 1	δεικνυμι		δεικνυναι
	2	δεικνυς	δεικνου	
	3	δεικνυσιν	δεικνυτω	**Participe**
	Pl 1	δεικνυμεν		δεικνυς - δεικνυσα
	2	δεικνυτε	δεικνυτε	δεικνυν - δεικνυντος
	3	δεικνυασιν	δεικνυτωσαν	δεικνυσης - δεικνυντος

				Infinitif
M/P	Sg 1	δεικνυμαι		
	2	δεικνυσαι	δεικνυσο	δεικνυσθαι
	3	δεικνυται	δεικνυτω	
	Pl 1	δεινυμεθα		**Participe**
	2	δεικνυσθε	δεικνυσθε	δεικνυμενος -η -ον
	3	δεικνυνται	δεικνυσθωσαν	

35.2 Le verbe τιθημι (mettre)

Voix active

Le radical de τιθημι apparaît sous plusieurs formes (θε, θη, θει). En outre, le redoublement du présent et de l'imparfait ne se fait pas en θη mais en τι. Le verbe n'est pas utilisé au subjonctif présent dans le N.T., sauf en Marc 6.41 et 8.6 où l'on a la 3e du pluriel du composé παρατιθημι (παρατιθωσιν). De même l'imparfait de τιθημι ou de l'un de ses dérivés ne se trouve à l'indicatif actif qu'à la 3e du singulier (ἐπιθει) et à la 3e du pluriel (ἐπιθουν ou ἐπιτεσαν).

		Indicatif	Subjonctif	Impératif	Infinitif
Présent	Sg 1	τιθημι			τιθεναι
	2	τιθης		τιθει	**Participe**
	3	τιθησιν		τιθετω	τιθεις - τιθεισα
	Pl 1	τιθεμεν			τιθεν - τιθεντος
	2	τιθετε		τιθετε	τιθεισης - τιθεντος
	3	τιθεασιν		τιθετωσαν	
Aoriste	Sg 1	ἐθηκα	θω		**Infinitif**
	2	ἐθηκας	θῃς	θες	θειναι
	3	ἐθηκεν	θῃ	θετω	**Participe**
	Pl 1	ἐθηκαμεν	θωμεν		θεις - θεισα
	2	ἐθηκατε	θωτε	θετε	θεν - θεντος
	3	ἐθηκαν	θωσιν	θετωσαν	θεισης - θεντος

Voix moyenne-passive

Τιθημι n'est pas employé au présent médio-passif dans le N.T. On trouve huit cas d'utilisation au présent des verbes composés παρατιθημι et ἐπιθημι.

L'impératif ne se rencontre que sous la forme θεσθε en Luc 9.44. Le subjonctif aoriste M/P n'est utilisé qu'en Marc 4.21 et Hébreux 10.13.

		Indicatif	Subjonctif	Impératif	Infinitif
Aor. M	Sg 1	ἐθεμην	θωμαι		θεσθαι
	2	ἐθου	θῃ		
	3	ἐθετο	θηται		
	Pl 1	ἐθεμεθα	θωμεθα		**Participe**
	2	ἐθεσθε	θησθε	θεσθε	θεμενος -r -ον
	3	ἐθεντο	θωνται		

35.3 Le verbe ἱστημι (placer)

Le radical du verbe ἱστημι apparaît sous différentes formes : στα (σταν) ou στη. Il suffit de retenir que les consonnes -στ signalent l'emploi du verbe ἱστημι. Il ne vaut guère la peine ici de donner un tableau détaillé du verbe.

Voix active

		Indicatif	Impératif	Infinitif
Présent	Sg 1	ἱστημι		ἱσταναι
	2	ἱστης		
	3	ἱστησιν		
	Pl 1	ἱσταμεν		**Participe**
	2	ἱστατε	ἱστανετε	ἱστας -αντος
	3	ἱτασιν		

Voix moyenne et passive

	MOYEN		PASSIF
	Présent	Imparfait	Présent
Sg 3	ἱσταται	ἱστατο	ἱσταται
Pl 3	ἱστανται	ἱσταντο	

Participe	Infinitif
ἀνισταμενος	ἱστασθαι

Autres formes

ACTIF			PASSIF
Aoriste	Parfait	P. que parfait	Aoriste
régulier	régulier	régulier	ρ//γυλιερ
ἐστησα	ἐστακα	ἑιστηκειν	ἐσταθην
(comme ἐλυσα)	(comme λελυκα)	(comme ἐλελυκειν) redoublement en εἱ	(comme ἐλυθην)

35.4 Résumé

Les verbes en -μι dont le radical se forme en θε, στα et δεικνυ suivent, pour l'essentiel, les règles apprises dans la leçon précédente.

35.5 Vocabulaire

ἀφιημι	laisser partir, abandonner, pardonner
ἀνιστημι	intrans. : se lever; trans. lever
ἀπολλυμι	act. : détruire, tuer; moyen : périr, mourir
δεικνυω, δεικνυμι	expliquer, montrer
ἐπιτιθημι	mettre sur
ἱστημι	intrans. : se tenir debout; trans. : faire tenir debout
ὀμνυω, ὀμνυμι	jurer
παρειμι	être présent, être arrivé
παριστημι	être présent
πιμπλημι	remplir

συνιημι	comprendre
τιθημι	mettre, placer
φημι	dire, affirmer

35.6 Exercice

Encore une fois, essayez de bien analyser tout le vocabulaire de cet exercice, tant quant à la forme que quant à la fonction des mots. Prêtez une attention particulière aux verbes en -μι.

1 Πάλιν παραλαμβάνει αὐτὸν ὁ διάβολος εἰς ὄρος ὑψηλὸν λίαν καὶ δείκνυσιν αὐτῷ πάσας τὰς βασιλείας τοῦ κόσμου καὶ τὴν δόξαν αὐτῶν (Mt 4.8). **2** οὕτως οὖν προσεύχεσθε ὑμεῖς· Πάτερ ἡμῶν ὁ ἐν τοῖς οὐρανοῖς· ἁγιασθήτω τὸ ὄνομά σου· ἐλθέτω ἡ βασιλεία σου· γενηθήτω τὸ θέλημά σου, ὡς ἐν οὐρανῷ καὶ ἐπὶ γῆς· τὸν ἄρτον ἡμῶν τὸν ἐπιούσιον δὸς ἡμῖν σήμερον· καὶ ἄφες ἡμῖν τὰ ὀφειλήματα ἡμῶν, ὡς καὶ ἡμεῖς ἀφήκαμεν τοῖς ὀφειλέταις ἡμῶν· καὶ μὴ εἰσενέγκῃς ἡμᾶς εἰς πειρασμόν, ἀλλὰ ῥῦσαι ἡμᾶς ἀπὸ τοῦ πονηροῦ. Ἐὰν γὰρ ἀφῆτε τοῖς ἀνθρώποις τὰ παραπτώματα αὐτῶν, ἀφήσει καὶ ὑμῖν ὁ πατὴρ ὑμῶν ὁ οὐράνιος· ἐὰν δὲ μὴ ἀφῆτε τοῖς ἀνθρώποις, οὐδὲ ὁ πατὴρ ὑμῶν ἀφήσει τὰ παραπτώματα ὑμῶν (Mt 6.9–15). **3** Κατὰ την χάριν τοῦ θεοῦ τὴν δοθεῖσάν μοι ὡς σοφὸς ἀρχιτέκτων θεμέλιον ἔθηκα, ἄλλος δὲ ἐποικοδομεῖ. ἕκαστος δὲ βλεπέτω πῶς ἐποικοδομεῖ. θεμέλιον γὰρ ἄλλον οὐδεὶς δύναται θεῖναι παρὰ τὸν κείμενον, ὅς ἐστιν Ἰησοῦς Χριστός (1Co 3.10–11). **4** Καὶ εἶπέν μοι· οὗτοι οἱ λόγοι πιστοὶ καὶ ἀληθινοί, καὶ ὁ κύριος ὁ θεὸς τῶν πνευμάτων τῶν προφητῶν ἀπέστειλεν τὸν ἄγγελον αὐτοῦ δεῖξαι τοῖς δούλοις αὐτοῦ ἃ δεῖ γενέσθαι ἐν τάχει. καὶ ἰδοὺ ἔρχομαι ταχύ. μακάριος ὁ τηρῶν τοὺς λόγους τῆς προφητείας τοῦ βιβλίου τούτου. Κἀγὼ Ἰωάννης ὁ ἀκούων καὶ βλέπων ταῦτα. καὶ ὅτε ἤκουσα καὶ ἔβλεψα, ἔπεσα προσκυνῆσαι ἔμπροσθεν τῶν ποδῶν τοῦ ἀγγέλου τοῦ δεικνύοντος μοι ταῦτα (Ap 22.6–8).

36 L'OPTATIF

Le mode optatif est une sorte de subjonctif affaibli. Il est utilisé en général pour exprimer un souhait, une possibilité, une supposition ou une interrogation. Alors qu'il était très courant en grec ancien, l'optatif est déjà en voie de disparition à l'époque du N.T. Il n'y est, en effet, utilisé que soixante-huit fois et uniquement au présent et à l'aoriste. Deux formes représentent près de la moitié des emplois.

μη γενοιτο	*certainement pas*. Il s'agit de la 3ᵉ sg de l'aoriste moyen de l'optatif de γινομαι avec la négation μη.
εἰη	*être* dans une interrogation indirecte. Uniquement dans Luc-Actes et en Jean 13.24. Il s'agit de la 3ᵉ sg du présent actif de l'optatif de εἰμι.

L'optatif présentant de nombreuses formes irrégulières, il est tout simplement préférable d'examiner et de marquer les références où il apparaît dans le N.T. Un trait caractéristique de l'optatif est la présence d'une diphtongue (αι, ει ou οι) avant la désinence.

Voici les références où l'on trouve un optatif autre que γενοιτο et εἰη dans le N.T. : Mc 11.14; Lc 1.62, 6.11; Ac 8.31, 17.11, 18, 27, 24.19, 25.16, 20, 26.29, 27.12, 39; Rm 15.5, 13; 1Co 14.10, 15.37; 1Th 3.11,12, 5.23; 2Th 2.17, 3.5, 16; 2Tm 1.16, 18, 4.16; Phm 20; Hé 13.21; 1P 1.2, 3.14, 17; 2P 1.2; Jd 2, 9.

> μηκετι… ἐκ σου μηδεις καρπον φαγοι. (Mc 11.14)
> *Que plus personne ne mange de ton fruit*
>
> ἐπυνθανετο τί εἰη τουτο (Lc 18.36)
> *il demanda ce que c'était*
>
> ὑμας δε ὁ κυριος πλεονασαι καὶ περισσευσαι τη ἀγαπη (1Th 3.12)
> *Et que le Seigneur vous fasse croître et abonder dans l'amour*

36.1 Résumé

L'optatif exprime le souhait, le désir. On le rencontre surtout en Luc-Actes et chez Paul. Μη γενοιτο et εἰη couvrent presque la moitié des cas.

36.2 Exercice

Prenez les références des versets où l'optatif est utilisé et examinez les formes verbales.

Appendice

Modifications vocaliques et consonantiques

		+ σ	+ σιν	+ θη
Labiales	π, β, φ	> ψ	> ψιν	> φθη
Gutturales	κ, γ, χ	> ξ	> ξιν	> χθη
Dentales	τ, δ, θ	> σ	> σιν	> σθη
Autres	ζ, ξ, ψ, σ	> σ		

En général, les consonnes dentales -ν ou -ντ disparaissent devant sigma. On obtient donc les transformations suivantes :

αντ	+ σιν	> ασιν
εντ	+ σιν	> εισιν
οντ	+ σιν	> ουσιν

Le système nominal

Les trois déclinaisons du nom

1	thème en α, η	fém. (surtout), masc.
2	thème en ο	masc. (surtout), neut., fém.
3	thème en autre lettre	les trois genres

Le système nominal grec comprend

3 genres	masculin, féminin, neutre
2 nombres	singulier, pluriel
3 déclinaisons	1 thème en -α, -η, 2 thème en -ο, 3 thème en autre lettre
5 cas	nominatif, vocatif, accusatif, génitif, datif
6 mots déclinables	nom, adjectif, article, pronom, participe, certains nombres

Les cinq cas du nom

Nominatif	Sujet et attribut
Vocatif	Adresse
Accusatif	Objet direct
Génitif	Complément du nom
Datif	Objet indirect, attribution

L'article et le pronom relatif

	L'article			**Le pronom relatif**		
	M	**F**	**N**	**M**	**F**	**N**
Sg. N	ὁ	ἡ	το	ὅς	ἥ	ὅ
A	τον	την	το	ὅν	ἥν	ὅ
G	του	της	του	οὗ	ἧς	οὗ
D	τῳ	τῃ	τῳ	ᾧ	ᾗ	ᾧ
Pl. N	οἱ	αἱ	τα	οἵ	αἵ	ἅ
A	τους	τας	τα	οὕς	ἅς	ἅ
G	των	των	των	ὧν	ὧν	ὧν
D	τοις	ταις	τοις	οἷς	αἷς	οἷς

Les désinences du nom

	1re et 2e décl.			3e décl.	
	M	F	N	M/F	N
Sg. N	ς	-	ν	ς ou -	-
A	ν	ν	ν	α ou ν	-
G	υ	ς	υ	ος ou ως	ος ou ως
D	ι	ι	ι	ι	ι
Pl. N	ι	ι	α	ες	α
A	υς	ς	α	ας ou (ν) ς	α
G	ων	ων	ων	ων	ων
D	ις	ις	ις	σιν	σιν

La première déclinaison

	Les noms féminins			Les noms masculins		
	-η	ρ ε ι + α	Autres + α	-ης	-ας, ου	-ας, α
Sg. N	γραφη	ὡρα	δοξα	προφητης	νεανιας	Σατανας
V	γραφη	ὡρα	δοξα	προφητα	νεανια	Σατανα
A	γραφην	ὡραν	δοξαν	προφητην	νεανιαν	Σαταναν
G	γραφης	ὡρας	δοξης	προφητου	νεανιου	Σατανα
D	γραφῃ	ὡρᾳ	δοξῃ	προφητῃ	νεανιᾳ	Σαταναᾳ
Pl. N						
V	γραφαι	ὡραι	δοξαι	προφηται	νεανιαι	Σαταναι
A	γραφας	ὡρας	δοξας	προφητας	νεανιας	Σατανας
G	γραφων	ὡρων	δοξων	προφητων	νεανιων	Σατανων
D	γραφαις	ὡραις	δοξαις	προφηταις	νεανιαις	Σαταναις

La deuxième déclinaison

	M/F	N
Sg. N	λογος	ἐργον
V	λογε	ἐργον
A	λογον	ἐργον
G	λογου	ἐργου
D	λογῳ	ἐργῳ
Pl. N V	λογοι	ἐργα
A	λογους	ἐργα
G	λογων	ἐργων
D	λογοις	ἐργοις

La troisième déclinaison

Paradigme de τις, τινος

	Singulier		Pluriel	
	M/F	**N**	**M/F**	**N**
N	τις	τι	τινες	τινα
A	τινα	τι	τινας	τινα
G	τινος	τινος	τινων	τινων
D	τινι	τινι	τισι	τισι

Quelques thèmes en consonne

	-κ **σαρκ**	-τ/δ **χαριτ**	-ματ **ονοματ**	-ρ **σωτηρ**	-ς **γενος**
Sg. N V	σαρξ	χαρις	ὀνομα	σωτηρ	γενος
A	σαρκα	χαριν	ὀνομα	σωτηρα	γενος
G	σαρκος	χαριτος	ὀμοματος	σωτηρος	γενους
D	σαρκι	χαριτι	ὀνοματι	σωτηρι	γενει
Pl. N V	σαρκες	χαριτες	ὀνοματα	σωτηρες	γενη
A	σαρκας	χαριτας	ὀμοματα	σωτηρας	γενη
G	σαρκων	χαριτων	ὀνοματων	σωτηρων	γενον
D	σαρξιν	χαρισιν	ὀνομασιν	σωτηρσιν	γενεσιν

QUELQUES THÈMES EN VOYELLE ET DIPHTONGUE

	-ι **πολι**	-υ **ἰχθυ**	-ευ **βασιλευ**
Sg. N	πολις	ἰχθυς	βασιλευς
V	πολι	ἰχθυ	βασιλευ
A	πολιν	ἰχθυν	βασιλεα
G	πολεως	ἰχθυος	βασιλεως
D	πολει	ἰχθυϊ	βασιλει
Pl. N V	πολεις	ἰχθυες	βασιλεις
A	πολεις	ἰχθυας	βασιλεις
G	πολεων	ἰχθυων	βασιλεων
D	πολεσιν	ἰχθυσιν	βασιλευσιν

Les adjectifs

Classes et déclinaisons

	M	F	N
Classe 1	2	1	2
2	3	3	3
3	3	1	3

Première classe

	M	F		N
Sg. N	ἀγαθος	ἀγαθη	ἁγια	ἀγαθον
A	ἀγαθον	ἀγαθην	ἁγιαν	ἀγαθον
G	ἀγαθου	ἀγαθης	ἁγιας	ἀγαθου
D	ἀγαθῳ	ἀγαθῃ	ἁγιᾳ	ἀγαθῳ
Pl . N	ἀγαθοι	ἀγαθαι	ἁγιαι	ἀγαθα
A	ἀγαθους	ἀγαθας	ἁγιας	ἀγαθα
G	ἀγαθων	ἀγαθων	ἁγιων	ἀγαθων
D	ἀγαθοις	ἀγαθαις	ἁγιαις	ἀγαθοις

Deuxième classe

	M, F	N	M, F	N
Sg. N	πλειων	πλειον	ἀληθης	ἀληθες
A	πλειονα	πλειον	ἀληθη	ἀληθες
G	πλειονος	πλειονος	ἀληθους	ἀληθους
D	πλειονι	πλειονι	ἀληθει	ἀληθει
Pl . N	πλειονες	πλειονα	ἀληθεις	ἀληθη
A	πλειονας	πλειονα	ἀληθεις	ἀληθη
G	πλειονων	πλειονων	ἀληθων	ἀληθων
D	πλειοσιν	πλειοσιν	ἀληθεσιν	ἀληθεσιν

Troisième classe

πας, πασα, παν

M	F	N
πας	πασα	παν
παντα	πασαν	παν
παντος	πασης	παντος
παντι	πασῃ	παντι
παντες	πασαι	παντα
παντας	πασας	παντα
παντων	πασων	παντων
πασιν	πασαις	πασιν

Autres adjectifs

	μεγας, μεγαλη, μεγα			πολυς, πολλη, πολυ		
	M	F	N	M	F	N
Sg. N V	μεγας	μεγαλη	μεγα	πολυς	πολλη	πολυ
A	μεγαν	μεγαλην	μεγα	πολυν	πολλην	πολυ
G	μεγαλου	μεγαλης	μεγαλου	πολλου	πολλης	πολλου
D	μεγαλῳ	μεγαλῃ	μεγαλῳ	πολλῳ	πολλῃ	πολλῳ
Pl. N	μεγαλοι	μεγαλαι	μεγαλα	πολλοι	πολλαι	πολλα
A	μεγαλους	μεγαλας	μεγαλα	πολλους	πολλας	πολλα
G	μεγαλων	μεγαλων	μεγαλων	πολλων	πολλων	πολλων
D	μεγαλοις	μεγαλαις	μεγαλοις	πολλοις	πολλαις	πολλοις

Les pronoms personnels

	1re pers.	2e pers.	3e pers.
Sg. N	ἐγω	συ	αὐτος -η -ο
A	με, ἐμε	σε	αὐτον -ην - ο
G	μου, ἐμου	σου	αὐτου -ης - ου
D	μοι, ἐμοι	σοι	αὐτῳ -ῃ -ῳ
Pl. N	ἡμεις	ὑμεις	αὐτοι -αι - α
A	ἡμας	ὑμας	αὐτους -ας -α
G	ἡμων	ὑμων	αὐτων -ων -ων
D	ἡμιν	ὑμιν	αὐτοις -αις -οις

Le système verbal

Le verbe grec

2 conjugaisons	thématique en -ω, athématique en -μι
3 personnes	1re, 2e, 3e
2 nombres	singulier, pluriel
6 temps	primaires : présent, futur, parfait secondaires : imparfait, aoriste, plus-que-parfait
6 modes	indicatif, impératif, infinitif, subjonctif, participe, optatif
3 voix	active, moyenne, passive
4 thèmes	présent, aoriste, futur, parfait

Les désinences verbales

	Act. prim.	Act. sec.	M/P prim.	M/P sec.
Sg. 1	-	ν	μαι	μην
2	ς	ς	σαι (ῃ)	σο
3	ι	-	ται	το
Pl. 1	μεν	μεν	μεθα	μεθα
2	τε	τε	σθε	σθε
3	νσιν	ν	νται	ντο

Voici les temps et les désinences qu'ils utilisent.

Primaires		**Secondaires**	
Actives	**M/P**	**Actives**	**M/P**
Présent actif	Présent M/P	Imparfait actif	Imparfait M/P
Futur actif	Futur M/P	Ao actif	Aoriste moyen
Parfait actif	Parfait M/P	Pqp actif	Pqp M/P
		Aoriste passif	

Les régles de contraction des verbes

La contraction a lieu uniquement au présent et à l'imparfait. Aux autres temps, une consonne est insérée entre la voyelle thématique et la terminaison, c'est donc un allongement qui a lieu.

αω		εω		οω	
α + ο, ω, ου	> ω	ε + ε	> ει	ο + longue (η ou ω)	> ω
α + ε, η	> α	ε + ο	> ου	ο + brève (ο, ε), ου	> ου
α + ει ou ῃ	> ᾳ	ε + longue (η, ω) ou diphtongue	> disparaît	ο + ει, ῃ, οι	> οι

Les règles de l'augment

Consonne initiale	consonne			> ἐ + consonne					
Voyelle initiale	α	>	η	αι	>	ῃ	αυ	>	ηυ
	ε	>	η	ει	>	ῃ	αυ	>	ηυ
	ι	>	ι	οι	>	ῃ			
	ο	>	ω						

Les règles du redoublement

Consonne initiale	consonne répétée + ε								
Voyelle initiale	α	>	η	αι	>	ῃ	αυ	>	ηυ
	ε	>	η	ει	>	ῃ	αυ	>	ηυ
	ι	>	ι	οι	>	ῃ			
	ο	>	ω						

La voix active des verbes en -ω

	Prés	Imparf	Fut	Aor 1	Aor 2	Parf	Pqp
Ind	λυω	ἐλυον	λυσω	ἐλυσα	ἐβαλον	λελυκα	ἐλελυκειν
	λυεις	ἐλυες	λυσεις	ἐλυσας	ἐβαλες	λελυκας	ἐλελυκεις
	λυει	ἐλυεν	λυσει	ἐλυσεν	ἐβαλεν	λελυκεν	ἐλελυκει
	λυομεν	ἐλυομεν	λυσομεν	ἐλυσαμεν	ἐβαλομεν	λελυκαμεν	ἐλελυκειμεν
	λυετε	ἐλυετε	λυσετε	ἐλυσατε	ἐβαλετε	λελυκατε	ἐλελυκειτε
	λυουσιν	ἐλυον	λυσουσιν	ἐλυσαν	ἐβαλον	λελυκασιν	ἐλελυκεισαν
Imp	λυε			λυσον	βαλε		
	λυετω			λυσατω	βαλετω		
	λυετε			λυσατε	βαλετε		
	λυετωσαν			λυσατωσαν	βαλετωσαν		
Inf	λυειν			λυσαι	Βαλειν	λελυκεναι	
Subj	λυω			λυσω	βαλω	λελυκω	
	λυῃς			λυσῃς	βαλῃς	λελυκῃς	
	λυῃ			λυσῃ	βαλῃ	λελυκῃ	
	λυωμεν			λυσωμεν	βαλωμεν	λελυκωμεν	
	λυητε			λυσητε	βαλητε	λελυκητε	
	λυωσιν			λυσωσιν	βαλωσιν	λελυκωσιν	
Part	λυων		λυσων	λυσας	λυων	λελυκως	
	λυουσα		λυσουσα	λυσασα	λυουσα	λελυκυια	
	λυον		λυσον	λυσαν	λυον	λελυκος	

Le médio-passif des verbes en -ω

	Prés	Imparf	Parf	Pqp
Ind	λυομαι	ἐλυομην	λελυμαι	ἐλελυμην
	λυῃ	ἐλυου	λελυσαι	ἐλελυσο
	λυεται	ἐλυετο	λελυται	ἐλελυτο
	λυομεθα	ἐλυομεθα	λελυμεθα	ἐλελυμεθα
	λυεσθε	ἐλυεσθε	λελυσθε	ἐλελυσθε
	λυονται	ἐλυοντο	λελυνται	ἐλελυντο
Imp	λυου			
	λυεσθω			
	λυεσθε			
	λυεσθωσαν			
Inf	λυεσθαι		λελυσθαι	
Subj	λυωμαι			
	λυῃ			
	λυηται			
	λυωμεθα			
	λυησθε			
	λυωνται			
Part	λυομενος		λελυμενος	
	λυομενη		λελυμενη	
	λυομενον		λελυμενον	

Le futur et aoriste moyen

	Fut	Aor 1	Aor 2
Ind	λυσομαι	ἐλυσαμην	ἐγενομην
	λυσῃ	ἐλυσω	ἐγενου
	λυσεται	ἐλυσατο	ἐγενετο
	λυσομεθα	ἐλυσαμεθα	ἐγενομεθα
	λυσεσθε	ἐλυσασθε	ἐγενεσθε
	λυσονται	ἐλυσαντο	ἐγενοντο
Imp		λυσαι	γενου
		λυσασθω	γενεσθω
		λυσασθε	γενεσθε
		λυσασθωσαν	γενεσθωσαν
Inf	λυσεσθαι	λυσασθαι	γενεσθαι
Subj		λυσωμαι	γενωμαι
		λυσῃ	γενῃ
		λυσηται	γενηται
		λυσωμεθα	γενωμεθα
		λυσησθε	γενησθε
		λυσωνται	γενωνται
Part		λυσαμενος	γενομενος
		λυσαμενη	γενομενη
		λυσαμενον	γενομενον

Le futur et aoriste passif

	Fut	Aor 1	Aor 2
Ind	λυθησομαι	ἐλυθην	ἐγραφην
	λυθησῃ	ἐλυθης	εγραφης
	λυθησεται	ἐλυθη	ἐγραφη
	λυθησομεθα	ἐλυθημεν	ἐγραφημεν
	λυθησεσθε	ἐλυθητε	ἐγραφητε
	λυθησονται	ἐλυθησαν	ἐγραφησαν
Imp		λυθητι	
		λυθητω	
		λυθητε	
		λυθητωσαν	
Inf		λυθηναι	
Subj		λυθω	γραφω
		λυθῃς	γραφῃς
		λυθῃ	γραφῃ
		λυθωμεν	γραφωμεν
		λυθητε	γραφητε
		λυθωσιν	γραφωσιν
Part		λυθεις	γραφεις
		λυθεισα	γραφεισα
		λυθεν	γραφεν

Les verbes réguliers et irréguliers

Paradigme régulier

Prés. ac.	Fut. ac.	Aor. ac.	Parf. ac.	Parf. pass.	Aor. pass.	
λυω	λυσω	ἐλυσα	λελυκα	λελυμαι	ἐλυθην	délier

Verbes contractes

Prés. ac.	Fut. ac.	Aor. ac.	Parf. ac.	Parf. pass.	Aor. pass.	
φιλεω	φιλησω	ἐφιλησα	πεφιληκα	πεφιλημαι	ἐφιληθην	aimer
τιμαω	τιμησω	ἐτιμησα	τετιμηκα	τετιμημαι	ἐτιμηθην	honorer
φανεροω	φανερωσω	ἐφανερωσα	πεφανερωσα	πεφανερωμαι	ἐφανερωθην	briller

Verbes irréguliers

Prés. ac.	Fut. ac.	Aor. ac.	Parf. ac.	Parf. pass.	Aor. pass.	
ἀγγελλω	ἀγγελω	ἠγγειλα	ἠγγελκα	ἠγγελμαι	ἠγγελην	annoncer
ἀγω	ἀξω	ἠγαγον	—	ἠγμαι	ἠχθην	conduire
αἰρω	ἀρω	ἠρα	ἠρκα	ἠρμαι	ἠρθην	lever
ἀκουω	ἀκουσω	ἠκουσα	ἀκηκοα	—	ἠκουσθην	entendre
ἁμαρτανω	ἁμαρτησω	ἡμαρτον ἡμαρτησα	ἡμαρτηκα	—	—	pécher
ἀνοιγω	ἀνοιξω	ἠνοιξα	ἀνεωγα	ἀνεωγμαι	ἠνοιχθην	ouvrir
ἀποθνῃσκω	ἀποθανουμαι	ἀπεθανον	τεθνηκα	—	—	mourir
ἀποκτεινω	ἀποκτενω	ἀπεκτεινα	—	—	ἀπεκτανθην	tuer
βαινω	βησομαι	ἐβην	βεβηκα	—	—	marcher
βαλλω	βαλω	ἐβαλον	βεβληκα	βεβλημαι	ἐβληθην	lancer
γινομαι	γενησομαι	ἐγενομην	γεγονα	γεγενημαι	ἐγενηθην	devenir
γινωσκω	γνωσομαι	ἐγνων	ἐγνωκα	ἐγνωσμαι	ἐγνωσθην	connaître
γραφω	γραψω	ἐγραψα	γεγραψα	γεγραμμαι	ἐγραφην	écrire
δεχομαι	δεξομαι	ἐδεξαμην	—	δεδεγμαι	ἐδεχθην	recevoir
διδασκω	διδαξω	ἐδιδαξα	—	—	ἐδιδαχθην	enseigner
διωκω	διωξω	ἐδιωξα	—	δεδιωγμαι	ἐδιωχθην	persécuter
δυναμαι	δυνησομαι	ἐδυναμην ἠδυναμην	—	—	ἠδυνηθην ἠδυνασθην	pouvoir
ἐγγιζω	ἐγγισω	ἠγγισα	ἠγγικα	—	—	(s')approcher
ἐγειρω	ἐγερω	ἠγειρα	—	ἐγηγερμαι	ἠγερθην	lever
ἐρχομαι	ἐλευσομαι	ἠλθον	ἐληλυθα	—	—	venir
ἐσθιω	φαγομαι	ἐφαγον	—	—	—	manger
εὑρισκω	εὑρησω	εὑρον	εὑρηκα	—	εὑρεθην	trouver
ἐχω	ἑξω	ἐσχον	ἐσχηκα	—	—	avoir
θελω	θελησω	ἠθελησα	—	—	—	vouloir

Prés. ac.	Fut. ac.	Aor. ac.	Parf. ac.	Parf. pass.	Aor. pass.	
καλεω	καλεσω	ἐκαλεσα	κεκληκα	κεκλημαι	ἐκληθην	appeler
κηρυσσω	κηρυξω	ἐκηρυξα	—	κεκηρυγμαι	ἐκηρυχθην	proclamer
κραζω	κραξω	ἐκραξα	κεκραγα	—	—	crier
κρίνω	κρινῶ	ἐκρινα	κεκρικα	κεκριμαι	ἐκριθην	juger
λαμβανω	λημψομαι	ἐλαβον	εἰληφα	εἰλημμαι	ἐλημφθην	prendre
λεγω	ἐρω	εἰπον	εἰρηκα	εἰρημαι	ἐρρηθην ἐρρεθην	dire
λειπω	λειψω	ἐλιπον	λελοιπα	λελειμμαι	ἐλειφην	laisser
ὁραω	ὀψομαι	εἰδον	ἑωρακα ἑορακα	—	ὡφθην	voir
πασχω	—	ἐπαθον	πεπονθα	—	—	souffrir
πειθω	πεισω	ἐπεισα	πεποιθα	πεπεισμαι	ἐπεισθην	persuader
πινω	πιομαι	ἐπιον	πεπωκα	—	ἐποθην	boire
πιπτω	πεσουμαι	ἐπεσον	πεπτωκα	—	—	tomber
πρασσω	πραξω	ἐπραξα	πεπραχα	πεπραγμαι	—	faire
σπειρω	—	ἐσπειρα	—	ἐσπαρμαι	—	semer
στελλω	στελω	ἐστειλα	ἐσταλκα	ἐσταλμαι	ἐσταλην	envoyer
στρεφω	στρεψω	ἐστρεψα	—	ἐστραμμαι	ἐστραφην	changer
σωζω	σωσω	ἐσωσα	σεσωκα	σεσωσμαι	ἐσωθην	sauver
τελεω	τελεσω	ἐτελεσα	τετελεκα	τετελεσμαι	ἐτελεσθην	finir
φερω	οἰσω	ἠνεγκα	ἐνηνοχα	—	ἠνεχθην	porter
φευγω	φευξομαι	ἐφυγον	—	—	—	fuir

VERBES EN -μι

Prés. ac.	Fut. ac.	Aor. ac.	Parf. ac.	Parf. pass.	Aor. pass.	
ἀπολλυμι	ἀπολεσω	ἀπωλεσα	—	—	—	détruire
ἀφιημι	ἀφησω	ἀφηκα	—	—	ἀφεθην	renvoyer
δεικνυμι	δειξω	ἐδειξα	—	ἀφεωμαι	ἐδειχθην	montrer
διδωμι	δωσω	ἐδωκα	δεδωκα	δεδειγμαι δεδομαι	ἐδοθην	donner
εἰμι	ἐσομαι	—	—	—		être
ἱστημι	στησω	ἐστησα ἐστην	 ἐστηκα	—	— ἐσταθην	placer
τιθημι	θησω	ἐθηκα	τεθεικα	— τεθειμαι	ἐτεθην	déposer

Pour aller plus loin

Ce livre terminé, vous aurez acquis les bases nécessaires à l'étude du Nouveau Testament grec. Les lignes qui suivent vous fourniront une bibliographie de base et quelques conseils pratiques pour poursuivre votre étude et pratique du texte grec.

Lire le texte grec

La première et plus importante pratique à développer est celle d'une lecture régulière du texte grec du N.T. L'idéal est de se fixer un programme de lecture raisonnable qui tienne compte de vos autres engagements. À terme, un but souvent conseillé est de lire le N.T. grec une fois par an ou tous les deux ans. Au début, la lecture pourra vous sembler difficile, mais, comme c'est le cas pour toute langue, avec la pratique, vous vous habituerez au vocabulaire et aux constructions syntaxiques. Il n'est bien sûr pas question de vous arrêter à chaque mot inconnu. Contentez-vous d'en retenir les plus fréquents. L'essentiel est de développer une habitude de lecture. Pour commencer, on peut lire les épîtres de Jean, les Évangiles de Matthieu et de Marc, textes d'un grec assez facile. On pourra ensuite aborder la lecture des épîtres de Paul et, ensuite, du reste du N.T.

Ouvrages de références

Nous avons, dès le début de cette méthode, recommandé l'achat d'une édition de poche du N.T. grec, la Nestle-Aland 27e édition révisée, et d'un dictionnaire de poche (page vi). D'autres ouvrages peuvent être conseillés.

Méthodes d'apprentissage

Il est utile, lors de l'apprentissage d'une langue, de consulter plusieurs ouvrages d'initiation. Pendant longtemps la méthode la plus populaire en français fut la traduction de l'ouvrage de J. Wenham.

> Wenham, John W. *Initiation au grec du Nouveau Testament. Grammaire, exercices et vocabulaire.* Les classiques bibliques. Sous dir. P. Prigent et J. Duplacy. 3e éd. Paris : Beauchesne, 1994.

L'original anglais date de 1965 et était l'adaptation d'un ouvrage plus ancien encore. Si la Wenham demeure utile à consulter, elle montre son âge. Nombre de notions présentées ont été corrigées depuis. En anglais, l'éditeur, la Cambridge University Press, l'a d'ailleurs remplacée par une adaptation de Jeremy Duff.

> Duff, Jeremy. *The Elements of New Testament Greek.* 3e éd. Cambridge : Cambridge University Press, 2005.

Une autre méthode écrite originellement en français est parue ces dernières années qui procède par une autre approche que notre cours. Il s'agit de

> Ellul, Danielle et Odile Flichy. *Apprendre le grec biblique par les textes.* Paris : Cerf, 2004.

Dans le monde anglophone, où les cours de grec abondent, la méthode aujourd'hui la plus populaire est sans doute

> Mounce, William D. *Basics of Biblical Greek Grammar.* 2e éd. Grand Rapids, Mich. : Zondervan, 2003.

La première édition de cet ouvrage, qui date de 1993, et l'abrégé de grammaire de Cécile Bourgaux, mentionné ci-dessous, ont également recours à des formules de composition pour l'apprentissage des formes verbales.

Dictionnaires

Divers dictionnaires sont utilisés pour l'exégèse du N.T. L'ouvrage de référence de départ est

> Bauer, Walter, Frederick William Danker, William F. Arndt et Wilbur F. Gingrich. *A Greek-English Lexicon of the New Testament and Other Early Christian Literature.* 3e éd. Chicago : University of Chicago Press, 2000.

Le livre, traduit et adapté de l'allemand, est cher mais indispensable. Si vous n'y avez pas accès dans une bibliothèque, il deviendra rapidement un maître-achat. En français, les seuls dictionnaires disponibles sont consacrés au grec ancien. La référence, après un siècle, et qui continue d'être rééditée, demeure encore le Bailly, sous forme complète ou abrégée.

Bailly, A. *Abrégé du dictionnaire Grec Français*. Paris : Hachette, 1969.

Bailly, A. *Dictionnaire Grec-Français : Le grand Bailly*. Paris : Hachette, 2000

Grammaires - syntaxes

Malgré son âge, la première édition date de 1966, il vaut encore la peine d'acquérir

Carrez, Maurice. *Grammaire grecque du Nouveau Testament*. 4e éd. Genève : Labor et Fides, 1985.

C'est la seule grammaire du N.T. en français encore disponible. Elle contient une partie consacrée à la morphologie, une autre à la syntaxe. Plus ancienne encore et épuisée, mais seule grammaire de référence en français consacrée au N.T.

Abel, F.-M. *Grammaire du grec biblique : suivie d'un choix de papyrus*. Paris : Gabalda, 1927.

Bien qu'elle soit surtout consacrée au grec ancien, il vaut également la peine de consulter

Lukinovich, Alessandra et Madeleine Rousset. *Grammaire de grec ancien*. 3e édition revue et augmentée. Genève : Georg, 2002.

Un petit ouvrage utile, même s'il est également consacré au grec ancien, est

Bourgaux, Cécile et Thérèse Gilmant. *Abrégé de grammaire grecque*. 2e éd. Bruxelles : De Boeck, 1993.

Si vous lisez l'anglais ou l'allemand, les ouvrages de grammaire et de syntaxe sont beaucoup plus nombreux. S'il faut mentionner une grammaire, on retiendra la référence

Blass, Friedrich, Albert Debrünner et Robert Walter Funk. *A Greek Grammar of the New Testament and Other Early Christian Literature*.

Traduite de l'allemand par Robert Walter Funk. Chicago : University of Chicago Press, 1961.

Pour la syntaxe on peut conseiller

Black, David Alan. *It's Still Greek to Me : an Easy-to-Understand Guide to Intermediate Greek*. Grand Rapids, Mich. : Baker Books, 1998.

Wallace, Daniel B. *The Basics of New Testament Syntax : an Intermediate Greek Grammar*. Grand Rapids, Mich. : Zondervan, 2000.

Logiciels et sites de recherche

On ne peut plus aujourd'hui se passer des outils informatiques pour l'étude approfondie du N.T. S'il existe de nombreux logiciels et sites consacrés aux ressources bibliques, seuls quelques-uns sont à considérer pour l'exégète.

BibleWorks (www.bibleworks.com) : Le logiciel de recherche pour PC le plus populaire aujourd'hui. Il est fourni à l'achat avec de nombreux modules, textes et versions (N.T. grec, Septante, Texte massorétique, etc.). Mais nombre d'entre eux ne sont guère utiles. D'autres modules peuvent être ajoutés pour des sommes relativement raisonnables. Malgré les améliorations apportées à Logos (www.logos.com), son grand concurrent, BibleWorks est encore le logiciel pour PC recommandé aujourd'hui.

Accordance (www.accordancebible.org) : Sur Mac, le seul logiciel est Accordance. Selon de nombreux spécialistes, il s'agit du meilleur logiciel de recherche pour l'exégèse, supérieur même à BibleWorks. C'est celui que nous utilisons. Un peu plus cher à l'achat que BibleWorks, il en vaut, à notre avis, la peine. On peut l'utiliser sur PC au moyen d'un émulateur gratuit (Basilisk). Cela se fera au détriment de quelques fonctionnalités mineures.

Si l'on veut prolonger les recherches dans la littérature grecque en dehors du N.T. ou de la LXX, l'outil indispensable, mais payant, est le *Thesaurus Linguæ Græcæ* (www.tlg.uci.edu). Celui-ci couvre la littérature grecque, y compris la LXX et le N.T., de 800 av. J.-C. à 600 apr. J.-C. On consultera également la section classique du *Perseus Project* (http://www.perseus.tufts.edu), d'accès gratuit.

Pour une liste de ressources plus étendue, on consultera les ouvrages consacrés à l'exégèse du N.T.

CORRIGÉ DES EXERCICES

Pour faciliter la correction, les traductions proposées dans les exercices sont souvent assez littérales.

Rappelons que les exercices utilisent du vocabulaire qui n'est pas repris dans les listes d'apprentissage du cours. Nous conseillons l'élaboration progressive de listes de mots.

À mesure que vous avancez, prenez le temps de revenir aux exercices antérieurs. Cela vous permettra de consolider les acquis de grammaire et de lexique.

Pour être cohérent avec le cours, dans ce corrigé nous n'indiquons les accents que pour les textes directement tirés du N.T.

EXERCICES 2

Définition des termes. Voir cours.

Transcription de Jean 1.1–4

1 en arkhê ên ho logos, kai ho logos ên pros ton theon, kai theos ên ho logos.
2 houtos ên en archê pros ton theon. **3** panta di' autou egeneto, kai chôris autou egeneto oude hen. ho gegonen. **4** en autô zôê ên, kai hê zôê ên to phôs tôn anthrôpôn

EXERCICES 3

Les réponses se trouvent dans le texte de la leçon.

EXERCICES 4

Grammaire

γραφω -εις -ει -ομεν -ετε -ουσιν

γινωσκω -εις -ει -ομεν -ετε -ουσιν
ἐν (dans, sur, avec, toujours avec le datif), μελλω (être sur le point de), υἱος (fils)

Thème

1 γινωσκω γαρ. **2** λαμβανομεν. **3** οὐ λεγουσιν. **4** και (ἐγω) γραφω. **5** εὑρισκετε. **6** θελουσιν γαρ και οὐκ ἐχουσιν. **7** ἀμην πιστευετε. **8** νυν γραφουσιν. **9** ἐγω λεγω. **10** θελουσιν και λαμβανουσιν.

Version

1 Il (elle) dit. **2** Ils (elles) connaissent. **3** Vous croyez. **4** Il (elle) prend (reçoit) et j'écris. **5** Il (elle) trouve. **6** Vous entendez. **7** Ils (elles) désirent. **8** Nous n'avons pas et nous désirons. **9** Vous créez. **10** Vous croyez et écrivez. **11** Et il (elle) a. **12** Ils (elles) jettent. **13** Tu vois et tu dis. **14** Il (elle) envoie. **15** Ils (elles) font lever.

4 Seul le contexte permet de choisir entre « prendre » et « recevoir ». Peu importe donc votre choix dans les exercices.

Exercices 6

Thème

1 ἀγγελος θεου. **2** θεος ἐστιν. **3** Παυλος και Πετρος ἀποστολοι κυριου. **4** ἀνθρωποι θεῳ. **5** και ἀμην ὀχλος λεγει τῳ υἱῳ ἀνθρωπου. **6** θεος κυριος κοσμου ἐστιν. **7** εὑρισκομεν ἀποστολους. **8** ἀποστελλετε ἀποστολον Πετρῳ ; **9** γινωσκουσιν γαρ νομον. **10** γραφουσιν, βλεπομεν, βαλλετε.

9 γαρ ne peut être le premier mot d'une phrase (page 20).

Version

Pour l'analyse des mots et des verbes, nous renvoyons aux tableaux des leçons 4 et 6.

1 Paul, esclave de Jésus-Christ. **2** Moi j'envoie un ange. **3** Trouve-t-il (elle) un homme? **4** Nous écrivons des paroles d'un seigneur à des hommes. **5** Maintenant vous écoutez une loi et vous croyez. **6** (Un) dieu et un seigneur voient des foules. **7** Pierre reçoit-il (prend-il) des livres? **8** Des envoyés de Jésus écrivent une loi. **9** Vous écoutez des envoyés d'hommes. **10** Nous jetons, vous écrivez, il (elle) désire.

EXERCICES 7

Grammaire

Paradigme de l'article masculin et neutre (voir page 34).

Thème

1 τα ἐργα του νομου. **2** τα τεκνα (παιδια) του θεου. **3** εὑρισκουσιν γαρ τα ἱματια των τεκνων (παιδιων). **4** γινωσκομεν δε τα σημεια του σαββατου. **5** οἱ ἀποστολοι οὐ γινωσκουσιν τα μυστηρια του βιβλιου του υἱου του ἀνθρωπου. **6** οἱ ἀποστολοι γραφουσιν το εὐαγγελιον. **7** οἱ ἀνθρωποι κρινουσιν το ἀρνιον του θεου. **8** γινωσκομεν τα μυστηρια ὡστε ακουομεν. **9** τα τεκνα (παιδια) οὐ βλεπει τα πλοια. **10** γραφετε βιβλια τῳ ὀχλῳ.

4 σαββατον pourrait être au pluriel. Il est plus souvent utilisé au singulier dans le N.T. On le retrouve souvent au pluriel dans le sens singulier.
8 Le verbe ἀκουω est quelques fois utilisé dans le sens de « obéir ». On utilise plus souvent dans ce sens le verbe ὑπακουω.
9 N'oubliez pas qu'un sujet neutre pluriel prend fréquemment un verbe au singulier. On pourrait avoir βλεπουσιν.

Version

1 Car le Fils de l'homme est maître du sabbat (Mt 12.8). **2** Tu crois qu'il y a un seul Dieu … les démons aussi et ils tremblent (Ja 2.19). **3** L'évangile du fils. **4** Un envoyé ressuscite l'enfant et la foule ne croit pas. **5** Les hommes prennent (reçoivent) l'argent du Sanhédrin. **6** L'agneau de Dieu juge les enfants du monde. **7** Et ceux du dehors Dieu juge. **8** Moi j'écoute Jésus et je crois. **9** Car vous prenez (recevez) les vêtements des enfants. **10** Les enfants trouvent-ils la barque des envoyés?

2 και est utilisé dans deux sens différents ici. Le premier est traduit « aussi », le second « et ».
7 L'article est fréquemment employé seul pour désigner des personnes ou objets (valeur démonstrative de l'article). Ici l'article est masculin pluriel et désigne des hommes.

Exercices 8

Grammaire

Déclinaison du masculin et du neutre de l'article. Voir leçon 7.

γεννω -ᾳς -νᾳ -ωμεν -ατε -ωσιν

μαρτυρω -εις -ει -ουμεν -ειτε -ουσιν

σταυρω -οις -οι -ουμεν -ουτε -ουσιν

Thème

1 Παυλος παρακαλει τους ἀδελφους των ἀποστολων. **2** οἱ ἀνθρωποι σταυρουσιν (τον) Ἰησουν. **3** οἱ ἀδελφοι ζητουσιν το πλοιον (του) Πετρου. **4** Πετρος καλει τον ὀχλον. **5** τί αγαπᾳ τους προβατους; **6** ἐσμεν τα τεκνα (παιδια) του θεου. **7** (ὁ) Ἰησους λεγει· τί ζητειτε ; (Jn 1.38) **8** ἀγαπω τον κυριον και μισω το ἀργυριον. **9** τα τεκνα καλει τους ἀνθρωπους του συνεδριου. **10** εἰμι, ἐσμεν, ἐστε, εἰσιν, μαρτυρειτε.

9 Sujet neutre pluriel avec verbe au singulier

Version

1 Tu aimes le prochain et tu hais l'ennemi (Mt 5.43). **2** Les hommes disent : pourquoi en paraboles parles-tu? (Mt 13.10) **3** Il leur dit : Comment donc David l'appelle-t-il Seigneur... si donc David l'appelle Seigneur, comment est-il son fils? (Mt 22.43, 45) **4** Car ils disent et ne font pas (Mt 23.3). **5** Et ils le réveillent et lui disent (Mc 4.38). **6** Le sabbat il (elle) ne garde pas (Jn 9.16). **7** Dieu juge les choses secrètes des hommes (Rm 2.16). **8** Et ce n'est plus moi qui vit, c'est Christ qui vit (Ga 2.20). **9** Car je rends témoignage... qu'ils ont du zèle pour (litt. de) Dieu (Rm 10.2). **10** Vous demandez et vous ne recevez pas (Ja 4.3).

1, 2, 6, 8 Le texte grec donné est une version légèrement retravaillée du texte grec du N.T.
2 La combinaison διὰ τί se trouve telle quelle dans le dictionnaire sous διά. Pour διά voir la leçon 13.
3 Cet exercice et l'exercice 5 introduisent l'utilisation de αὐτος, qui sera étudié en détail à la leçon 12. Avec un peu de réflexion et de consultation du dictionnaire, vous devriez pouvoir traduire ces deux phrases. Sa déclinaison est en effet régulière.
7 Le neutre pluriel est utilisé pour désigner des choses qui ont la qualité de l'adjectif utilisé. Ici l'adjectif est utilisé pour remplacer un nom. On a « les

secrètes » au lieu de « les choses secrètes ». On dit que l'adjectif est substantivé (voir leçon 15).

EXERCICES 9

Grammaire

ἠκουσα -ας -εν -αμεν -ατε -αν

ἐμισησα -ας -εν -αμεν -ατε -αν

1 ἠκολουθησας **2** ἠκουσα **3** ἠρωτησα **4** ἐθεραπευσατε **5** ἐλυσαν **6** ἐτηρησα **7** ᾠκοδομησατε **8** ἐπληρωσας **9** ἐποιησατε **10** ἐφιλησας.

Analyse des aoristes : **1** ἐπεγνωσαν : 3ᵉ pl aor. ἐπιγινωσκω, connaître **2** ἐπνευσαν : 3ᵉ pl πνεω, souffler **3** ἐποτισατε : 2ᵉ pl ποτιζω, donner à boire **4** ἐσταυρωσα : 1ʳᵉ sg σταυροω, crucifier **5** ἠκολουθησαν : 3ᵉ pl ἀκολουθεω, suivre

Version

Dans les exercices qui suivent, selon le contexte et les préférences, on peut traduire les aoristes par le passé composé ou le passé simple.

1 Abraham engendra Isaac, et Isaac engendra Jacob (Mt 1.2). **2** Tu n'as pas cru les paroles (Lc 1.20). **3** Il reconnut (déclara) : Je ne suis pas le Christ (Jn 1.20). **4** Et Salomon bâtit … une maison (Ac 7.47). **5** Jacob j'ai aimé, et Ésaü j'ai haï (Rm 9.13).

3 ὅτι est souvent utilisé pour introduire le discours direct.
4 L'aoriste du verbe n'est pas « augmenté ». On devrait avoir ᾠκοδομησεν. Il arrive de temps à autre que la diphtongue initiale de certains verbes ne suive pas les règles de l'augment. Fort heureusement, la terminaison du verbe permet de repérer l'aoriste.

EXERCICES 10

Thème

1 εἰπον. **2** ἐβαλετε. **3** προεγνω. **4** ἐγραψαμεν. **5** ἐπιστευσα. **6** ἐμαρτυρησαν. **7** ἐπληρωσεν. **8** ἐλαβες. **9** εἰδον ou ἐβλεψαν. **10** εὑρεν.

3 L'aoriste second de γινωσκω est ἐγνων - ἐγνως - ἐγνω - ἐγνωσαμεν - ἐγνωσατε - ἐγνωσαν (voir page 51). Il se compose donc de ἐγνω suivi des désinences actives secondaires normales.

Version

Aoristes actifs indicatifs en Romains 1–2.

1.5 Nous avons reçu : 1re pl, λαμβανω, prendre, recevoir **1.19** Il a manifesté : 3e sg, φανεροω, manifester **1.21** Ils ont glorifié : 3e pl, δοξαζω, glorifier - Ils ont rendu grâce : 3e pl, εὐχαριστεω, rendre grâce **1.23** Ils ont échangé : 3e pl, ἀλλασσω, changer **1.25** Ils ont échangé : 3e pl, μεταλλασσω, échanger. **1.28** Ils ont examiné : 3e pl, δοκιμαζω, tester, examiner **2.12** Ils ont péché : 3e pl, ἁμαρτανω, pécher.

1... et la pluie descendit et les fleuves vinrent et les vents soufflèrent et frappèrent cette maison et elle tomba (Mt 7.27). **2** Et il lui dirent : tu entends ce que ceux-ci disent? Et Jésus leur dit : Oui (Mt 21.16). **3** Et les apôtres dirent au Seigneur (Lc 17.4). **4** L'homme crut la parole que lui dit Jésus (Jn 4.50). **5** J'ai cru, c'est pourquoi j'ai parlé. Et nous croyons, c'est pourquoi nous parlons aussi (2Co 4.13). **6** À Rome il m'a cherché avec zèle et il m'a trouvé (2Tm 1.17).

1. ἐκείνῃ est le datif féminin singulier du pronom démonstratif ἐκεῖνος. Il s'accorde en genre, en nombre et en cas et ne devrait poser aucune difficulté (voir page 97).
2. Pour la troisième du pluriel on trouve souvent la forme εἶπαν au lieu de εἶπον.
4. Pour la concordance des temps en français on traduira l'aoriste εἶπεν par « avait dite ».

Exercices 11

Grammaire

μαρτυρω -εις -ει -ουμεν -ειτε -ουσιν
κατεκρινα -ας -εν -αμεν -ατε -αν
Paradigme complet de l'article (voir page 55)

Thème

1 ἡ ψυχη των ἀνθρωπων. **2** γινωσκομεν ἐκκλησιας και την βασιλειαν του θεου. **3** ἠκουσατε την ἐξουσιαν των γραφων του κυριου. **4** νυν βλεπουσιν την δικαιοσυνην του θεου. **5** ἐφανερωσατε τα μυστηρια της βασιλειας και την δοξαν του Ἰησου. **6** ἐχω γαρ τα ἱματια των παιδιων (τεκνων). **7** οἱ ἀποστολοι και οἱ ἀδελφοι ἐκριναν τας ἁμαρτιας των ἀνθρωπων. **8** εὑρον την ἀληθειαν και την ζωην. **9** βλεπουσιν τα ἐργα των δαιμονιων και λεγουσιν την ἀληθειαν τῳ θεῳ. **10** ἡ καρδια των ἀνθρωπων μυστηριον ἐστιν.

5 Veillez à ne pas confondre le génitif singulier βασιλειας et l'accusatif pluriel. L'article accompagnant ces noms vous permet de vous assurer du genre, du cas et du nombre.
10 Le ἐστιν est facultatif. Le verbe εἰμι est en effet souvent sous-entendu.

Version

1 Le fils de l'homme a autorité sur la terre (Mt 9.6). **2** Il leur dit une autre parabole. Le royaume des cieux est semblable à du levain (Mt 13.33). **3** Et Pierre dit : Ananias, pourquoi Satan a-t-il rempli ton cœur? (Ac 5.3) **4** La loi est-elle péché?... mais je n'ai pas connu le péché (Rm 7.7). **5** S'ils ont connu, ils n'ont pas crucifié le Seigneur de gloire (1Co 2.8). **6** Christ a aimé l'Église (Ép 5.25). **7** Vous avez entendu... la grâce de Dieu dans (en) la vérité (Col 1.6). **8** Tu as aimé la justice et tu as haï l'iniquité. C'est pourquoi t'a oint Dieu, ton Dieu (Hé 1.9). **9** L'Esprit dit aux églises (Ap 3.22). **10** il (elle) fait lever, il (elle) est parti, tu as, j'ai jugé.

3 Le texte grec a παρὰ ἀνθρώπων, de la part des hommes.
6 La traduction est littérale. La concordance des temps en français fait que l'on traduit « avaient... auraient ».
10 Le verbe ἀνεχωρεσεν se trouve facilement au dictionnaire. Il est composé de ἀνα et χωρεω. Le α final de ἀνα est élidé pour laisser place à l'augment ε. Rappelez-vous que, dans les verbes composés, l'augment se place entre la préposition et le thème du verbe.

Exercices 12

Grammaire

προωρισα -ας -εν -αμεν -ατε -αν

Thème

1 οἱ ἀποστολοι βλεπουσιν τους μαθητας του Ἰωαννου. **2** εἰπον γαρ την ἀληθειαν τοις στρατιωταις. **3** ὁ ἀγγελος Ἠασϊου γραφει τῳ κριτῃ αυτῳ. **4** ὑποκριται οὐ γινωσκουσιν την ἀληθειαν των γραφων. **5** νυν το συνηδριον θελει σημειον του υἱου του ἀνθρωπου αὐτου. **6** οἱ μαθηται των προφητων οὐκ ἐχουσιν ἀργυριον. **7** τα παιδια (τεκνα) ἀκουουσιν την ἀληθειαν του εὐαγγελιου. **8** οἱ στρατιωται οὐκ εὑρισκουσιν Ἰωαννην και τον μαθητην αὐτου. **9** ὁ κυριος του κοσμου αὐτος κρινει τους κριτας της βασιλειας. **10** εὑρισκομεν, ἐβαλετε, γραφεις, ἐγνωσαν.

1 μαθητης est de la première déclinaison mais est masculin, il prend donc l'article masculin. Il en va de même pour στρατιωτης dans les phrases 2 et 8.
3 Ἠσαϊας fait son génitif en -ου car son thème se termine en iota.

Version

1 À nouveau le diable l'emmène… et lui montre tous les royaumes du monde et leur gloire (Mt 4.8). **2** Et Jésus voyant leur foi dit au paralytique (Mt 9.2). **3** Et la femme… lui dit toute la vérité. Et il lui dit (Mc 5.33–34). **4** Et c'était la troisième heure et ils le crucifièrent (Mc 15.25). **5** Les disciples de Jean jeûnent… de même ceux des Pharisiens, et les tiens mangent et boivent (Lc 5.33). **6** Et Pilate lui demanda (Lc 23.3). **7** Et ils lui demandèrent et lui dirent : Pourquoi baptises-tu si tu n'es ni le Christ, ni Élie, ni le Prophète ? (Jn 1.25). **8** Que dit l'Écriture ? Et Abraham crut Dieu (Rm 4.3). **9** Nous connaissons que nous aimons les enfants de Dieu (1Jn 5.2). **10** Ils n'ont pas aimé leur âme jusqu'à la mort (Ap 12.11).

2 Le verbe ἰδων est un participe présent actif nominatif masculin singulier. C'est l'un des cas où la terminaison en ων n'indique par un nom au génitif pluriel (page 175). Lorsque vous voyez un verbe qui se termine ainsi, il s'agira en général d'un participe présent nominatif singulier ou génitif pluriel. Retenez déjà cette remarque sur les participes. Le pluriel αὐτων montre bien qu'il s'agit de la foi de ceux qui portent le paralytique.
3 Remarquez l'emploi de l'article ὁ pour désigner Jésus. Jésus ayant été déjà clairement identifié dans le contexte, il n'est rappelé que par l'article. On distingue ici l'origine démonstrative de l'article.

Exercices 13

Grammaire

Emplois de αὐτος? Voir page 60.

Thème

1 οἱ ἀποστολοι εἰσιν ἐν τῳ οἰκῳ του θεου. **2** οἱ μαθηται του Ἰησου περιπατουσιν εἰς Ἱεροσολυμα. **3** ἐγω ἀνθρωπος εἰμι ὑπο ἐξουσιαν. **4** Παυλος λαλει περι του εὐαγγελιου μετα τον θανατον Ἰησου. **5** θεος ἀγγελει τον εὐαγγελιον δια των προφητων ἐν ταις ἁγιαις γραφαις.

2 Ἱεροσολυμα est indéclinable.
5 Exercice inspiré de Rm 1.2, que vous venez de consulter. Le verbe utilisé par Paul est composé (προ + ἀγγελω, annoncer d'avance) et est à l'aoriste indicatif moyen. Vous aurez remarqué dans le lexique en fin du cours qu'il existe aussi un verbe pour « annoncer l'Évangile » qui est εὐαγγελιζω, utilisé surtout au médio-passif (voix active uniquement en Ap 10.7 et 14.6).

Version

Jean 1.1–18 **1** Ἐν πρὸς **2** ἐν πρὸς **3** δι' **4** ἐν **5** ἐν **6** παρὰ **7** εἰς περὶ δι' **8** περὶ **9** εἰς **10** ἐν δι' **11** εἰς **12** εἰς **13** ἐξ ἐκ ἐκ ἐκ **14** ἐν παρὰ **15** περὶ **16** ἐκ ἀντὶ **17** διὰ διὰ **18** εἰς.

Rm 1.1–7 **1** εἰς **2** διὰ ἐν **3** περὶ ἐκ κατὰ **4** ἐν κατὰ ἐξ **5** δι' εἰς ἐν ὑπὲρ **6** ἐν **7** ἐν ἀπὸ

Exercice 14

1 Car là deux ou trois sont rassemblés en mon nom, là je suis au milieu d'eux (Mt 18.20). **2** Alors ils (les) rassemblèrent et remplirent douze paniers de morceaux des cinq pains d'orge qui restaient à ceux qui avaient mangé. Les hommes alors… disaient : celui-ci est vraiment le prophète qui vient dans le monde (Jn 6.13–14). **3** C'est pourquoi comme par un homme le péché est entré dans le monde et par un péché la mort… car si par la transgression d'un la mort a régné par un (homme), combien plus ceux qui reçoivent l'abondance de la grâce et du don de la justice dans la vie régneront par le seul (le un) Jésus-Christ (Rm 5.12, 17). **4** Et je vis des trônes et ils s'assirent sur eux et un jugement leur fut donné et les âmes de ceux qui avaient été décapités à cause du témoignage de Jésus et à cause de la parole de Dieu, et ceux qui n'avaient pas adoré la bête ni son image et n'avaient pas reçu la marque sur le front ni sur la main… et ils vécurent et régnèrent avec le Christ mille ans. Le reste des morts ne vécut pas jusqu'à ce que soient achevés les mille ans. Celle-ci est la première résurrection. Heureux et saint celui qui a part à la première résurrection. Sur ceux-là la deuxième mort n'a pas de pouvoir, mais ils seront prêtres de Dieu et de Christ et régneront avec lui mille ans (Ap 20.4–6).

3 Le οἱ est l'article modifiant le participe λαμβάνοντες qui se trouve bien plus loin dans la phrase. L'article indique que le participe est un masculin singulier nominatif. Remarquez que le futur βασιλεύσουσιν est formé par l'ajout d'un σ avant la terminaison ουσιν du présent. Pour l'instant on peut simplifier en disant que le futur indicatif actif se distingue du présent par l'ajout d'un sigma avant la terminaison du présent. Tout comme le σα est la marque de l'aoriste actif premier, le σ est celle du futur (voir page 90).
4 τὰ χίλια ἔτη est neutre pluriel. Le verbe τελεσθῇ est donc, comme souvent, au singulier.

Exercices 15

Thème

1 το πνευμα ἁγιος ἐστιν. **2** βλεπω τα πονηρα ἐργα. **3** ὁ θεος σωζει τον ἀπιστον δια του ἀγαθου λογου. **4** ἐστιν ἐν ἑτερῳ πλοιῳ. **5** ἀποστελλει ἀποστολον εἰς την πολιν αὐτην.

Version

1 Vous avez donc produit du fruit digne de la repentance (Mt 3.8). **2** Heureux les pauvres en esprit car à eux est le royaume des cieux (Mt 5.3). **3** Ainsi tout arbre bon produit de bons fruits, et tout arbre mauvais produit de mauvais fruits. Un bon arbre ne peux produire de mauvais fruits, de même un arbre mauvais ne peut produire de bons fruits (Mt 5.17–18). **4** L'homme bon de son bon trésor tire de bonnes choses et l'homme mauvais de son mauvais trésor tire de mauvaises choses (Mt 12.35). **5** Il vous baptise d' (dans l') Esprit saint et de (dans le) feu (Lc 3.16). **6** Et il arriva ainsi à Derbé et à Lystres. Et voici un disciple était là du nom de Timothée, fils d'une femme juive croyante et d'un père grec (Ac 16.1). **7** Ils ont connu quelle est la volonté de Dieu, le bon et l'agréable et le parfait (Rm 12.1–2). **8** Regardez donc avec soin comment vous marchez, non pas comme des insensés mais comme des sages (Ép 5.15). **9** Saint, saint, saint est le Seigneur, le Dieu tout puissant (Ap 4.8). **10** Et je vis et voici l'agneau debout sur la montagne de Sion et avec lui cent quarante-quatre mille ayant son nom et le nom de son Père écrit sur leurs fronts (Ap 14.1).

1 Le texte du N.T. a l'impératif aoriste ποιήσατε.
4 Remarquez les deux neutres pluriels substantivés : ἀγαθά, πονηρά.
5 Le texte grec a le futur βαπτίσει. Accomplissement sans doute à la Pentecôte en Actes 2.
6 Avec un peu de réflexion vous devriez avoir trouvé le verbe κατήντησεν. La terminaison est celle de la 3e du sg. Le σ est de l'aoriste. Le η devant le σ résulte d'un allongement. Le début en κατ devrait faire penser qu'il s'agit de la préposition κατα dont le α final a été élidé. On cherche donc un verbe en καταντ. Le seul dans votre dictionnaire est καταντaω, « venir, arriver ». Le mot ὀνόματι est un mot neutre de la troisième déclinaison (leçon 16), ὀνομα « nom » que l'on retrouve dans des mots en français (ex. : onomatopée). Le ι final vous signale qu'il s'agit d'un datif singulier.
7 Le verbe ἔγνωσαν a été rajouté au texte du N.T. pour l'exercice.
10 La forme γεγραμμένον est un participe neutre singulier. Le participe est au singulier car on a deux sujets neutres (ὄνομα). Or, rappelez-vous, le sujet neutre pluriel prend très souvent un verbe au singulier.
La triade μεν dans la terminaison d'un verbe est caractéristique des participes (voir page 180). Le participe prend les désinences des noms. Ici, le participe est un accusatif neutre (antécédent ὄνομα) singulier, d'où la terminaison -ον. Essayez de retenir ces données sur les participes. Quand nous y arriverons, ils ne poseront plus trop de problèmes.

EXERCICES 16

Grammaire

Paradigme des désinences du nom (voir page 83)

Version

JEAN 1.1–18

1.1 ἀρχῇ (ἀρχῆ FSgD 1), λόγος (λόγος, MSgN 2), θεόν (θεός, MSgA 2), θεὸς (θεός, MSgN 2)
1.2 ἀρχῇ (ἀρχῆ, FSgD 1), θεόν (θεός, MSgA 2)
1.4 ζωὴ (ζωή, FSgN 1), φῶς (φῶς, NSgN 3), ἀνθρώπων (ἄνθρωπος, MPlG 2)
1.5 φῶς (φῶς, NSgN 3), σκοτίᾳ (σκοτία, FSgD 1), σκοτία (σκοτία, FSgN 1)

1.6 ἄνθρωπος (ἄνθρωπος, MSgN2), θεοῦ (θεός, MSgG 2), ὄνομα (ὄνομα, NSgN 3), Ἰωάννης (Ἰωάννης, MSgN 1)

1.7 μαρτυρίαν (μαρτυρία, FSgA 1), φωτός (φῶς, NSgG 3)

1.8 φῶς (φῶς, NSgN 3), φωτός (φῶς, NSgG 3)

1.9 φῶς (φῶς, NSgN 3), ἄνθρωπον (ἄνθρωπος, MSgA 2), κόσμον (κόσμος, MSgA 2)

1.10 κόσμῳ (κόσμος, MSgD 2), κόσμος (κόσμος, MSgN 2)

1.12 ἐξουσίαν (ἐξουσία, FSgA 1), τέκνα (τέκνον, NPlA 2), θεοῦ (θεός, MSgG 2), ὄνομα (ὄνομα, NSgA 3)

1.13 αἱμάτων (αἷμα, NPlG 3), θελήματος (θέλημα, NSgG 3), σαρκὸς (σάρξ, FSgG 3), ἀνδρὸς (ἀνήρ, MSgG 3), θεοῦ (θεός, MSgG 2)

1.14 λόγος (λόγος, MSgN 2), σὰρξ (σάρξ, FSgN 3), δόξαν (δόξα, FSgA 1), πατρός (πατήρ, MSgG 3), χάριτος (χάρις, FSgG 3), ἀληθείας (ἀλήθεια, FSgG 1)

1.15 Ἰωάννης (Ἰωάννης, MSgN 1)

1.16 πληρώματος (πλήρωμα, NSgG 3), χάριν (χάρις, FSgA 3), χάριτος (χάρις, FSgG 3)

1.17 νόμος (νόμος, MSgN 2), Μωϋσέως (Μωϋσῆς, MSgG 3), χάρις (χάρις, FSgN 3), ἀλήθεια (ἀλήθεια, FSgN 1), Ἰησοῦ (Ἰησοῦς, MSgG 3), Χριστοῦ (Χριστός, MSgG 2)

1.18 Θεὸν (θεός, MSgA 2), θεὸς (θεός, MSgN 2), κόλπον (κόλπος, MSgA 2), πατρὸς (πατήρ, MSgG 3)

ROMAINS 1.1–7

v.1 ἀφωρισμένος - mis à part. Comme nous l'avons déjà signalé, μεν dans la terminaison indique qu'il s'agit d'un participe, ici d'un participe parfait passif. La terminaison ος indique un nominatif masculin singulier.

v.3 γενομένου - venu. Encore un participe, comme le montre μεν.

v.4 ὁρισθέντος - désigné. Il s'agit d'un participe passif aoriste. L'ensemble θεν est, en effet, caractéristique de ce type de participes (page 173). Il est accompagné de l'article τοῦ, ce qui le substantive, en fait un nom, et indique qu'il est au génitif masculin singulier. Le participe est en effet souvent accompagné de l'article, ce qui en fait un adjectif s'il modifie un nom, ou le substantive lorsqu'il est seul (page 185).

v.6 οἷς - lesquelles, pronom relatif dont l'antécédent est « nations » au v. 5. Comme vous le voyez, les pronoms relatifs ressemblent fortement aux désinences des noms et à l'article (voir page 102).

1 Vous êtes la lumière du monde (Mt 5.14). **2** Vous n'avez pas de récompense devant votre Père qui est dans les cieux (Mt 6.1). **3** Car de sa plénitude nous avons tous reçu et grâce pour grâce. Car la Loi fut donnée par Moïse, la grâce et la vérité est venue par Jésus-Christ (Jn 1.16–17). **4** Maintenant, ayant été justifiés par la foi nous avons la paix devant Dieu par notre Seigneur Jésus Christ par qui aussi nous avons accès par la foi à la grâce (Rm 5.1–2). **5** Le péché règne dans la mort… et la grâce règne par la justice dans la vie… par Jésus Christ le Seigneur (Rm 5.21 approx.).

3 Le verbe ἐγένετο est bien au singulier dans le texte grec.
4 Le verbe ἐσχήκαμεν est un parfait de ἔχω. La marque κα est caractéristique du parfait (voir page 148).

Exercices 17

Grammaire

ἀκολουθησω -εις -ει -ομεν -ετε -ουσιν
βαπτισω -εις -ει -ομεν -ετε -ουσιν

Thème

1 αὐτὸς ὑμᾶς βαπτίσει ἐν πνεύματι ἁγίῳ (Mt 3.11). **2** τὸ ἅγιον πνεῦμα διδάξει ὑμᾶς ἐν αὐτῇ τῇ ὥρᾳ (Lc 12.12). **3** οἱ νεκροὶ ἀκούσουσιν τῆς φωνῆς τοῦ υἱοῦ τοῦ θεοῦ (Jn 5.25). **4** τί γὰρ ἡ γραφὴ λέγει; ἐπίστευσεν δὲ Ἀβραὰμ τῷ θεῷ (Rm 4.3). **5** βασιλεύσουσιν ἐπὶ τῆς γῆς (Ap 5.10).

7 Le texte grec a πιστεύω au subjonctif (πιστεύσῃς).

Version

1 Et tu appelleras son nom Jésus. Car il sauvera son peuple de ses péchés (Mt 1.21). **2** Le fils de l'homme enverra ses anges, et ils rassembleront hors de son royaume toutes les choses scandaleuses et ceux qui commettent l'iniquité et ils les jetteront dans la fournaise ardente. Là il sera des pleurs et des grincements de dents. Alors les justes brilleront comme le soleil dans le royaume de leur

Père (Mt 13.41–43). **3** Et l'ange lui dit… tu as trouvé grâce devant Dieu… et tu appelleras son nom Jésus… le Seigneur Dieu lui donnera le trône de David son père, et il régnera sur la maison de Jacob pour toujours et son royaume n'aura pas de fin. Marie dit à l'ange : comment cela sera-t-il, je ne connais pas d'homme ? (Lc 1.30–34) **4** Quand celui-là viendra, l'Esprit de vérité, il vous conduira dans toute la vérité. Car il ne parlera pas de lui-même, mais toutes les choses qu'il entendra il dira et il vous annoncera les choses qui viennent. Celui-là me glorifiera, car de ce qui est à moi il prendra et vous l'annoncera. Toutes les choses qu'a le Père sont à moi, c'est pourquoi j'ai dit qu'il prendra de ce qui est à moi et vous l'annoncera. Encore un peu et vous ne me voyez plus et à nouveau un peu et vous me verrez. Quelques-uns de ses disciples se dirent les uns aux autres : Qu'est-ce ceci qu'il nous dit : Encore un peu de temps et vous ne me voyez plus et vous me verrez à nouveau car je pars vers le Père ? (Jn 16.13–17) **5** Mais tu as quelques noms à Sardes qui n'ont pas souillé leurs vêtements et ils marcheront avec moi en blanc, car ils sont dignes (Ap 3.4).

EXERCICES 18

Grammaire

Paradigme complet de ἐκεινος, -η, -ο. Voir page 97.

Thème

1 οὗτος γάρ ἐστιν ὁ νόμος καὶ οἱ προφῆται (Mt 7.12). **2** Ἐν ἐκείνῳ τῷ καιρῷ … ὁ Ἰησοῦς εἶπεν (Mt 11.25). **3** βλέπεις ταύτην τὴν γυναῖκα; (Lc 7 44) **4** οὐ μισεῖ τὸν πατέρα ἑαυτοῦ (Lc 14.26). **5** Ἔκρινα γὰρ ἐμαυτῷ τοῦτο (2Co 2.1).

Version

1 Et voici quelques scribes se dirent en eux-mêmes : Celui-ci blasphème (Mt 9.3). **2** À cause de cela en paraboles je leur parle (Mt 13.13). **3** Jésus dit : Cette maladie n'est pas vers la mort mais pour la gloire de Dieu (Jn 11.4). **4** Jésus répondit et leur dit : Détruisez ce temple-ci et en trois jours je le relèverai. Les Juifs dirent alors : Ce temple fut construit en quarante-six ans et toi en trois jours tu le relèveras ? Il disait cela à propos du temple de son corps (Jn 2.19–21). **5** Hommes d'Israël, pourquoi vous étonnez-vous de ceci ? (Ac 3.12) **6** Par l'Esprit est donnée une parole de sagesse ; et à un autre une parole de connaissance selon le même Esprit ; à un autre de la foi par le même Esprit ; et à un autre des dons de guérisons par le seul Esprit (1Co 12.8–9). **7** Je ne suis pas une main, je ne suis pas du corps. N'est-il pas pour cela du corps? (1Co 12.15) **8** Nous sommes les uns des autres membres (Ép 4.25). **9** Il a vengé le sang de ses serviteurs de sa main (litt. hors de sa main à elle) (Ap 19.2). **10** Le trône de Dieu et de l'agneau sera en elle et ses serviteurs lui rendront un culte (Ap 22.3).

6 ἕτερος et ἄλλος sont synonymes. Remarquez le pluriel « des dons de guérisons ». Pour les différentes opinions sur ce pluriel, consultez un ou deux commentaires basés sur le grec.
7 Remarquez l'emploi d'une double négation (οὐ παρὰ... οὐκ ἔστιν). L'une n'annule pas l'autre en grec. Si vous savez que ἐὰν est suivi d'un subjonctif, vous devriez pouvoir traduire une bonne partie de ce paragraphe de 1Co.

Exercices 19

Grammaire

Paradigme complet du pronom relatif (voir page 102).

Thème

1 οὐχ οὕτως ἔσται ἐν ὑμῖν (Mt 20.26). **2** τίς ἐστιν οὗτος ὃς λαλεῖ βλασφημίας; (Lc 5.21) **3** οὐ γὰρ ὃ θέλω ποιῶ ἀγαθόν (Rm 7.19). **4** τί δὲ ἔχεις ὃ οὐκ ἔλαβες; (1Co 4.7) **5** ὁ ἀγαπητὸς ἀδελφὸς καὶ πιστὸς διάκονος ἐν κυρίῳ, ὃν ἔπεμψα πρὸς ὑμᾶς (Ép 6.21–22).

Version

1 Quiconque donc qui entend ces paroles de moi et les met en pratique, sera comparé à un homme sensé qui a bâti sa maison sur la pierre (Mt 7.24). **2** Toi, qui es-tu? Jésus leur dit : que vous dis-je aussi depuis le commencement? (Jn 8.25) **3** Et non seulement cela, mais aussi nous nous glorifions en Dieu par notre Seigneur Jésus-Christ par qui maintenant nous avons reçu la réconciliation (Rm 5.11). **4** Et nous savons qu'à ceux qui aiment Dieu toutes choses coopèrent pour le bien, à ceux qui selon sa volonté sont appelés. Car ceux qu'il a connus d'avance, il a également d'avance choisis pour être semblables à l'image de son fils, pour qu'il soit le premier-né parmi beaucoup de frères. Et ceux qu'il a choisis d'avance, ceux-là aussi il a appelés. Et ceux qu'il a appelés, ceux-là il a justifiés. Et ceux qu'il a justifiés, ceux-là aussi il a glorifiés. Que dirons-nous donc à propos de ces choses? Si Dieu est pour nous, qui contre nous? (Rm 8.28–31) **5** Car je vous ai transmis tout d'abord, ce que j'ai aussi reçu, que le Christ est ressuscité pour nos péchés selon les Écritures (1Co 15.3). **6** Et ce n'est plus moi qui vis, et le Christ vit en moi. Ce que je vis maintenant dans la chair, je vis la [vie] par la foi au (du?) Fils de Dieu qui m'a aimé et s'est livré lui-même pour moi (Ga 2.20). **7** Et il est la tête du corps de l'Église, qui [Christ] est le commencement, le premier-né d'entre les morts, afin d'être en toutes choses le premier (Col 1.18). **8** Dieu, ayant autrefois parlé à plusieurs reprises et de différentes façons aux pères par les prophètes, en ces derniers jours il nous a parlé par le Fils (Hé 1.1–2).

2 La seconde partie du verset est souvent traduite par une affirmation, mais il s'agit bien d'une question en grec.
4 εἰς τὸ εἶναι αὐτὸν. L'infinitif (εἶναι) utilisé avec εἰς τὸ exprime le but. Le sujet de l'infinitif est souvent à l'accusatif, d'où le αὐτὸν (voir page 154).
6 Le verset est très connu mais n'est pas facile à traduire. ἀγαπήσαντός et παραδόντος sont deux participes. Ils ont le ντ caractéristique des participes. On voit au σα du premier qu'il s'agit d'un participe aoriste premier et à son article του qu'il s'agit d'un masculin singulier génitif. Le second l'est aussi. Il s'agit d'un verbe en -μι, παραδίδωμι, *livrer*. Le génitif του υἱου est interprété soit « du Fils » (Paul vit grâce à la foi/fidélité du Fils) soit « en le Fils » (Paul vit grâce à sa foi en le Fils), comme le montrent les traductions. La morphologie seule ne permet pas de se prononcer, une étude plus poussée est nécessaire. Consultez un ou deux commentaires.
7 ἱνα est suivi du subjonctif (page 162) pour exprimer le but ou la conséquence. Le verbe final est, vous auriez dû le reconnaître maintenant grâce à la terminaison ων, un participe présent actif NMS. Il vient du verbe πρωτεύω, tenir le premier rang.

Exercices 20

Grammaire

ἐρχομαι -ῃ -εται -ομεθα -εσθε -ονται
μισουμαι -ῃ -ειται -ουμεθα -εισθε -ουνται
Pour les différentes façons d'indiquer l'agent d'un verbe passif, voir page 111.

Thème

1 Τότε προσέρχονται αὐτῷ οἱ μαθηταὶ Ἰωάννου (Mt 9.14). **2** ὁ Ἰησοῦς ἀποκρίνεται αὐτοῖς (Jn 12.23). **3** αἴρεται ἀπὸ τῆς γῆς ἡ ζωὴ αὐτοῦ (Ac 8.33). **4** ἐγὼ ἔσομαι αὐτῷ εἰς πατέρα, καὶ αὐτὸς ἔσται μοι εἰς υἱόν (Hé 1.5). **5** ἃ παρελάβετε καὶ ἠκούσατε καὶ εἴδετε ἐν ἐμοί (Ph 4.9).

Version

1 Celui-ci n'est-il pas le fils du charpentier? Sa mère n'est-elle pas appelée Marie et ses frères Jacques et Joseph et Simon et Jude? (Mt 13.55) **2** Alors sont crucifiés avec lui deux brigands, l'un à sa droite et l'un à sa gauche (Mt 27.38). **3** Il leur dit : Comment Satan peut-il chasser Satan? (Mc 3.23) **4** C'est pourquoi je vous dis : Tout ce que vous priez et demandez, croyez que vous avez reçu, et il vous sera donné (Mc 11.24). **5** Des aveugles recouvrent la vue, des boiteux marchent, des lépreux sont purifiés et des sourds entendent, des morts sont ressuscités, des pauvres sont évangélisés (Lc 7.22). **6** Et ces choses ils feront car ils n'ont connu ni le Père, ni moi (Jn 16.3). **7** Il s'écria dans le Sanhédrin : Pères, frères, je suis Pharisien, fils de Pharisiens, à propos de l'espérance et de la résurrection des morts je suis jugé (Ac 23.6). **8** Car le nom de Dieu à cause de vous est blasphémé parmi les nations, comme il a été écrit (Rm 2.24). **9** Qui est faible et je ne suis pas aussi faible? Qui est scandalisé et je ne brûle pas aussi? (2Co 11.29) **10** Si quelqu'un parmi vous annonce un évangile autre que celui que vous avez reçu, qu'il soit anathème (Ga 1.9).

4 La forme πιστεύετε est un impératif. Elle est identique au présent de l'indicatif actif (voir page 167).
8 γέγραπται est un parfait indicatif actif de la 3e du sg. Cette forme est fréquemment utilisée pour introduire une citation de l'A.T. (page 146). Apprenez cette forme et son analyse par cœur.

Exercices 21

ἐλυσαμην -σω -σατο -σαμεθα -σασθε -σαντο
ἠκουσαμην -σω -σατο -σαμεθα -σασθε -σαντο
ἠγερθην -θης -θη -θημεν -θητε -θησαν
ὠφθην -θης -θη -θημεν -θητε -θησαν

Thème

1 Ἠκούσατε ὅτι ἐρρέθη (Mt 5.38). **2** ἐκλήθη ὁ ἀγρὸς ἐκεῖνος ἀγρὸς αἵματος (Mt 27.8). **3** Ἰωάννης ἠγέρθη ἐκ νεκρῶν (Lc 9.7). **4** Οὐκ ἐγράφη δὲ δι᾽ αὐτὸν μόνον (Rm 4.23). **5** ὁ κύριος αὐτῶν ἐσταυρώθη (Ap 11.8).

Version

1 L'Esprit souffle où il veut et son bruit tu entends, mais tu ne sais pas d'où il vient ni où il va. Ainsi est quiconque est né de l'Esprit. Nicodème répondit et lui dit : Comment ces choses peuvent-elles être? Jésus répondit et lui dit : Tu es l'enseignant d'Israël et tu ne connais pas ces choses? (Jn 3.8–10) **2** Car si Abraham fut justifié par les œuvres, il a un sujet de gloire, mais pas devant Dieu. Car que dit l'Écriture? Et Abraham crut Dieu et cela lui fut compté comme justice… de même aussi David dit le bonheur de l'homme à qui Dieu compte une justice sans les œuvres. Heureux ceux dont les iniquités sont pardonnées et dont les péchés sont couverts. Heureux l'homme à qui le Seigneur n'a pas compté le péché. Ce bonheur est-il donc pour la circoncision, ou aussi pour l'incirconcision? Car nous disons : La foi fut comptée pour Abraham pour la justice (Rm 4.2–3, 6–9). **3** Je vous fais connaître, frères, l'évangile que je vous ai annoncé, et que vous avez reçu, et dans lequel vous demeurez fermes, par lequel vous êtes aussi sauvés… Car je vous ai transmis avant tout ce que j'ai aussi reçu : que Christ est mort pour nos péchés selon les Écritures, et qu'il été enseveli et qu'il est ressuscité le troisième jour selon les Écritures et qu'il a été vu par Céphas, puis par les Douze (1Co 15.1–5).

2 λογίσηται est la 3e sg subjonctif aoriste moyen. Le subjonctif ressemble fortement à l'indicatif mais allonge la voyelle de liaison avant la désinence (page 158).
3 ἑστήκατε Il s'agit du parf. ac. ind. 2e pl de ἵστημι. παρέδωκα 1re sg aor. act. ind. de παραδίδωμι. ἐτάφη est un peu particulier. Il s'agit de la 3e sg aor. 2 pass. ind. de θάπτω, ensevelir. ἐγήγερται est la 3e sg du parfait moyen ind. de ἐγείρω, faire lever, ressusciter. On pourrait aussi traduire « il a été ressuscité ». ὤφθη est la 3e sg de l'aor. 2 passif ind. de ὁράω (voir tableau page 119).

Exercices 22

Thème

1 φῶς εἶδεν μέγα (Mt 4.16). **2** ἔσται γὰρ μέγας ἐνώπιον τοῦ κυρίου (Lc 1.15). **3** καὶ πολλοὶ ἐπίστευσαν εἰς αὐτὸν ἐκεῖ (Jn 10.42). **4** ἦλθεν οὖν καὶ ἦρεν τὸ σῶμα αὐτοῦ (Jn 19.38). **5** ὑμεῖς δὲ οὐκ ἐστὲ ἐν σαρκὶ ἀλλὰ ἐν πνεύματι (Rm 8.9).

Version

1 Et il monta avec eux et il alla vers Nazareth et leur était soumis. Et sa mère gardait toutes ces choses dans son cœur (Lc 2.51). **2** Car chaque arbre par son propre fruit est connu (Lc 6.44). **3** Et il est aussi beaucoup d'autres choses que Jésus a faites (Jn 21.25). **4** Car David n'est pas monté aux cieux, et il dit : le Seigneur a dit à mon Seigneur : assieds-toi à ma droite (Ac 2.34). **5** Il n'y a pas de juste, pas même un seul (Rm 3.10). **6** C'est pourquoi comme par un homme le péché est entré dans le monde et par le péché la mort, ainsi aussi pour beaucoup d'hommes la mort est venue au travers (Rm 5.12). **7** Car tous cherchent leurs propres choses, non pas celles de Jésus-Christ (Ph 2.21). **8** Toutes mes affaires Tychique vous fera connaître, le frère bien-aimé et fidèle serviteur et collaborateur en le Seigneur que je vous ai envoyé pour cela… avec Onésime le fidèle et bien-aimé frère qui est d'entre vous. Ils vous feront connaître toutes les choses qui [sont] ici (Col 4.7–9). **9** À nouveau un nouveau commandement je vous écrit, qui est vrai en lui et en vous, car les ténèbres disparaissent et la véritable lumière brille déjà (1Jn 2.8). **10** Et à vous je dis : à ceux qui restent à Thyatire, tous ceux qui n'ont pas cet enseignement, qui n'ont pas connu les profondeurs de Satan comme ils disent : je ne jette pas sur vous d'autre fardeau (Ap 2.24).

9 Remarquez que le pronom relatif ὃ est neutre. Il ne renvoie donc pas à ἐντολη, qui est féminin.

EXERCICES 23

Thème

1 εὐθὺς ἐξέβαλεν αὐτόν (Mc 1.43). **2** δόξα ἐν ὑψίστοις θεῷ καὶ ἐπὶ γῆς εἰρήνη (Lc 2.14). **3** οὐκ ἔστιν δοῦλος μείζων τοῦ κυρίου αὐτοῦ (Jn 13.16). **4** μὴ ἰσχυρότεροι αὐτοῦ ἐσμεν; (1Co 10.22) **5** τὰ ἔργα σου τὰ ἔσχατα πλείονα τῶν πρώτων (Ap 2.19).

Version

1 Beaucoup me diront en ce jour-là : Seigneur, Seigneur, n'avons-nous pas prophétisé en ton nom, et n'avons-nous pas chassé des démons en ton nom et n'avons-nous pas fait beaucoup de miracles en ton nom ? (Mt 7.22) **2** Il dit alors : dans quoi avez-vous donc été baptisés ? Ils dirent : dans le baptême de Jean. Et Paul dit : Jean a baptisé d'un baptême de repentance (Ac 19.3–4). **3** Et je dis ceci : chacun d'entre vous dit : moi je suis de Paul, et moi d'Apollos, et moi de Céphas, et moi de Christ. Christ a-t-il été divisé ? Paul a-t-il été crucifié pour vous ? Avez-vous été baptisés au nom de Paul ? Je rends grâce à Dieu que je n'ai baptisé personne d'entre vous si ce n'est Crespus et Gaïus, afin que personne ne puisse dire qu'il a été baptisé en mon nom. J'ai aussi baptisé la maison de Stéphanas. Pour le reste je ne sais pas si j'ai baptisé quelqu'un d'autre (1Co 1.12–16). **4** Ne reprends pas un homme âgé mais exhorte-le comme un père, les jeunes hommes comme des frères, les femmes âgées comme des mères, les jeunes femmes comme des sœurs, en toute pureté (1Tm 5.1). **5** Vous êtes de Dieu, petits enfants, et vous les avez vaincus, car celui qui est en vous est plus grand que celui qui est dans le monde. Ceux-ci sont du monde, c'est pourquoi ils parlent du monde et le monde les écoute. Nous sommes de Dieu, celui qui connaît Dieu nous écoute, celui qui n'est pas de Dieu ne nous écoute pas. À ceci nous connaissons l'esprit de vérité et l'esprit de mensonge (1Jn 4.4–6).

EXERCICES 24

Grammaire

εἶχον -ες -εν -ομεν -ετε -ον (εἴχοσαν en Jn 15.22)

Thème

1 ἐδίδασκεν γὰρ τοὺς μαθητὰς αὐτοῦ καὶ ἔλεγεν αὐτοῖς (Mc 9.31). **2** καὶ ἐδόξαζον τὸν θεὸν καὶ ἐπλήσθησαν φόβου (Lc 5.26). **3** ἄνθρωπός τις εἶχεν δύο υἱούς (Lc 15.11). **4** Ἰησοῦς αὐτὸς οὐκ ἐβάπτιζεν ἀλλ᾽ οἱ μαθηταὶ αὐτοῦ (Jn 4.2). **5** Πέτρος δὲ καὶ Ἰωάννης ἀνέβαινον εἰς τὸ ἱερὸν (Ac 3.1).

Version

1 Et il arriva alors qu'il était assis dans sa maison, et beaucoup de collecteurs d'impôts et de pécheurs étaient assis à table avec Jésus et ses disciples, car ils étaient nombreux et le suivaient. Et les scribes des Pharisiens voyant qu'il mangeait avec les pécheurs et les collecteurs d'impôts disaient à ses disciples : Pourquoi mange-t-il avec les collecteurs d'impôts et les pécheurs? (Mc 2.15–16) **2** Et avec de nombreuses paraboles semblables il leur parlait la parole, selon qu'ils étaient capables d'entendre. Et il ne leur parlait pas sans une parabole. Et en privé il expliquait toutes choses à ses disciples (Mc 4.33–34). **3** Ils mangeaient, buvaient, se mariaient, étaient donnés en mariage, jusqu'au jour où Noé entra dans l'arche et le déluge vint et les détruisit tous. Ainsi il arriva comme aux jours de Lot : ils mangeaient, buvaient, achetaient, vendaient, plantaient, construisaient (Lc 17.27–28). **4** Et Jean baptisait aussi à Enon, près de Salim, car il y avait beaucoup d'eau là et ils venaient et étaient baptisés (Jn 3.23). **5** Les nations se réjouissaient et glorifiaient la parole du Seigneur et tous ceux qui étaient destinés à la vie éternelle crurent (Ac 13.48). **6** Et Crispus, le chef de la synagogue, crut au Seigneur avec toute sa maison et de nombreux Corinthiens en entendant croyaient et étaient baptisés (Ac 18.8). **7** Car lorsque nous étions dans la chair, les passions des péchés par la Loi œuvraient dans nos membres pour produire du fruit à la mort (Rm 7.5). **8** Lorsque nous étions des enfants, nous parlions comme des enfants, nous pensions comme des enfants, nous raisonnions comme des enfants (1Co 13.11). **9** Tu vois que la foi œuvrait avec ses œuvres et par les œuvres sa foi fut rendue parfaite, et l'Écriture fut accomplie (Ja 2.22–23). **10** Et quant les sept tonnerres eurent parlé, j'étais sur le point d'écrire, et j'entendis une voix du ciel (Ap 10.4).

1 κατακεῖσθαι est un infinitif présent moyen. En général, les infinitifs se terminent en αι ou en ειν (voir page 153). Son sujet est αὐτον, le sujet de l'infinitif est souvent à l'accusatif. συνανακειντο vient de συνανακειμαι, « être assis avec ». ἰδόντες est un participe aoriste actif. Vous connaissez le participe de ὁράω, qui est εἶδον. L'augment ne se trouve qu'à l'indicatif. L'aoriste se construit donc sur ἰδ-. Le ντ est caractéristique de certains participes, nous l'avons déjà signalé (voir

page 175). Le participe aoriste est ici au nominatif, comme la majorité des participes aoristes dans le N.T.
4 Ἠν… ὁ Ἰωάννης βαπτίζων, littéralement *Jean était baptisant.*
7 καρποφορῆσαι est un infinitif aoriste actif. Rappelez-vous, la terminaison αι est caractéristique d'un infinitif. La construction εἰς το + infinitif exprime le but (voir page 155).

EXERCICES 25

Thème

1 ἐλάχιστος κληθήσεται ἐν τῇ βασιλείᾳ τῶν οὐρανῶν (Mt 5.19). **2** ἐν ᾧ γὰρ κρίματι κρίνετε κριθήσεσθε (Mt 7.2). **3** πνεῦμα ἅγιον ἐπελεύσεται ἐπὶ σὲ (Lc 1.35). **4** προσεύξομαι τῷ πνεύματι (1Co 14.15). **5** μεῖζον κρίμα λημψόμεθα (Ja 3.1).

Version

1 Car là où est ton trésor, là aussi sera ton cœur (Mt 6.21). **2** Celui qui reçoit un prophète comme un prophète recevra un salaire de prophète et celui qui reçoit un juste comme un juste recevra un salaire de juste (Mt 10.41). **3** Et le plus grand parmi vous sera votre serviteur. Quiconque s'élèvera sera abaissé et quiconque s'abaissera sera élevé (Mt 23.11–12). **4** Et toi aussi, petit enfant, tu seras appelé prophète du Très-Haut. Car tu iras devant le Seigneur pour lui préparer ses chemins (Lc 1.76). **5** Car tous ceux qui ont péché sans la Loi, sans la Loi aussi seront détruits, et tous ceux qui ont péché avec la Loi, par la Loi seront jugés. Car ce n'est pas les auditeurs de la Loi qui sont justes devant Dieu mais les pratiquants de la Loi qui seront déclarés justes (Rm 2.12–13). **6** L'œuvre de chacun sera dévoilée, car le jour montrera, car elle est révélée par le feu et l'œuvre de chacun le feu démontrera de quelle sorte elle est (1Co 3.13–14). **7** L'amour ne succombe jamais. Et soit les prophéties, elles seront abolies, soit les langues, elles cesseront, soit la connaissance, elle sera abolie (1Co 13.8). **8** Et j'entendis une grande voix venant du trône qui disait : Voici le tabernacle de Dieu avec les hommes, et il résidera avec eux, et ils seront ses peuples, et Dieu lui-même sera leur Dieu, et il séchera les larmes de leurs yeux (Ap 21.3–4).

Exercices 26

Thème

1 ἤγγικεν γὰρ ἡ βασιλεία τῶν οὐρανῶν (Mt 4.17). **2** προείρηκα ὑμῖν πάντα (Mc 13.23). **3** κἀγὼ ἑώρακα καὶ μεμαρτύρηκα ὅτι οὗτός ἐστιν ὁ υἱὸς τοῦ θεοῦ (Jn 1.34). **4** ἡγίασται γὰρ ὁ ἀνὴρ ὁ ἄπιστος ἐν τῇ γυναικὶ (1Co 7.14). **5** ἡ ζωὴ ὑμῶν κέκρυπται σὺν τῷ Χριστῷ ἐν τῷ θεῷ (Col 3.3).

Version

1 Pourquoi restez-vous ici toute la journée inactifs? (Mt 20.6) **2** Voici je vous l'ai dit d'avance (Mt 24.25). **3** Jésus se rendit en Galilée annonçant la bonne nouvelle de Dieu et disant : Le temps est accompli et le royaume de Dieu s'est approché (Mc 1.14–15). **4** C'est un autre qui rend témoignage à propos de moi, et je sais que le témoignage qu'il témoigne à propos de moi est vrai. Vous avez envoyé (des messagers) vers Jean et il a rendu témoignage à la vérité (Jn 5.32–33). **5** Et ce n'est pas que la parole de Dieu soit devenue sans effet (Rm 9.6). **6** Nous parlons la sagesse de Dieu... qu'aucun des chefs de cet âge n'a connue, car s'ils l'avaient connue, ils n'auraient pas crucifié le Seigneur de gloire, mais comme il est écrit : les choses que l'œil n'a pas vues et que l'oreille n'a pas entendues et qui ne sont pas montées sur le cœur de l'homme, les choses que Dieu a préparées pour ceux qui l'aiment (1Co 2.7–9). **7** Votre richesse est devenu pourrie et vos vêtements mangés par les mites, votre or et votre argent est rouillé et leur rouille sera un témoignage contre vous et mangera votre chair comme du feu. Vous avez thésaurisé dans les derniers jours (Ja 5.2–3). **8** Ce qui était au commencement, ce que nous avons entendu, ce que nos yeux ont vu, ce que nous avons contemplé et que nos mains ont touché concernant la parole de vie — et la vie a été manifestée, et nous avons vu et témoignons et vous annonçons la vie éternelle qui était auprès du Père et a été manifestée pour nous — ce que nous avons vu et entendu, nous vous l'annonçons aussi, afin que vous aussi vous ayez une communion avec nous. Et notre communion est avec le Père et avec son Fils Jésus-Christ (1Jn 1.1–3).

1 Le verbe ἑστηκατε est un verbe en -μι. La désinence τε indique une deuxième du pluriel et κα un parfait actif. Nous avons déjà rencontré ce verbe dans l'exercice 21. La forme ἕστηκα se trouve dans votre petit dictionnaire, qui indique qu'il s'agit d'un parfait de ἱστημι (voir page 198), « se tenir debout, immobile ».
3 Les verbes en -ων sont des participes présents actifs nominatifs masculins singuliers. Nous avons déjà vu ces formes dans plusieurs exercices. Rappelez-vous,

lorsque vous voyez un verbe en -ων avec un sujet au singulier, il s'agit en général du participe présent actif nominatif masculin singulier.

4 ὁ μαρτυρῶν est encore un participe présent. Il est accompagné d'un article, ce qui le substantive (page 185).

6 ἀνέβη est au singulier alors que le sujet, ἅ, est au pluriel. C'est la règle que nous connaissons bien, un sujet neutre pluriel prend souvent un verbe au singulier. ἀγαπῶσιν est un participe présent actif datif masculin singulier. Le cas, nombre et genre se voient par l'article qui précède le participe.

8 La première épître de Jean est très facile à traduire. Essayez de la lire, vous serez surpris de ce que vous comprendrez.

Exercice 27

1 Et il leur parla en beaucoup de paraboles disant : Voir le semeur sortit pour semer. Et alors qu'ils semait, quelques graines tombèrent le long du chemin (Mt 13.3–4). **2** Et il lui dit : Pourquoi m'interroges-tu à propos de ce qui est bon? Si tu veux entrer dans la vie, garde les commandements (Mt 19.17). **3** À nouveau je vous dis, il est plus facile à un chameau de traverser par le trou d'une aiguille qu'à un riche d'entrer dans le royaume de Dieu (Mt 19.24). **4** Et Joseph monta aussi de Galilée de la ville de Nazareth en Judée à la ville de David, qui est appelée Bethléem, car il était de la maison et de la patrie de David (Lc 2.4). **5** Alors qu'il était en route, il approchait de Damas, et soudain une lumière du ciel l'enveloppa (Ac 9.3). **6** … comme il est juste pour moi de penser ceci à propos de vous tous parce que je vous ai dans mon cœur (Ph 1.7). **7** Et je vis un ange puissant proclamant d'une grande voix : Qui est digne d'ouvrir le livre et de briser ses sceaux? Et personne ne pouvait ni dans le ciel, ni sur la terre, ni sous la terre ouvrir le livre ni le regarder. Et je pleurais beaucoup, parce que nul ne fut trouvé digne d'ouvrir le livre ou de le regarder. Et l'un des anciens me dit : Ne pleure pas. Voici le lion de la tribu de Juda, la racine de David, a vaincu pour ouvrir le livre et ses sept sceaux (Ap 5.2–5).

1 σπείρων est le participe présent actif nominatif masculin singulier de σπείρω. ἅ est le pronom relatif neutre pluriel dont l'antécédent n'est pas mentionné. Le verbe est au singulier car le sujet est neutre pluriel.

2 La forme τήρησον est la 2e sg aoriste actif impératif (voir p. 159).

7 On trouve ici deux accusatifs avec ἔχειν. Le premier, με, est sujet, le second ὑμᾶς est objet.

Exercice 28

1 Voici un ange du Seigneur lui apparut en rêve disant : Joseph, fils de David, ne crains pas d'emporter Marie ta femme (Mt 1.20). **2** Ne vous inquiétez pas en disant : que mangerons-nous ou que boirons-nous ou de quoi serons-nous vêtus ? (Mt 6.31) **3** Mais les jours viendront lorsque l'époux leur sera pris et alors ils jeûneront en ce jour-là (Mc 2.20). **4** Et il dit : ainsi est le royaume de Dieu comme un homme qui jette la semence sur la terre et qui dort et qui se lève de nuit et de jour, et la semence germe et pousse comme il ne sait pas. La terre porte du fruit d'elle-même, d'abord l'herbe ensuite l'épi ensuite le grain plein dans l'épi (Mc 4.26–28) **5** Ils lui dirent alors : Que ferons-nous afin que nous accomplissions les œuvres de Dieu ? Jésus répondit et leur dit : ceci est l'œuvre de Dieu, afin que vous croyiez en celui qu'il a envoyé. Il lui dirent alors : Quel signe fais-tu toi, afin que nous voyions et que nous te croyions ? Quelle œuvre fais-tu ? (Jn 6.28–30) **6** Mais la justice qui est de la foi parle ainsi : Ne dis pas en ton cœur : qui montera au ciel, c'est-à-dire pour faire descendre Christ (Rm 10.6). **7** Comment donc invoqueront-ils celui en qui ils n'ont pas cru, et comment croiront-ils ce qu'ils n'ont pas entendu, et comment entendront-ils sans messagers ? (Rm 10.14) **8** Car quiconque garde toute la Loi mais trébuche sur un [des commandements] est devenu redevable de tous. Car celui qui a dit : Tu ne commettras pas d'adultère a aussi dit : Tu ne tueras pas (Ja 2.10–11).

7 κηρύσσοντος est un participe présent actif masculin singulier génitif. Nous avons déjà mentionné à plusieurs reprises le ντ typique de certains participes (voir p. 167).
8 εἰπών est un participe. Vous avez reconnu sans doute la terminaison en -ων. Il est substantivé par l'article. Mais il s'agit ici d'un participe aoriste actif second. Vous aurez reconnu le radical du participe second εἰπ- de λέγω.

Exercice 29

1 Ainsi, que votre lumière brille devant les hommes, afin qu'ils voient vos bonnes œuvres et glorifient votre Père qui est dans les cieux. Ne pensez pas que je suis venu pour abolir la Loi et les prophètes. Je ne suis pas venu pour abolir mais pour accomplir. Car je vous le dis en vérité, jusqu'à ce que le ciel et la terre soient passés, pas un seul iota ou trait ne passera de la Loi, jusqu'à ce que toutes choses soient venues. Quiconque donc enfreint un de ces commandements et enseigne ainsi aux hommes sera appelé le moindre dans le royaume des cieux et quiconque pratique et enseigne, celui-là sera appelé grand dans le royaume des cieux. Car je vous le dis, en vérité, si votre justice n'abonde pas plus que celle des scribes et des Pharisiens vous n'entrerez pas dans le royaume des cieux (Mt 5.16–20). **2** Et il sera que toute âme qui n'écoute pas ce prophète sera retranchée du peuple (Ac 3.23). **3** Si donc toute l'église est rassemblée ensemble et que tous parlent en langues, et que des ignorants ou des incroyants entrent, ne diront-ils pas que vous êtes fous? Et si tous prophétisent, et que quelque incroyant ou ignorant entre, il est confondu par tous, il est jugé par tous (1Co 14.23–24).

Exercice 30

1 Et si ton œil droit te fait tomber, arrache-le et jette-le loin de toi… et si ta main droite te fait tomber, coupe-la et jette-la loin de toi (Mt 5.29–30). **2** Vous allez entendre des guerres et des bruits de guerres. Faites attention de ne pas vous troubler. Car il faut que [cela] arrive, mais ce n'est pas encore la fin (Mt 24.6). **3** Et je dirai à mon âme : Âme, tu as beaucoup de bonnes choses réservées pour beaucoup d'années. Repose-toi, mange, bois et amuse-toi (Lc 12.19). **4** Que le péché ne règne donc pas dans votre corps mortel pour obéir à ses convoitises (Rm 6.12). **5** C'est pourquoi ne soyez pas insensés, mais comprenez quelle est la volonté du Seigneur. Et ne soyez pas remplis de vin, dans lequel est la débauche, mais soyez remplis de (par?) l'Esprit (Ép 5.17–18). **6** Pratique ces choses, sois en ces choses, afin que ton progrès soit visible pour tous. Veille sur toi-même et sur ton enseignement. Demeure dans ces choses (1Tm 4.15–16). **7** Que tous ceux qui sont esclaves sous le joug estiment leurs propres maîtres dignes de tout honneur, afin que le nom de Dieu et l'enseignement ne soit pas blasphémé (1Tm 6.1). **8** Sachez [-le], mes frères, et que tout homme soit prompt à écouter, lent à parler, lent à la colère. Car la colère de l'homme n'accomplit pas la justice de Dieu (Ja 1.19–20). **9** Ne soyez pas nombreux à devenir enseignants, mes frères (Ja 3.1). **10** Soyez donc soumis à Dieu et fuyez le diable et il fuira loin de vous, approchez-vous de Dieu et il s'approchera de vous, purifiez vos mains, pécheurs, et nettoyez vos cœurs, hommes partagés (Ja 4.7–8).

3 κείμενα, participe présent moyen NPA. On retrouve ici les lettres μεν typiques du participe (page 180).

5 συνίετε, 2ᵉ pl impératif présent actif de συνίημι, comprendre. Nous ne verrons les verbes en -μι qu'en fin de parcours (page 191). Mais vous devriez avoir trouvé ce verbe.
8 Ἴστε est un parfait impératif actif 2ᵉ pl de οἰδα, savoir, connaître.

Exercice 32

1	ἐλθων	aor. 2 ac. MSgN ἐρχομαι, venir, aller
2	ἀκολουθουσιν	pres. ac. MPlD ἀκολουθεω, suivre
3	ἐγερθεις	aor. pass. MSgN ἐγειρω, lever, faire lever
4	θελοντι	pres. ac. MSgD θελω, vouloir
5	γεγονος	parf. ac. NSgN γινομαι, devenir, être
6	δεδεμενος	parf. moy. MSgN δεω, lier
7	εἰδως	parf. ac. MSgN οἰδα, connaître
8	πιστευοντων	pres. ac. MPlG πιστευω, croire
9	γεννηθεντος	aor. pass. MSgG γενναω, engendrer, donner naissance à
10	ἰδων	aor. 2. ac. MSgN ὁραω, voir
11	ἐκβληθεντος	aor. pass. NSgG ἐκβαλλω, jeter hors de
12	σπαρεις	aor. 2 pass. MSgN σπειρω, semer
13	γινωσκοντες	pres. ac. MPlN γινωσκω, connaître
14	ἀρξαμενος	aor. moy. MSgN ἀρχω, commander, (moy. commencer)
15	εἰληφως	parf. ac. MSgN λαμβανω, prendre, recevoir
16	ἀκουσαντες	aor. ac. MPlN ἀκουω, entendre
17	κρατησας	aor. ac. MSgN κρατεω, saisir, être maître de
18	ἐσταυρωμενον	parf. moy. MSgA σταυροω, crucifier
19	ὀντων	pres. moy. MPlG εἰμι, être
20	μελλοντα	pres. ac. NPlN μελλω, être sur le point de

Exercice 33

1 Et les onze disciples se rendirent en Galilée, vers la montagne que Jésus leur avait indiquée. Et l'ayant vu, ils adorèrent et quelques-uns doutèrent. Et s'approchant Jésus leur parla disant : Toute autorité dans les cieux et sur la terre m'a été donnée. Allant donc, faites de toutes les nations des disciples, les baptisant au nom du Père et du Fils et du Saint-Esprit, les enseignant à garder toutes les choses que je vous ai prescrites. Et voici je suis avec vous tous les jours jusqu'à la fin du siècle (Mt 28.16–20). **2** Et jour après jour ils persévéraient d'un seul cœur dans le temple, rompant le pain dans les maisons, ils partageaient la nourriture dans la joie et la simplicité de cœur, louant Dieu et ayant grâce devant tout le peuple. Et le Seigneur ajoutait chaque jour ensemble ceux qui sont en train d'être sauvés. (Ac 2.46–47). **3** Béni l'homme qui persévère dans l'épreuve, car quand il aura été approuvé, il recevra la couronne qui est la vie qu'il a promise à ceux qui l'aiment. Que personne étant tenté ne dise : je suis tenté par Dieu. Car Dieu n'est pas tenté par le mal. Et il ne tente personne. Mais chacun est tenté, étant attiré et amorcé par sa propre convoitise. Quand la convoitise à conçu, elle enfante le péché. Et le péché, ayant accompli son œuvre, produit la mort (Ja 1.12–15).

1 (Mt 28.16–20) Les participes dont l'interprétation posent le plus de questions sont ceux des versets 19 et 20a. Si le verset est souvent traduit « Allez, faites de toutes les nations des disciples, baptisez-les… enseignez-les… », on remarque que seul μαθητεύσατε est à l'indicatif. Certains commentateurs préfèrent donc traduire : « En allant, faites de toutes les nations des disciples, les baptisant… les enseignant… ». L'idée serait non pas que quatre commandements sont donnés aux douze mais que, alors qu'ils sont en chemin, ils doivent faire des disciples, c'est-à-dire baptiser et enseigner. D'autres commentateurs pensent que le premier participe à une certaine valeur impérative malgré tout et avancent d'autres cas en Matthieu où un participe fonctionnerait de manière identique avec un indicatif (2.8; 9.13; 10.7, 11.4; 17.27; 28.7). Le débat a évidemment des implications pratiques. Consultez quelques commentaires techniques pour une explication plus détaillée.
2 (Ac 2.46–47) Remarquez qu'il faut attendre μετελάμβανον pour avoir un indicatif au v. 46. Remarquez aussi le participe passif présent σῳζομένους (lit. ceux qui sont en train d'être sauvés). Il est souvent considéré comme étant itératif : le Seigneur ajoutait les gens à la communauté au fur et à mesure qu'ils étaient sauvés. Consultez quelques commentaires.
3 (Ja 1.12–15) Remarquez le temps des participes utilisés dans ces versets et leur lien avec les verbes à l'indicatif. Dans toute cette section, on distingue une progression chronologique, rendue plus claire encore par le vocabulaire de l'enfantement. Essayez de rendre compte avec précision des nuances temporelles.

Exercice 34

1 Notre pain quotidien donne-nous aujourd'hui (Mt 6.11). **2** Et lorsqu'ils vous conduisent pour vous livrer, ne vous inquiétez pas à l'avance de ce que vous direz, mais ce qui vous est donné en cette heure, cela dites-le. Car ce n'est pas vous qui parlez mais l'Esprit saint. Et un frère livrera un frère à la mort et un père un enfant et des enfants s'élèveront contre des parents et les feront mourir (Mc 13.11–12). **3** Je vous donne ma paix. Je ne vous donne pas comme le monde donne (Jn 14.27). **4** Tu lui as donné autorité sur toute chair, afin qu'à tous ceux que tu lui a donnés il leur donne la vie éternelle (Jn 17.2). **5** Simon, ayant vu que par l'imposition des mains des apôtres l'Esprit était donné, il leur offrit de l'argent disant : Donnez-moi aussi cette autorité. (Ac 8.18–19). **6** La loi est-elle donc contre les promesses de Dieu ? Certainement pas ! Car si une loi avait été donnée qui pouvait faire vivre, vraiment la justice aurait été de la loi. Mais l'Écriture a tout renfermé sous le péché afin que la promesse par la foi de (en ?) Jésus-Christ fût donnée aux croyants (Ga 3.21–22). **7**… par l'évangile, duquel j'ai été fait serviteur selon le don de la grâce de Dieu qui m'a été donnée selon la mise en œuvre de sa puissance. À moi le plus petit de tous les saints a été donnée cette grâce (Ép 3.7–8). **8** Et il lui fut donné de donner le souffle à l'image de la bête, afin que l'image de la bête parle aussi (Ap 13.15).

6 Consultez les commentaires concernant les différentes options pour πίστεως Ἰησοῦ Χριστοῦ. S'agit-il de la foi en Jésus ou de la fidélité (obéissance ?) de Jésus. Quelles sont les arguments des différentes options ? Une discussion semblable se retrouve en Romains 3.22.

EXERCICE 35

1 À nouveau le diable le prend avec lui vers une très haute montagne et lui montre tous les royaumes du monde et leur gloire (Mt 4.8). **2** Priez donc ainsi. Notre Père qui êtes aux cieux. Que ton nom soit sanctifié. Que ton règne vienne. Que ta volonté soit faite, comme dans le ciel ainsi aussi sur la terre. Notre pain quotidien donne-nous aujourd'hui. Et pardonne-nous nos offenses, comme aussi nous pardonnons nos offenseurs. Et ne nous fait pas entrer dans la tentation mais délivre-nous du mal (méchant). Car si vous pardonnez aux hommes leurs offenses, le Père qui est dans les cieux vous pardonnera à vous aussi et si vous ne pardonnez pas aux hommes, votre Père ne pardonnera pas non plus vos offenses (Mt 6.9–15). **3** Selon la grâce de Dieu qui m'a été donnée comme un sage architecte j'ai posé le fondement, et un autre bâtit dessus. Et que chacun regarde comment il bâtit dessus. Car aucun autre fondement ne peut être posé que celui qui est posé, si ce n'est Jésus-Christ (1Co 3.10–11). **4** Puis il me dit : Ces paroles sont certaines et véridiques. Et le Seigneur, le Dieu des esprits des prophètes a envoyé son ange pour montrer à ses serviteurs les choses qui doivent arriver bientôt. Et voici je viens bientôt. Heureux celui qui garde les paroles de la prophétie de ce livre. Et moi Jean, j'ai entendu et vu ces choses. Et après avoir entendu et vu, je tombai pour me prosterner devant les pieds de l'ange qui me les montrait (Ap 22.6–8).

EXERCICE 36

Rm 15.5; 2Th 3,16; 2Tm 1.16, 18 δῴη 3 SgAo.Ac., διδωμι donner

Mc 11.14	φάγοι, 3SgAo.Ac., ἐσθιω, manger
Lc 1.62	θέλοι, 3 SgPres.Ac, θελω, vouloir
Lc 6.11	ποιήσαιεν, 3 PlAo.Ac., ποιεω, faire
Ac 8.31	δυναίμην, 1 SgPres.Moy., δυναμαι, être capable de
Ac 17.11	ἔχοι, 3 SgPres.Ac, ἐχω, avoir
Ac 17.18	θέλοι, 3 Sg Pres.Ac., θελω, vouloir
Ac 17.27	ψηλαφήσειαν, 3 PlAo.Ac., ψηλαφαω, toucher, sentir, εὕροιεν, 3 PlAo.2, Ac., εὑρισκω, trouver
Ac 24.19	ἔχοιεν, 3 PlPres.Ac., ἐχω, avoir
Ac 25.16	ἔχοι, 3 SgPres.Ac., ἐχω, avoir, λάβοι, 3 SgAo.2, λαμβανω, prendre, recevoir
Ac 25.20	βούλοιτο, 3 SgPres.Moy., βουλομαι, vouloir
Ac 26.29	εὐξαίμην, 1 SgAo.Moy., εὐχομαι, désirer
Ac 27.12, 39	δύναιντο, 3 PlPres.Moy., δυναμαι, être capable de
Rm 15.13	πληρώσαι, 3 SgAo.Ac., πληροω, accomplir
1C 14.10, 15.37	τύχοι, 3 SgAo.2Ac., τυγχανω, obtenir, arriver
1Th 3, 11	κατευθύναι, 3 SgAo.Ac., κατευθυνω, diriger, guider
1Th 3.12	πλεονάσαι, 3 SgAo.Ac., πλεοναζω, augmenter, περισσεύσαι, 3 SgAo.Ac, περισσευω, abonder
1Th 5.23	ἁγιάσαι, 3 SgAo.Ac., ἁγιαζω, sanctifier, τηρηθείη, 3 SgAo.2Pass., τηρεω, garder
2Th 2.17	παρακαλέσαι, 3 SgAo.Ac., παρακαλεω, exhorter, στηρίξαι, 3 SgAo.Ac., στηριζω, fortifier
2Th 3.5	κατευθύναι, 3 SgAo.Ac., κατευθυνω, diriger, guider
2Tm 4.16	λογισθείη, 3 SgAo.Pass., λογιζομαι, compter, considérer
Phlm 20	ὀναίμην, 1 SgAo2.Moy., ὀνινημι, bénéficier, se réjouir
Hé 13.21	καταρτίσαι, 3 SgAo.Ac., καταρτιζω, réparer

1P 1.2	πληθυνθείη, 3 SgAo.Pass., πληθυνω, multiplier
1P 3.14	πάσχοιτε, 2 PlPres.Ac., πασχω, souffir
1P 3.17	θέλοι, 3 SgPres.Ac., θελω, vouloir
2P 1.2, Jd 2	πληθυνθείη, 3 SgAo.Pass., πληθυνω, multiplier
Jd 9	ἐπιτιμήσαι, 3 SgAo.Ac., ἐπιτιμαω, reprendre

VOCABULAIRE FRANÇAIS–GREC

A

abîme, profondeur	ἄβυσσος, -ου, ἡ
accomplir	πληρόω
adorer, agenouiller (s')	προσκυνέω
âge, éternité	αἰών, -ῶνος, ὁ
agneau	ἀρνίον, -ου, τό
Agrippa	Ἀγρίππας, -α, ὁ
aimer	ἀγαπάω
ainsi, de cette manière	οὕτως
aller	πορεύομαι
aller, arriver	ἔρχομαι
alors, c'est pourquoi	ἄρα
âme	ψυχή, -ῆς, ἡ
amour	ἀγάπη, -ης, ἡ
an, année	ἔτος, -ους, τό
Ananias	Ἀνανίας, -ου, ὁ
ancien, plus ancien	πρεσβύτερος, -α, -ον
André	Ἀνδρέας, -ου, ὁ
annoncer	κηρύσσω
annoncer la bonne nouvelle	εὐαγγελίζω
annoncer, rapporter	ἀπαγγέλλω
apôtre, envoyé	ἀπόστολος, -ου, ὁ
appeler, crier	φωνέω
appeler, exhorter	παρακαλέω
appeler, nommer	καλέω
apporter, offrir	προσφέρω
approcher (s')	ἐγγίζω
après	μετά + acc.
argent	ἀργύριον, -ου, τό
assemblée, église	ἐκκλησία, -ας, ἡ
asseoir (s')	καθίζω
au milieu	μέσος, -η, -ον
au-dessus de	ὑπέρ + acc.
aussi grand que, autant que	ὅσος, -η, -ον
autorité, pouvoir	ἐξουσία, -ας, ἡ
autour de	περί + acc.
autre	ἄλλος, -η, -ο
autre, différent	ἕτερος, -α, -ον
avancer, approcher	προσέρχομαι
avec	σύν + dat., μετά + gén.
aveugle	τυφλός, -ή, -όν
avoir	ἔχω

B

baptiser	βαπτίζω
baptiste	βαπτιστής, -οῦ, ὁ
Barabbas	Βαραββᾶς, -ᾶ, ὁ
Barnabas	Βαρναβᾶς, -ᾶ, ὁ
bateau, barque	πλοῖον, -ου, τό
bâtir, construire, édifier	οἰκοδομέω
batôn, sceptre	ῥάβδος, -ου, η
beau	καλός, -ή, -όν
beaucoup	πολύς, πολλή, πολύ
béni, heureux	μακάριος, -ια, -ιον
bénir	εὐλογέω
besoin	χρεία, -ας, ἡ
bête, animal sauvage	θηρίον, -ου, τό
bien	εὖ
bien-aimé	ἀγαπητός, -ή, -όν
boire	πίνω
bon, utile	ἀγαθός, -ή, -όν
bonne nouvelle	εὐαγγέλιον, -ου, τό
bouche	στόμα, -ατος, τό
bruit, son	φωνή, -ῆς, η

C

car, alors	γάρ
à cause de	διά + acc.
ceci, celui-ci, celle-ci	οὗτος, αὕτη, τοῦτο
celui-là, celle-là, cela	ἐκεῖνος, -η, -ο
cent	ἑκατον
c'est pourquoi	διό, ὥστε

chair, corps	σάρξ, σαρκός, ἡ
chaque, chacun	ἕκαστος, -η, -ον
chemin	ὁδός, -οῦ, ἡ
chercher, désirer	ζητέω
Christ, Messie	Χριστός, -ου, ὁ
ciel	οὐρανός, -οῦ, ὁ
cinq	πέντε
cœur	καρδία, -ας, ἡ
collecteur d'impôts	τελώνης, -ου, ὁ
commandement	ἐντολή, -ῆς, ἡ
commander	ἄρχω
comme,	ὡς
comme, de même que	καθώς
commencement	ἀρχή, -ῆς, ἡ
commencer	ἀρχόμαι
comment	πῶς
complet, entier	ὅλος, -η, -ον
comprendre	συνίημι
compter	λογίζομαι
conduire, apporter	ἄγω
confier	παραδίδωμι
connaître	γινώσκω
contre, en bas de	κατά + gén.
corps	σῶμα, -ματος, τό
à côté de	παρά +dat.
craindre, avoir peur	φοβέομαι
créer	κτίζω
crier, appeler	κράζω
croire, avoir foi	πιστεύω
crucifier	σταυρόω

D

dans, parmi	ἐν
de	ἀπό + gén.,
	παρα + gén.
délier	λύω
délivrer	ἀπολύω
demander	ἐπερωτάω, ἐρωτάω
demander, exiger	αἰτέω
demeurer, rester	μένω
démon	δαιμόνιον, -ου, τό
dernier	ἔσχατος, -η, -ον
descendre	καταβαίνω
désert, solitaire	ἔρημος, -ον
désirer	θέλω
détruire, tuer (act.)	ἀπόλλυμι
deux	δύο
devant	ἔμπροσθεν + gén.
	ἐνώπιον + gén.
	προς + gén.
devenir	γίνομαι
diacre (diaconesse)	διάκονος, -ου, ὁ ἡ
dieu, Dieu	θεός, -οῦ, ὁ
dire, affirmer	φημί
dire, parler	λέγω
disciple	μαθητής, -οῦ, ὁ
dix	δέκα
donc, alors, ainsi	οὖν
donner, se confier à	δίδωμι
douze	δώδεκα
droit (opp. à gauche)	δεξιός, -ιά, -ιόν
d'un part	μέν

E

eau	ὕδωρ, ὕδατος, τό
écrire	γράφω
ecriture, Écriture	γραφή, -ῆς, ἡ
édifier	οἰκοδομέω
Élie	Ἠλίας, -ου, ὁ
émerveiller (s')	θαυμάζω
en vérité, amen	ἀμήν
encore	ἔτι
enfant	παιδίον, -ου, τό
	τέκνον, -ου, τό
enfant, garçon, fille	παις, παιδος, ὁ ἡ
enfanter	γεννάω
enseignant	διδάσκαλος, -ου, ὁ
enseigner	διδάσκω
entendre	ἀκούω
entier	ὁλος, -ον, -η
envoyer	ἀποστέλλω, πέμπω
Ésaïe	Ἠσαΐας, -ου, ὁ
esclave	δοῦλος, -ου, ὁ
espoir, espérance	ἐλπίς, -ίδος, ἡ
esprit, Esprit, vent	πνεῦμα, -ματος, τό
et, mais encore	τε
et, même, aussi	καί
et ne pas, non plus	οὐδέ
éternel	αἰώνιος, -ον
étonner (s')	θαυμάζω
être arrivé	πάρειμι
être assis	κάθημαι
être, exister	εἰμί, ὑπάρχω
être présent	παρίστημι

être sur le point de	μέλλω
évangile	εὐαγγέλιον, -ου, τό
expliquer	δεικνύω, δείκνυμι
expulser	ἐκβάλλω

F

faire, fabriquer	ποιέω
faire tenir debout (trans.)	ἵστημι
femme, épouse	γυνή, γυναικός, ἡ
feu	πῦρ, πυρός, τό
fidèle	πιστός, -ή, -όν
fils, descendant	υἱός, -οῦ, ὁ
foi, croyance	πίστις, πίστεως, ἡ
foule, multitude	ὄχλος, -ου, ὁ
frère	ἀδελφός, -οῦ, ὁ
fruit	καρπός, -οῦ, ὁ

G

Galilée	Γαλιλαία, -ας, ἡ
garde, prison, veille	φυλακή, -ῆς, ἡ
garder	τηρέω
gloire, majesté	δόξα, -ης, ἡ
glorifier	δοξάζω
grâce	χάρις, -ιτος, ἡ
grand	μέγας, μεγάλη, μέγα
grand prêtre	ἀρχιερεύς, -έως, ὁ
guérir	θεραπεύω

H

habiter, demeurer	κατοικέω
haïr	μισέω
heure, occasion	ὥρα, -ας, ἡ
homme, mari	ἀνήρ, ἀνδρός, ὁ
homme, personne	ἄνθρωπος, -ου, ὁ
hors de (prép.)	ἔξω
huit	ὀκτω
hypocrite	ὑποκριτής, -οῦ, ὁ

I

ici	ὧδε
il, elle	αὐτός, -ή, -ό
il, elle était	ἦν
il est nécessaire de	δεῖ
immédiatement	εὐθύς
incroyant, infidèle	ἄπιστος, -ον
instruire, corriger	παιδεύω
Israël	Ἰσραήλ, ὁ

J

je	ἐγώ
Jean	Ἰωάννης, -ου, ὁ
Jérusalem	Ἱεροσόλυμα Ἰερουσαλήμ, ἡ
Jésus, Josué	Ἰησοῦς, -ου, ὁ
jetter	βάλλω
jeune homme	νεανίας, -ου, ὁ
joie, plaisir	χαρά, -ᾶς, ἡ
jour	ἡμέρα, -ας, ἡ
Judas	Ἰούδας, -α, ὁ
juge	κριτής, -οῦ, ὁ
jugement	κρίμα, -ατος, τό κρίσις, -εως, ἡ
juger, condamner	κρίνω
juif (adj.), Juif (nom)	Ἰουδαίος, -αία, -αίον
jurer	ὀμνύω, ὄμνυμι
jusqu'à (conj.)	ἕως
jusqu'à (prép.)	ἕως + gén.
jusqu'à ce que (conj.)	ἄχρι, ἄχρις
jusqu'à ce que (prép.)	ἄχρι, ἄχρις + gén.
juste	δίκαιος, -αία, -αιον
justice, justification	δικαιοσύνη, -ης, ἡ
justifier, déclarer juste	δικαιόω

L

là, à cet endroit	ἐκεί
laisser partir, autoriser	ἀφίημι
langue, dialecte	διάλεκτος, -ου, ἡ
langue, langage	γλῶσσα, -ης, ἡ
le, la	ὁ, ἡ, τό
le long de	παρά +acc.
le plus élevé	ὕψιστος, -η, -ον
le plus nombreux	πλειστος, -η, -ον
le plus petit	ἐλάχιστος, -η, -ον
les uns les autres	ἀλλήλους, -ων, -οις
(se) lever	ἀνίστημι
lever, prendre	αἴρω
lieu, endroit	τόπος, -ου, ὁ
livre	βιβλίον, -ου, τό βίβλος, -ου, ἡ

loi, principe	νόμος, -ου, ὁ
lorsque	ὅταν, ὅτε
lumière	φῶς, φωτός, τό

M

main, bras, doigt	χείρ, χειρός, ἡ
maintenant	νῦν
maintenant, déjà	ἤδη
mais	ἀλλά
mais, et	δέ
maison	οἰκία, -ας, ἡ
	οἶκος, -ου, ὁ
malheur, hélas	οὐαί
manger	ἐσθίω
marcher, se promener	περιπατέω
marcher	πορεύομαι
mauvais, méchant	κακός, -ή, -όν
méchant	πονηρός, -ά, -όν
mer	θάλασσα, -ης, ἡ
mère	μήτηρ, μητρός, ἡ
messager, ange	ἄγγελος, -ου, ὁ
Messie	Χριστός, -ου, ὁ
mettre, placer	τίθημι
mettre sur	ἐπιτίθημι
mille	χιλιάς, -άδος, ἡ
miracle	σημεῖον, -ου, τό
Moïse	Μωϋσῆς, -έως, ὁ
mon, mien	ἐμός, ἐμή, ἐμόν
monde, univers	κόσμος, -ου, ὁ
montagne	ὄρος, ὄρους, τό
monter	ἀναβαίνω
mort	θάνατος, -ου, ὁ
mort (adj., nom)	νεκρός, -ά, -όν
mourir	ἀποθνῄσκω,
	ἀπόλλυμι
mystère	μυστήριον, -ου, τό

N

nations, païen	ἔθνος, -ους, τό
négation	μή
ne pas	οὐ, οὐκ, οὐχ
neuf	ἐννεα
ni, pas	οὔτε
nom	ὄνομα, -ματος, τό
nous	ἡμεις
à nouveau	πάλιν
nouveau, jeune	νέος, -α, -ον
nuit	νύξ, νυκτός, ἡ

O

observer, voir	βλέπω
œil	ὀφθαλμός, -οῦ, ὁ
oint	Χριστός, -ου, ὁ
onze	ἑδεκα
ou	ἤ
où? (adv.)	ποῦ
où, là	ὅπου
où, là où	οὗ
ouvrier, travailleur	ἐργάτης, -ου, ὁ
ouvrir	ἀνοίγω

P

pain, nourriture	ἄρτος, -ου, ὁ
paix	εἰρήνη, -ης, ἡ
par	ὑπό + gén.
parabole	παραβολή, -ῆς, ἡ
parler, dire	λαλέω
parole	ῥῆμα, -ατος, τό
parole, Parole,	λόγος, -ου, ὁ
partir	ἀπέρχομαι
partir, quitter	ὑπάγω
Paul	Παῦλος, -ου, ὁ
péché	ἁμαρτία, -ας, ἡ
pécher	ἁμαρτάνω
pécheur	ἁμαρτωλός, -όν
penser, paraître	δοκέω
père	πατήρ, πατρός, ὁ
périr, mourir (moyen)	ἀπόλλυμι
personne, aucun	οὐδείς, -μία, -δέν
	μηδείς, -δεμία, -δέν
persuader, convaincre	πείθω
petit	μικρός, -ά, -όν
peuple, foule	λαός, -οῦ, ὁ
peur	φόβος, -ου, ὁ
pharisien	φαρισαῖος, -ου, ὁ
pied	πούς, ποδός, ὁ
Pierre	Πέτρος, -ου, ὁ
pierre	λίθος, -ου, ὁ
pitié, miséricorde	ἔλεος, -ους, τό
pleurer	κλαίω
plus	μᾶλλον
plus grand	μείζων

plus nombreux	πλείων, -ον
porter	φέρω
pour, en faveur de	ὑπέρ + gén.
pour que, afin que	ἵνα, ὅπως
poursuivre, persécuter	διώκω
pouvoir, être capable de	δύναμαι
premier, précédent	πρῶτος, -η, -ον
prendre, recevoir	δέχομαι, λαμβάνω
préparer	ἑτοιμάζω
prier	προσεύχομαι
promesse	ἐπαγγελία, -ας, ἡ
prophète	προφήτης, -ου, ὁ
à propos de	περί+ gén.
propre, à soi	ἴδιος, -α, -ον
puisque	ἐπεί
puissance, miracle	δύναμις, -εως, ἡ

Q

quarante	τεσσαράκοντα
quatre	τέσσαρες, -ων
que (discours direct)	ὅτι
quelqu'un, quelque chose	τις, τι
qui, que	ὅς, ἥ, ὅ
qui ? quoi ?	τίς, τί
quiconque	ὅστις, ἥτις, ὅτι

R

rassembler	συνάγω
recevoir	παραλαμβάνω
reconnaître, comprendre	ἐπιγινώσκω
recouvrer la vue	ἀναβλέπω
regarder vers le haut	ἀναβλέπω
regarder, contempler	θεωρέω
(se) réjouir	χαίρω
remplir	πίμπλημι, πληρόω
rendre, payer	ἀποδίδωμι
rentrer	εἰσέρχομαι
répondre	ἀποκρίνομαι
reste	λοιπός, -ή, -όν
réveiller, faire lever	ἐγείρω
révèler, faire connaître	φανερόω
roi	βασιλεύς, -έως, ὁ
royaume	βασιλεία, -ας, ἡ

S

Sabbat	σάββατον, -ου, τό
sagesse	σοφία, -ας, ἡ
saint (adj.)	ἅγιος, -ία, -ιον
saisir, retenir, arrêter	κρατέω
saluer	ἀσπάζομαι
salut	σωτηρία, -ας, ἡ
sang	αἷμα, -ματος, τό
Sanhédrin, conseil	συνέδριον, -ου, τό
sans (adv.)	ἔξω
sans loi	ἄνομος, -ον
Satan	σατανᾶς, -ᾶ, ὁ
sauver	σῴζω
savoir, comprendre	οἶδα
scribe	γραμματεύς, -έως, ὁ
se tenir debout (intrans.)	ἵστημι
seigneur, maître	κύριος, -ου, ὁ
selon, comme	κατά + acc.
semblable	ὅμοιος, -οία, -οιον
semer	σπείρω
sept	ἑπτά
serviteur	δοῦλος, -ου, ὁ
serviteur (servante)	διάκονος, -ου, ὁ ἡ
seul, seulement	μόνος, -η, -ον
si	εἰ, εἴτε
si ce n'est	εἰ μή
si, lorsque	ἐάν
signe	σημεῖον, -ου, τό
Silas	Σίλας, -ᾶ, ὁ
Simon	Σίμων, -ωνος, ὁ
six	ἕξ
soirée	ὀψία, -ας, ἡ
soldat	στρατιώτης, -οῦ, ὁ
sortir	ἐξέρχομαι
souffrir	πάσχω
sous	ὑπό + acc.
souvent	πολλάκις
souverain sacrificateur	ἀρχιερεύς, -έως, ὁ
suivre	ἀκολουθέω
sur base de	επί + dat.
sur, contre	επί + acc.
sur, lorsque	επί + gén.
surtout	μάλιστα
synagogue	συναγωγή, -ῆς, ἡ

T

tel, de telle sorte	τοιοῦτος, -αύτη, -οῦτον
témoigner	μαρτυρέω
temple	ἱερόν, -οῦ, τό
temple, sanctuaire	ναός, -οῦ, ὁ
temps	χρόνος, -ου, ὁ
temps, moment	καιρός, -οῦ, ὁ
terre, région, humanité	γῆ, γῆς, ἡ
tête	κεφαλή, -ῆς, ἡ
tomber, trébucher	πίπτω
tous, chacun	πᾶς, πᾶσα, πᾶν
travail, œuvre	ἔργον, -ου, τό
travailler	ἐργάζομαι
à travers	διά + gén.
traverser	διέρχομαι
tribulation, épreuve	θλίψις, -εως, ἡ
trois	τρεῖς, τρία
troisième	τρίτος, -η, -ον
trône	θρόνος, -ου, ὁ
trouver	εὑρίσκω
tu	σύ
tuer	ἀποκτείνω

U

un, une	εἷς, μία, ἕν
une fois, autrefois	τότε

V

vendre	ἀποδίδωμι
vérité	ἀλήθεια, -ας, ἡ
vers	πρός (acc.)
vers, parmi	εἰς
vêtement, tunique	ἱμάτιον, -ου, τό
vie	ζωή, -ῆς, ἡ
	ψυχή, -ῆς, ἡ
vigne	ἄμπελος, -ου, ἡ
ville	πόλις, -εως, ἡ
visage, apparence	πρόσωπον, -ου, τό
vivre	ζάω
voir, remarquer	ὁράω
volonté, désir	θέλημα, -ματος, τό
vouloir, désirer	θέλω
vous	ὑμεις
vrai	ἀληθής, -ές

Z

Zacharie	Ζαχαρίας, -ου, ὁ

INDEX THÉMATIQUE

TABLE DES MATIÈRES

Achevé d'imprimer en juillet 2007
par Iméaf –26160 La Bégude de Mazenc
pour le compte des Éditions Excelsis

Dépôt légal : juillet 2007
N° impression : 070288
Imprimé en France